陈尔寿先生

（1916—2012）

“中国教材研究文库”

第一辑总目

叶圣陶论教材

戴伯韬论教材

辛安亭论教材

叶立群论教材

陈　侠论教材

蒋仲仁论教材

袁微子论教材

张志公论教材

刘国正论教材

陈尔寿论教材

雷树人论教材

王占春论教材

中国教材研究文库

陈尔寿论教材

陈尔寿　著

人民教育出版社
·北京·

图书在版编目（CIP）数据

陈尔寿论教材 / 陈尔寿著. —北京 ：人民教育出版社，2020. 11
（中国教材研究文库）
ISBN 978-7-107-34402-2

Ⅰ. ①陈… Ⅱ. ①陈… Ⅲ. ①中学地理课－教材－文集 Ⅳ. ①G633. 551

中国版本图书馆 CIP 数据核字(2020)第 223807 号

陈尔寿论教材
作　　者/陈尔寿
装帧设计/何安冉

出版发行　人民教育出版社
　　　　　（北京市海淀区中关村南大街 17 号院 1 号楼　邮编：100081）
网　　址　http://www.pep.com.cn
经　　销　全国新华书店
印　　刷　山东临沂新华印刷物流集团有限责任公司
版　　次　2020 年 11 月第 1 版
印　　次　2020 年 11 月第 1 次印刷
开　　本　787 毫米×1 092 毫米　1/16
印　　张　24.5
插　　页　1
字　　数　280 千字
印　　数　0 001～1 500 册
定　　价　78.00 元

“中国教材研究文库”总序

郭戈

古人说得好：“以铜为镜，可以正衣冠；以史为镜，可以知兴替；以人为镜，可以明得失。”对于教材工作而言，以史为镜、以人为镜也是至关重要的。我国古代常用的教材主要是“三百千千”“四书五经”。新式教材起步于清末，活跃于民初，先学日本，后仿美国。1897 年上海南洋公学外院效法外国，编了国文、算术、历史、舆地、格致等课本，这便是打破老传统，把各门知识较有系统地编为学科教材的开始。随后出现的各种课本和教育著作大都是模拟日本或直接译自日本。清末以来，特别是民国建立后，教材自由编写，实行审定制，民间掀起了一股编撰出版教科书的热潮，一批出版机构如商务印书馆、文明书局、中华书局等，与一批出版家、教育家，为此做出了奠基性、开创性的重要贡献。

五四新文化运动以降，教育理念和课程教材发生了新变革，特别是全国教育会联合会在主要借鉴美国教育的基础上而研制的新学制以及课程标准纲要，影响巨大。一时间，欧美新教育思潮、实用主义教育思想引入中国，教材也从过去主要效仿日本一变而为仿效美国。当时，许多教材在内容编写上都强调以儿童生活经验为中心，甚至一些中学理科教学更直接采用美国的课本。新中国成立之前，民国政府虽然曾几次颁布课程标准，教材的内容和形式却基本上没有大的改观，只不过是更多地借鉴和学习美国的经验罢了。并且，清末及民国历届政府都有统一教科书的意愿和行动，但由于旧中国持续不断的内忧外患和政府的腐败无能，加上课本编写质量不佳等原因，所谓“国定教科书”或“统一教科书”最终都以失败而告终。

新中国的成立开创了中华民族历史的新纪元，也掀开了我国教材事业发展的新篇章。新中国成立伊始的教材，文科主要借鉴了解放区的经验，理科主要选取了国统区的本子，还有一部分选取了编译的苏联教材。接着，便在全面学习苏联教育经验的基础上开始了教材自编或重编的历程，并逐步走出了一条具有中国特色的以统为主、统分结合的教材道路。总的来说，与旧中国相比，新中国成立70多年来，全国中小学实施的是统一的教学大纲或课程标准，使用的基本上是由国家统一供应、教育部组织编写、人民教育出版社编辑出版的通用教材或统编教材，并做到了所有地方、每所学校、全部学生都使用上了这样的教材。为此，中央确立了集中统一教材制度的大政方针，制定了统一的教学大纲或课程标准，组建了专门的教材编写和审查机构，配备了强有力、专业化的编审人员，还建立了保证“课前到书，人手一册”的教材出版发行渠道和机制。当前，党中央、国务院高度重视教材工作，把教材建设作为一项战略工程、基础工程，成立了国家教材委员会，教育部组建了教材局，并先后颁布了一系列有关规章制度，在义务教育和高中阶段全面实施政治、语文、历史三科教材统编、统审、统用政策，标志着我国教材建设进入了新时代。

“江山代有才人出，各领风骚数百年。”社会发展史也是个体发展史。历史由人民创造，又有杰出历史人物的巨大作用。讲述历史离不开历史人物，回顾教育不能回避教育家，同样，总结和借鉴教材的历史经验，也不能回避曾经为教材事业创造出重大业绩的历史人物。在我国新式教材 100 多年的发展过程中，不仅编辑出版了不计其数、数以万计的各个学科、多种形式的教材，而且也涌现出了一大批教材编辑家、出版家、研究者，他们都为我国的教材建设事业做出了奠基性、开创性的重要贡献。归纳起来，这些大家在清末及民国时期主要有：张元济、陆费逵、范源廉、蒋维乔、马君武、戴克敦、沈恩孚、高梦旦、王云五、舒新城、徐特立、李廉方、庄俞、沈颐、张相、杜亚泉、吕思勉、陈宝泉、范祥善、金兆梓、周建人、黎锦熙、顾树森、俞子夷、吴研因、叶圣陶、丰子恺、朱经农、朱文叔、刘薰宇、宋云彬、丁晓先（韦息予）、赵欲仁、艾伟、沈百英、吕伯攸、陆殿扬、陈鹤琴、辛安亭等。在新中国成立后的主要代表是：叶圣陶、周建人、胡绳、辛安亭、戴伯韬、朱文叔、刘薰宇、金灿然、吉少甫、朱智贤、陈元晖、叶立群、张志公、吴伯箫、张毕来、蒋仲仁、袁微子、刘国正、张中行、邱汉生、苏寿桐、陈尔寿、方宗熙、雷树人、梁英豪、张玺恩、张孝达、王占春、陈侠、熊承涤等。他们都是对一定历史时期的教材建设，特别是一些学科教材领域做出过重要贡献并产生了广泛影响的人物，并大都在编辑出版教材的过程中发表过论述教材的著述，提出了关于教材问题的看法和认识，内容涉及教材的政策管理、编写审查、出版发行、使用教学或教材本体等诸多领域，其中一些人还形成了较为系统和全面的思想观点。这些思想观点成为我国教材建设和教材学术研究史上的一笔笔宝贵的财富。有鉴于此，在人民教育出版社成立70周年之际，我们启动了“中国教材研究文库”这个大型丛书项目，旨在通过挖掘、收集、辑录、整理百年以来教材领域众多大家的研究成果，分期分批出版，比较系统地展示中国近现代以来教材研究的主要成果，从一个侧面呈现中国近现代以来教材发展的基本脉络，为新时代教材建设和研究事业提供参考和借鉴。这套大型丛书的编辑出版也是我们缅怀和纪念老一辈教材大家的最好方式。

改革开放以来，国内出版了不少教育名家的著作、文集甚至全集，其中涉及一些教材编辑家、出版家的论著，这是我们选编工作的基础。对有的教材大家已出版的文集，我们进行了重新编排、补充和校核，以体现新的特色。对于尚未有文集出版的一些教材大家，其教材文集的收集、整理、选编任务则比较繁重。好在现代信息技术很发达，网络文献查阅很方便，我们将传统方法与现代手段相结合，大大提高了工作效率。本文库入选的人物全都是我国百年以来教材建设，特别是教材研究开发和编辑出版事业的主要参与者、贡献者、引领者。本文库秉持按人设卷、一人一卷的原则，但对于教材史上的一些重要人物，我们也不排斥两人或多人合为一册的情况。我们对每卷文集的篇目都大致进行了分类，并基本按照时间先后顺序或一定专题加以排列，但鉴于作者的经历和作品情况的差异，也为了突出某些重要作品，以满足读者现实需要，每卷目录的编排方式也各具特色。无论哪种编排方式，对每篇文章的出处和时间我们都尽量说明清楚，必要时增加注释。读者阅读之后可以感受到，这些教材文集见证和记录了中国近现代课程教材的成长史、演进史，也是教材大家们辛勤耕耘、笔耕不辍的学术思想的集中体现。可以说，每一卷的文字都曾经为教材建设史的推进铺下过坚实的一砖一瓦，也都曾经拨动过教材人的心弦。我们希望，通过重温教材大家精到的论断、深邃的思考、严密的逻辑、优美的文字，以及字里行间蕴含的学术风范、治学之道和人格魅力，可以为后来者提供学习和传承的典范。

“中国教材研究文库”是一套开放性的丛书，第一辑入选了 12 位人物，主要是新中国教材建设和研究的奠基者和开拓者。接着，我们还将陆续推出第二辑、第三辑。“众人拾柴火焰高。”热诚欢迎国内教育学者特别是课程教材研究者积极参与到这套文库的编辑出版中来。

“闻道有先后，术业有专攻。”教材建设是个专业，也是门学问，教材工作有其自身的特点和规律。当前，教材问题越来越受到重视，从事教材研究开发和编辑出版工作的人也越来越多，如果说有所谓捷径可循的话，那恐怕就是直接阅读和学习以往这些教材大家的有关论著了。了解教材历史，知晓教材大家，汲取和借鉴以往的智慧和经验，继承和发扬他们的思想和观点，可以使我们明理启智、审时度势、推陈出新，对于做好当下教材改革发展工作、提升教材科学化水平大有裨益，对于教材研究和学术创新更是必不可少。

“中国教材研究文库”作为中国近现代教材成长史、演进史的记录和见证，实为百年中国教材研究的缩影和写照，具有较高的文献史料价值，能为教材建设者和教育学者的编辑出版工作和研究工作提供较为完整的基础性材料。我们相信，本文库的出版对于推动教材事业建设、促进教材理论的创新发展会有一份积极的贡献。我们也希望在新时代，教材事业蒸蒸日上、人才辈出，创作出更多扎根中国大地、师生喜爱的各科教材，不断提升教材研究水平，加快构建中国特色、世界一流的教材建设体系和教材理论体系。

本文库由我忝任总主编。教育学界、课程教材界的专家学者以及社会各界人士对本文库给予了热情关注，我社黄强社长以及有关领导、员工和离退休老同志提出了宝贵意见和建议；丛书责任编辑和各分卷编者及责任编辑也付出了辛勤劳动。谨在此一并致谢！

限于水平，本文库的编辑出版工作或有不妥不足甚至错误之处，敬请读者不吝指正！

2020年9月10日

本卷前言

陈尔寿（1916—2012），江苏东台人，我国著名地理学家、地理教育家，新中国地理课程教材建设的主要领导者和奠基人之一。

1931—1937 年，陈尔寿先后就读于江苏省东台县立初中、省立扬州中学、上海开明中学。1937 年考入中央大学地理系。后在国立二中等校任教。1943 年 1 月至 1945 年 10 月任中央大学地理系助教兼研究生，毕业后在上海临时大学、暨南大学、光华大学附中等校任教。1949 年 6 月参加接管上海市格致中学，同年 10 月任校长。1953 年 8 月调教育部教学指导司，参与草拟了新中国第一套中小学地理教学大纲。1954 年调入人民教育出版社，历任地理编辑室副主任、主任。2004 年荣获中国地理学会第一届“中国地理科学成就奖”。曾担任过中国地理学会常务理事、名誉理事，中国教育学会地理教学研究会副理事长、理事长，《中国大百科全书·中国地理》卷副主编等职。

我社于 1998 年和 2013 年分别出版了陈尔寿先生撰写的《地理国情与地理教育》和《中国学校地理教育史略》两本专著，这两本书是本次选编《陈尔寿论教材》的重要基础。我们在研读了这些选文后，挑选出其中着重讨论地理教材方面的文章，又增补了若干篇未收入这两本专著的新篇目。入选本书的所有篇目，按主题划分为“地理教材”“地理课程”“地理教学大纲”三编，每一编的篇目按发表的时间先后顺序排列。附录是两篇带有回忆性质的文章，收入本书，便于读者加深对陈尔寿先生人生经历和教材编研生涯的了解。考虑到部分文章发表时间比较久远，我们在选编过程中，对这些文章的文字表述作了适当修正。

本书由郭戈、曹周天选编。选编工作得到了社内外有关领导和专家的关心和支持。覃燕飞、李洁、朱竞梅也付出了辛劳。陈尔寿先生的家人接待了我们的到访，并提供了陈老的部分手稿和照片，在此一并表示感谢。

编者

2020 年 9 月

目　录

上编

地理教材

编写高级小学地理课本的一些体会*

这一年来，我参加了高级小学地理课本的编写工作。第一、二两册已经编完，第三册到1955年3月也可以完稿。现在我写一点工作中的体会，希望大家提些意见，以便帮助我们改进工作。

首先，我认识到认真向苏联学习，学习苏联的教学大纲、教科书和教学法，吸取他们的先进经验，是我们编好新课本的关键。过去我们只觉得高小地理旧课本分省叙述，罗列地名和物产名称，写得好像一本流水账，教师教得枯燥，学生学得厌烦，是很不妥当的。但是，对于如何编写新课本仍茫然无知，想不出来如何下手。后来看到苏联人民委员会和联共（布）中央1934年5月16日"关于中小学地理教学的决定"，其中指出当时苏联中小学地理教学方面的主要缺点是"叙述的抽象和枯燥，缺乏自然地理材料，很少利用地图"。我觉得这些批评也好像是对我们的地理课本说的，于是，我们明确了编写新课本应该注意哪些问题。

---

* 原载人民教育出版社内部刊物《编辑工作》第5期，1955年1月15日出版。

苏联小学地理教学大纲规定在二、三年级应该把地理的内容有计划地分配到语文阅读课本里，并且要结合乡土研究进行教学。过去，我们虽然也有人主张小学地理应从乡土地理出发，但是如何编一套全国各地都适用的乡土地理教材，研究了多少年也没有解决。现在，我看了苏联二、三年级语文课本中的地理内容，如“可爱的城市”“集体农场的场地”“地平线”“我怎样观察太阳”“什么叫平面图”“爬上山峰”等课题，又看了苏联的小学地理教学法，才理解了原来苏联所说的乡土地理研究，是指讲述以上这些基本地理知识的时候，教师要指导学生进行观察、实习，或进行远足参观，用当地的具体地理事实来印证教材所讲的内容，并不是在课本中编一节本县本乡的地理教材，才叫作乡土地理。

在苏联学校中，到了四年级，地理就成为一门独立的功课了。四年级的教材，是在二、三年级的知识基础上，按照地理学科的科学性和系统性来编写的。首先讲“地球”，然后讲“苏联全国自然地理概况”，再从北到南，讲述“苏联各地带”，最后讲“人口、民族和政区”。这样从部分到整体、从自然现象到人们的经济活动，科学性和系统性都是很强的。该教学大纲中还特别指出：“小学地理应该按照自然地带来考察苏联，可以选出儿童能够了解的地理教材，并且生动有趣地去叙述它。此外，这样研究的时候，儿童所要研究的地区数目不多，因而也就容易掌握所述的各种特征。”有了这些理论根据以后，我们才敢把过去我们地理课本分省孤立罗列现象的叙述方式加以改变，拟订了一个以自然地理为基础的高小地理新课本的编写大纲，内容分为以下三个部分。第一部分是“地球”。第二部分是“中国地理”，分为以下几节：（一）从地图上看祖国（自然地理概况）；（二）我们的首都——北京；（三）东北区；

（四）黄河中下游区；（五）长江中下游区；（六）南部沿海区；（七）云贵高原区；（八）青康藏大高原区；（九）内陆草原沙漠沃洲区；（十）伟大的祖国。第三部分是“各洲地理”。

上述第三部分“各洲地理”在苏联四年级的课本中是没有的，因为苏联早已实行七年普及教育，他们是把各洲地理的知识安排在六年级讲述的。现在我们的高小毕业生，毕业以后大部分要参加生产劳动，因此高小地理课本必须给他们讲述一些各洲地理的基本知识。

选择材料时，苏联课本给了我们很大的启发，使我们知道写小学课本不必面面俱到，而要抓住典型，突出重点。例如苏联课本叙述“克里米亚南岸”，只重点描绘了克里米亚南岸亚热带性的美丽风光，居民经济生活中最重要的果园业和葡萄酒酿造业，以及重要城市雅尔塔和军港塞瓦斯托波尔。课文的文艺性很强，写得生动活泼，明白易懂。再加上课文中附有当地典型的景色图片，看起来就愈能引人入胜。因此，我们在写东北区的时候，除了描述东北的自然界以外，也只重点讲了“木材的采伐和运输”“大平原的农产”“钢都鞍山”“煤都抚顺和阜新露天煤矿”“丰满水电站”“东北区的铁路”“沈阳和哈尔滨”等几项主要地理事实。

苏联的地理课本，是把思想政治教育贯穿在每章每节里，是结合具体地理事实来说明问题，写得非常亲切自然。例如，讲到克里米亚南岸景色秀美的风景区，便告诉学生在沙皇制度下，那里是绝对不许劳动人民去的，现在在苏维埃政权下，那里成了全国人民的疗养所，全国著名的阿尔台克少年先锋营就在克里米亚南岸。讲到英雄的塞瓦斯托波尔城，便告诉学生在伟大的卫国战争时期，这座名城曾被法西斯匪徒围攻

8个月，遭受到严重的破坏，但是现在已经重新修好了。用这些内容对儿童进行爱国主义思想教育，非常具体生动。这对我们编写课本是有很大指导作用的。

除吸取苏联的先进经验外，在编写课本的过程中，应当如何结合我国小学的实际情况，是一个非常重要而又十分复杂的问题。首先，必须先了解我国初级小学毕业生的知识水平和阅读水平，编写课本时方能心中有数。例如，“定方向”“画平面图”这些初步地理知识，我们现在的小学语文课本中并没有讲授，因此，五年级的地理课本必须把这些内容补充进去，才不致脱节。关于自然方面的知识，苏联二、三年级阅读课本中讲到的动植物名称很多，我国的儿童这方面的知识却比较贫乏。就学生的语文程度来看，现在我们初小毕业生掌握的语汇，也比不上苏联三年级的学生。例如，苏联四年级地理课本描述“乌克兰黑土草原的自然界”这一课，课文长达1 800字（就译文计算），提到的动植物名称共有40余种，附有3张插图，对于乌克兰黑土草原自然界四季景色的变化作了非常美丽生动的描写。我们编写“东北大平原”这一节时，虽然学习苏联课本，用了一些文艺性的描述，但是篇幅比较短，只有800字左右；对于动植物名称，只学了最典型和最常见的10种左右；描写四季景色的形容词，尽量使它们不超出语文课本的范围。初稿写成以后，曾找了一些五年级的小朋友试读，看看他们是否能懂，究竟一课中有多少生字、生词需要解释。同时还把油印稿分寄沈阳、上海、贵州、山西等省市的教育厅局，委托他们征求当地小学教师的意见，了解新教材在全国范围内是否能适用。后来，我们根据各地寄来的意见对课文进行了修改。这样在教材的可接受性方面，才心中有数。

小学地理课本虽然包含的知识不及中学课本多，道理讲得也比较浅近，但是选材的时候，同样也要以最先进的科学知识为基础，说明问题也要采用深入浅出的方式，不能降低水平。因此，审查教材的科学性也必须依靠专家。我们曾把初稿寄到中国科学院地理研究所和许多大学的地理系，得到不少的帮助。举行座谈会的时候，除小学教师以外也请了一些专家，因此得到的意见比较全面。

为了克服教材叙述抽象和枯燥的缺点，采用生动而形象化的描述就非常必要。阅读文艺著作，从里面吸收营养，对编写课本是有很大好处的。虽然一部小说、一篇通讯未必有可以直接引用的材料，但是读了那些书和文章以后，可以增长自己的感性知识，丰富自己的想象力，加强使用文艺笔调描述地理事象的能力，这都是显而易见的。

此外，地图和插图也是地理课本的重要组成部分，小学课本插图比地图的分量还要占得多，选择典型的画片和设计地图也是编写课本的一项重要工作。课文后面的问题和练习，是巩固学生知识、发展学生思维能力、训练学生的技能和熟练技巧的重要环节。过去，我们往往只注意课文的编写，对插图、习题重视不够，这次学习了苏联小学地理教学法和苏联地理课本，才认识了这些问题。

新课本第一册编完以后，我们立刻赶编了一本教学参考书，又写了一篇《对新编高级小学地理课本的说明》发表在 1954 年 7 月号的《小学教师》上。因为新课本用的是新体例，有很多地方跟旧课本不一样，如果开学以前不先让教师做好思想准备，统一认识，那么，他们使用新课本时一定会有思想波动。第一册教学参考书虽然编得很仓促，缺点很多，出版还晚了半个月，但是对于帮助教师认识新教材，运用新的教学方法，解决寻找参考资料的困难，还是有一定的作用。因此，我们认为，此后教学参考书最好能配合新课本一同出版。

新编高小地理第一册自 1954 年秋季试用以来，根据读者来信看，各地反映尚好，主要是儿童对地理这门学科已经开始喜爱了。目前存在以下两个问题。首先，第一册的教材还太多（28 课、3 900 字，包括插图、练习在内），每周 2 课时，一学期教不完。教育部因此曾通令各地可根据各校实际情况，在五年级可增加自然或地理一课时，但是教学上已经发生了赶进度的现象。其次，有些乡村小学认为课本中有些课的文艺性很强，所用的描写文字超过了学生的语文水平，阅读上有困难。这些反映说明我们掌握实际情况还不够全面，思想上仍存在着偏高的要求。大致新课本在城市学校应用上还没有大问题，对乡村学校可能有一些困难。现在这一学期尚未结束，情况还没有完全摸清楚。将来根据各方面的反映再对课本作适当的修改，这也是一定要做的一项工作。

对新编高级小学地理课本的说明*

1954年秋季，小学五年级开始使用新编地理课本第一册，这套课本每学期出一册，至1956年春季出齐。这里把小学地理教育的任务，新教材全部内容的分配，第一、二两册的基本内容和编写意图，以及地理教学方面的一些注意事项，作一个简要的说明。

一、小学地理教育的任务

小学教育是人民的基础教育，是整个教育建设的基础。它的任务是培养新的一代成为全面发展的新中国的健全公民，成为社会主义的建设者和保卫者。小学各科的教学任务都是围绕这个总的任务拟定的。依据小学教育的总任务和地理学科的性质，小学地理教育的任务如下：

（一）使儿童获得关于地球的、祖国的、世界各大洲的初步的地理知识，并获得关于定方向和运用地图的技能和熟练技巧；

---

* 选自新知识出版社编：《高小地理教材和教法问题》，新知识出版社1957年版。

（二）使儿童从各种地理事物和各种地理现象的相互关系中（例如太阳的光热跟气候的关系，气候跟天然植物分布的关系等），认识世界的物质性，认识地理事物和地理现象变化发展的规律性，初步培养儿童的辩证唯物主义世界观；

（三）使儿童认识祖国的自然界，认识祖国丰富的资源，认识祖国人民劳动的情况和社会主义建设的成就，并认识当前的国际形势，从而培养儿童的爱国主义精神和国际主义精神。

二、对新编高级小学地理教材体系的说明

小学五、六年级全部地理教材的编写提纲，是参考苏联初等学校地理教学大纲和苏联四年级地理课本（维特考维奇著）并结合我国具体情况拟定的。各学期教材分配如下。

五年级上学期：第一部分　地球　第二部分　中国地理（一）从地图上看祖国　（二）东北区

五年级下学期：（三）黄河中下游区　（四）长江中下游区

六年级上学期：（五）华南区　（六）云贵区　（七）青藏区（八）蒙新区　（九）伟大的祖国

六年级下学期：第三部分　各洲地理

第一部分“地球”是根据苏联四年级地理课本改写的，主要讲地球的形状和大小、地球仪、两半球图、大洲和大洋以及地球上的气候带。

同时，我们把俄罗斯联邦二、三年级阅读课本中讲到关于地平线、辨方向、比例尺等基本地理知识也一并写在内，以补救我国初级小学毕业生对这方面知识不足的缺陷。为了不使教材分量过重，也从苏联课本中精简了一些内容，这些精简的内容，编入高小地理第一册教学参考书中，供教师参考。

为什么苏联四年级地理课本一开始就讲“地球”，然后才讲“苏联地理”？这是因为作为一门独立学科来进行教学的地理课，必须按照地理这门学科的科学性和系统性来编排。首先讲“地球”，一方面可以使学生明了地理所研究的对象；更重要的是学生有了关于整个地球的概念，在学习第二部分本国地理的时候，从整体到部分，就能够把祖国的地理环境和整个地球联系起来，把自然界看成一个统一的整体，这样才能发展儿童的地理思维，树立辩证唯物主义的世界观。

“地球”这部分教材所讲的问题虽然比较抽象，但苏联课本的编者根据儿童年龄特征，从具体事物和直观出发，不仅使儿童易于理解，学习起来也很有兴趣。例如，讲为什么我们觉察不出大地是球体，用小铜钱（我们的课本中改为图钉）放在大皮球上作比较，说明地球太大，我们看到的地面太小，所以觉察不出大地是球体。讲经纬线时，充分利用地球仪和两半球图来说明，并教会儿童利用正午时的物体在太阳光下面的阴影，画出当地的经线。讲地球上的五带（气候带），就先从儿童日常生活中容易体会到的问题谈起：早晨和傍晚，太阳升出地平线不高，太阳光斜射过来，所以地面上温度比较低；中午，太阳升得最高，阳光射得比较直，这时候就觉得地面上很暖和。然后讲到冬天冷、夏天热，以及地球上寒带、温带和热带的区分，都用同一浅显的道理说明。至于太阳光线为什么会直射和斜射，涉及地球的公转、地轴和轨道面斜交等问题，内容比较复杂，不是小学生所能理解的问题，苏联四年级课本中就没有讲，这样处理是非常正确的。

第二部分“中国地理”是高小全部地理课程中最主要的部分。中国地理教材的编排顺序，也是参考苏联课本的编写方法，先讲“从地图上看祖国”，按照地形图作全国概述；然后按自然区域（以气候为主）由北到南、由沿海到内陆的顺序，分区讲述；最后以“伟大的祖国”一章结束。

在“从地图上看祖国”这个大题目下，一共有六课。第一课讲“中国是人民民主国家”，从地图上“中华人民共和国”的名称，引导学生认识祖国的政权性质和社会制度。这是在往后学习地理时，正确理解我们国家对于自然环境的利用和改造，劳动人民为争取美好的未来进行社会主义建设等问题的认识基础。第二课到第六课，按照地形图讲述祖国的海洋、陆界、地形、河流和湖泊，使学生对祖国地形的全貌有一个初步认识，学会看中国地形图。这样，学生按自然区域分区学习的时候，就能够把各地区的地理环境和全国的地理环境看成一个统一的整体。

旧课本不是分区讲述，而是按行政区划分省来讲的。全国有许多省市，要求小学生掌握这么多省区的自然环境和经济特点是非常困难的，况且，这种编排方法也无法说明我国地理环境的基本特点和它的规律性。苏联四年级地理课本中的区域部分，按照“气候土壤植物带”的自然区域，从北冰洋和冻土带讲起，由北往南，经过针叶林带、混交林带和草原带，最后讲到高加索黑海沿岸的副热带。将苏联各带的景色，按空间顺序依次描述，各带特点鲜明，学习起来有趣。这样使学生从苏联多样性的自然环境以及苏联人民的各种经济活动中，了解各个自然区的特点；认识祖国自然界各种各样取之不尽的富源；认识从北极圈到副热带，在不同的地理环境中，苏联人民如何利用自然和改造自然，为创造自己美好的生活而英勇奋斗。这样，一方面可以发展儿童的地理思维，树立辩证唯物主义世界观的基础；另一方面可以培养儿童的爱国主义思想和对社会主义事业的无限忠诚。我们编新课本时接受苏联课本的这种长处，在讲区域时，也按照我国的自然区域，由东北区，依次往南，讲黄河中下游区、长江中下游区、华南区和云贵区，再讲内陆部分的青藏区和蒙新区。这样可以使儿童认识祖国美丽丰富的自然界，容易掌握各个自然区域的主要特点；认识我国各族人民如何勤劳勇敢地利用自然和改造自然；认识到把祖国建设成一个伟大的社会主义国家的壮丽事业。

中国地理最后一章为“伟大的祖国”，它使儿童在学完祖国区域地理以后，对祖国地理的全貌再有一个总的了解，从而更明确地认识：我们伟大祖国的力量的源泉就是全国各族人民在中国共产党领导下的友爱互助和团结一致。

第三部分“各洲地理”简单地讲述各洲的一些地理知识和政治、经济特点，培养儿童的国际主义精神：热爱苏联和各人民民主国家，尊重各大小民族独立国家，同情全世界被压迫的人们，培养儿童保卫世界和平、反对帝国主义侵略的信念。

三、关于第一册教材的几点说明

新编地理课本第一册的组织编排，是按照苏联课本的科学性和系统性的原则处理的。此外，在教材的直观性、量力性等方面，也尽量吸取苏联课本的先进经验。

（一）在加强教材的直观性方面，课本中附有彩色两半球图和中国地形图各一幅，全国行政区图一幅，东北区地图两幅，插画和照片共 37 幅。① 不论是课文或练习，都特别注意把所讲的地理知识和地图及插画密切结合起来，使儿童对不能直接看到的事物，通过地图和画片来认识。课文的某些部分，为使其形象化而适当地加以描述，把海洋、高山、森林和大平原等自然界的景色，钢都鞍山，抚顺、阜新煤矿和丰满水电站等地的面貌，都重点地作了特写。课文形象化的目的，是使学生从生动具体的事物中，掌握一些地理基本观念和概念，能对祖国美丽丰富的自然界和祖国伟大的社会主义建设，获得鲜明、深刻的印象。

（二）在量力性方面，注意到教材的内容和分量，尽量能适合儿童的年龄特征，凡属儿童不易理解的问题，不写入课本（如地球的运动）。地名、物产、铁路仅将其最重要的和最有代表性的写出，一般的和次要的则尽量精简。例如，东北区的城市和铁路很多，新课本中只提到 15 个城市名称，有重点地介绍了钢都鞍山、煤都抚顺和阜新、丰满水电站、林业城市伊春，以及东北区南北两大城市——沈阳和哈尔滨。铁路只讲了沈阳到山海关、沈阳到安东、哈尔滨到大连、满洲里到绥芬河四条重要铁路线。矿产只讲了煤和铁。这样，不仅可以减轻学生的负担，还能使学生深刻而牢固地掌握这些基本知识。苏联四年级地理教学大纲中，规定必须记住的城市名称（就是地图知识）只有 31 个。事实上，

---

① 1957 年秋季用的第一册地理课本，地图改由地图出版社编辑出版《中国地图册》，随课本一同发行。课本中的照片和插画精简为 31 幅。

苏联在政治上和经济上比较重要的城市要比这个数字大得多。由于儿童的接受能力有限，因此不得不加以选择。希望教师在教学时，不要任意扩大教材内容，把自己所熟悉的城市、物产、铁路等全部搬给学生，给他们造成一些学习上的困难。如果为了进行乡土地理教育，在讲到本地区时，可以补充讲一些本区地理情况；但选用的乡土教材应生动具体，符合直观原则，也不应过多。

（三）为使学生能够牢固地掌握所学的地理知识，并训练儿童能把这些知识应用到生产实际中去，在每课末尾所附的“问题和练习”中，特别注意地理技能和熟练技巧的训练。例如让学生观察地平线，观察太阳、北极星，用指南针辨方向，判断地球仪和两半球图上的方位，应用地图中的比例尺计算地面两地的实际距离，做填充暗射地图练习、熟识地形图等工作。讲东北区季节的变化，如植物花开、作物生长、候鸟来去、河水结冰等现象，都要求学生和当地情况作比较。这样，一方面可以发展儿童的观察能力，帮助他们认识周围的自然现象；另一方面，可以把书本知识和生活实际联系起来。要做好这些工作，教师自己首先要具有这些方面的知识、技能和技巧。因此教师事先应把课本中的“问题和练习”多做几遍，再指导儿童。

（四）在思想政治教育方面，小学各科教学，都应根据国家过渡时期总任务的精神，以社会主义思想来教育儿童，把儿童培养成为全面发展的新人，培养成为积极自觉的社会主义的建设者和保卫者。地理科学研究的对象极广、内容丰富，并且和生产实践有着极密切的联系，因此对于贯彻爱国主义精神，进行劳动教育和品德教育，具有极有利的条件。课本中对祖国社会制度的优越性、领土的广阔、河山的壮丽、天然资源的丰富都作了重点描述，以达到培养儿童热爱祖国的目的。在“中国的海”和“中国的大陆国界”两课中，讲述了祖国海陆疆界的形势和中国人民解放军不畏艰苦、保卫祖国边疆的精神，目的在使儿童认识到捍卫祖国、不让敌人侵犯，是自己的神圣职责。在东北区各课中，说明各种生产和人民生活时，都以新中国成立前后不同的景象作对比描述，使儿童体会到新中国社会制度的优越性，启发他们自觉地热爱新中国，热爱中国共产党和毛主席。同时，憎恨祖国的敌人，憎恨一切压迫者和侵略者。

通过讲述东北西部防护林带的营造，松花江丰满水力的利用，伊春林业城市的兴起，钢都鞍山和阜新露天煤矿的建设，东北平原荒地的开垦等，使儿童认识到我国劳动人民改造自然力量的伟大，认识到辛勤的劳动是创造一切幸福、一切物质和精神文化的源泉，从而树立儿童热爱劳动和敬爱劳动者的思想，认识各种劳动都是光荣可贵的，各种劳动生产对国家都有重要的贡献。

课文中为了说明各地区劳动人民多种多样的生产活动，要讲到人们掌握什么生产工具和怎样从事生产劳动。在国家社会主义工业化的今天，许多现代化的生产知识，必然要在新课本中出现，如东北平原上国营农场用“联合收割机”割麦，伊春林场工人用“电锯”伐木，抚顺煤矿工人用“电铲”装煤等。目前这些事物对我们来说是比较新鲜的，也是生疏的。但我们正在逐步向社会主义社会过渡，这些生产知识将成为我们今后生活中习见的东西，因此应该使儿童知道它们。但必须说明，地理课不是自然课，这些生产工具的构造和性能，不必讲解。只要求学生知道该地区的人们如何进行生产活动，知道电铲可以装煤，电锯可以锯树，现代化的机器可以代替许多人做工，只有进行大生产，才能实现国家社会主义工业化，建立这些概念就行了。

四、关于第二册教材的几点说明

第二册“黄河中下游区”和“长江中下游区”包括13省和3个直辖市，以上两区的人口约占全国总人口的三分之二，自然条件和人们的经济活动都比较复杂。

这两个区域的教学主要有以下五方面目的。

（一）要求学生能够掌握这两区在自然地理方面和人们生产活动方面的基本知识，并利用地图巩固这些知识。课本里所叙述的地形、山脉、河流、矿产、城市等名称，学生即使背得很熟，如果不能在地图上正确地指出它们的位置和分布的情况，那就应该说，地理教学的主要任务没有完成。

（二）要求学生了解这两区的区域特征，初步懂得地理位置、地形、气候、河流、植物等地理要素之间的相互关系。例如：长江中下游区的位置，比黄河中下游区距离热带要近一些，冬季河水就很少结冰；黄河含沙量大，那是因为黄土高原上的土壤失去植物的保护，泥沙被流水大量侵蚀的结果。通过这些地理事物相互关系的阐述，可以发展学生辩证唯物主义的世界观。

（三）要求学生了解这两区新中国成立以前和新中国成立以后工农业生产方面所发生的巨大变化，像首都北京的新面貌，包头、武汉新钢铁基地的兴建，黄河中下游区机器制造工业的发展，上海市工业生产性质的根本改变，以及农业合作化给农业生产带来的好处。这些实际事例，可以教育学生树立社会主义的思想。

（四）要求通过讲述根治和开发黄河的伟大规划，讲述官厅水库、荆江分洪、淮河的改造、陕北防护林带、成渝铁路、宝成铁路、武汉长江大桥和塘沽新港等伟大工程的进行，一方面树立学生改造自然的信心，认识祖国人民民主制度的优越性，另一方面教育学生热爱劳动和尊敬劳动者。

（五）要求通过讲述这两区自然条件的优越、物产的丰富、山川的雄伟秀丽，以及若干具有革命历史意义的纪念地，培养儿童的民族自豪感。

五、关于第三册教材的几点说明

第三册包括“华南区”“云贵区”“青藏区”“蒙新区”四个区域。这四个区域大部分是祖国的边疆地区，自然环境的特征很显著，少数民族占重要地位，人们的生产活动跟前两册讲过的“东北区”“黄河中下游区”“长江中下游区”也有很多不同的地方。

第三册课本的教学，除了要保证使学生获得关于华南、云贵、青藏、蒙新四区必要的地理知识和地图知识以外，还应注意达到以下三项要求。

（一）通过讲述华南区四时花好，昆明坝子四季如春，西藏高原雪山重叠，蒙新内陆区草原沙漠广阔等景象，使学生进一步认识祖国领土的辽阔广大，祖国自然界的多种多样。同时，也可进一步从各区地形、气候、植物、动物、人类生产活动等的相互关系中，发展学生的地理思维，培养学生的辩证唯物主义世界观。

（二）通过讲述各区少数民族开发边疆，对创造伟大祖国历史文化所做的贡献，以及今天在祖国进行社会主义建设过程中所做的努力和取得的成就，使学生热爱各少数民族；并从少数民族地区新中国成立前后政治、经济各方面所发生的巨大变化中，使学生认识到党和人民政府民族政策的正确伟大。

（三）通过讲述康藏公路、青藏公路、兰新铁路等伟大建设工程，玉门、克拉玛依、柴达木盆地石油的开采，青藏高原和蒙新地区农业及畜牧业的发展，树立学生不畏艰苦、克服困难、征服自然、把祖国边疆建设成美好社会主义社会的信心和决心。

（四）通过华南区台湾地理的讲述，使学生知道富饶美丽的台湾是祖国领土神圣不可分割的一部分，台湾800万人民是我们亲爱的同胞，我们决不允许美帝国主义侵占祖国的这块领土。

六、关于第四册教材的几点说明

第四册是世界地理，主要内容为各洲自然地理、居民和国家概况。在国家地理方面，重点介绍了最先进的社会主义国家苏联，以及亚洲的主要国家和西方最大的资本主义国家美国。其他各洲的主要国家，由于教学时间有限，一律在各洲居民和国家的概述中作总的介绍，不一一分述。

第四册课本教学的主要目的有三方面。

（一）使学生了解世界各洲和主要国家的自然环境、居民的生产活动和国际政治概况，并保证学生获得教学大纲上所规定的世界各洲的地图知识，从而扩大学生对世界的认识，进一步了解地球上各地自然界的情景，认识当前世界的国际政治形势。

（二）通过讲述苏联和人民民主国家在经济建设和提高人民生活水平方面所取得的成就，亚非各民族独立国家在反对殖民主义斗争中所取得的胜利，西方帝国主义国家在剥削国内劳动人民和对外进行侵略战争、压迫殖民地人民时所暴露的野蛮行为，使学生坚决拥护社会主义和人民民主制度，同情和支持殖民地人民所进行的民族独立解放运动，反对帝国主义对国内劳动人民的剥削和对外所进行的各种侵略活动。

（三）通过讲述世界各国人民在战胜自然、发展生产、创造人类历史文化方面所做的贡献，培养学生尊重世界各大小国家和世界各民族、热爱世界各国劳动人民的国际主义思想，并教育学生反对大国主义。

七、关于使用新课本在教学方面应注意的问题

第一，必须贯彻直观原则，改变过去照本宣科、让学生死记硬背课文的教学方法。课本上的主要内容，凡是教师讲给学生听的，都应该讲得生动，讲得形象化，使学生能够想象出具体的情况来，这样学生所学到的地理知识才是真实的、巩固的。在地理教学中直观教学的方法很多。（1）教师可以结合乡土地理研究，指导学生观察当地的地理事物并与课本上讲的内容比较。例如，要使学生想象长江和黄河的景象，最好先让学生看一看本地的河流是怎样的。要使学生想象山东丘陵或江南丘

陵的地形，最好把他们带到附近有小山的地方去看一下，先有一些感性认识。课本上讲到的植物、农作物、矿物等，凡是本地有的，都应该让学生去认识。有些地理现象，如气候、水文、植物的季节变化，不是短时间能观察出它的结果来的，那么，可以让学生作较长时期的观察。(2) 凡是本地不能直接观察到的地理事物，就要尽量利用照片、图画标本、模型等直观教具。除了课本上所附的插画要充分运用以外，教师平日还应注意搜集教具，目前报纸、杂志上刊登的照片可供我们利用的很多。为了配合新教材教学，地图出版社出版有《小学地理教学图片》(已出两辑)①，可供采用。(3) 地图在地理教学中的用途比照片或图画更加广泛，因为照片或图画只能表示一小块地方的面貌，在地图上我们却能够把一个国家或全世界一览无余。根据地图，我们可以研究地理事物在地面上的分布位置，了解它们的相互作用和相互关系。苏联地理学家布达诺夫曾说："不会使用地图就不能算是好的地理教师。"由此可见地图在地理教学中的重要了。配合新编地理课本的内容，地图出版社已编辑出版有《伟大的祖国》(全国地形) 和各区挂图，这些都是地理教学时必不可少的教具。教师除了要很好地利用挂图以外，还要经常利用小黑板，用彩色粉笔描绘一些略图或图画。例如讲到黄河、长江等水系和主要水利工程的位置、铁路的分布，都可以画成略图来表示；讲到动植物和农作物，可以根据《高小地理教学参考书》上的附图画成图画。(4) 实地观察和运用直观教具虽然很重要，但是这些工作都离不开教师的讲解说明。至于许多不能直接观察的地理事物，特别是遥远地方的地

① 《小学地理教学图片》1957 年秋季改由教育图片出版社出版，两辑合成一辑，改编成 40 幅，每幅四开大小，各印彩色照片一张。

理知识，主要依靠教师口头讲解。因此教师的生动语言，是直观教学中最常用的手段。如果善于运用比较法，多作艺术性的讲述，效果是比较好的。

第二，必须注意新旧教材的联系，在不断巩固学生已有知识的基础上，进一步使学生掌握新教材的内容。因为地理课本的内容前后是紧密联系的。例如讲“黄河中下游区”和“长江中下游区”的位置、地形、气候、河流湖泊等问题，都应该注意利用学生在第一册“地球的五带”和“从地图上看祖国”这两部分已有的知识来说明问题。像黄土高原、华北平原、四川盆地、黄河、淮河、长江等知识，在第一册中都已讲过一些，上课时教师可以指着挂图先让学生回答；讲长江中下游区四季分明、冬季河流很少结冰的情况，就可以跟东北区冬季冰雪盖满大地的景色作对比。这样不仅可以巩固学生已有的知识，并且容易掌握新教材的内容，懂得地理知识的整体性和各种现象的相互关系，通过两个区域地理现象的比较，使学生对区域特征的认识更加清楚。注意前后教材的联系，不仅学生容易理解教材内容，教师也可以节约教学时间。例如，如果讲清楚黄河的特点和它成灾的原因，讲解“官厅水库”和“淮河的改造”就容易得多。学生懂得官厅水库的作用以后，讲佛子岭水库就不必多费时间了。为了有系统地复习旧教材，每个区域讲完以后，都应该进行一次总复习（可参考多种教学参考书中的复习提纲）。复习应该利用口头提问，解释地图或插图等多种方式来进行，要使学生多多思考，不是由教师把讲过的内容再重复一遍。

第三，必须注意训练学生运用地理知识的技能和熟练技巧，把课堂教学和课外的工作结合起来，把课本上的知识和实际生活结合起来。像把填充暗射地图、用地图上的比例尺计算距离、辨别方向等技能，训练成为熟练技巧。此外，也可指导学生描绘略图，如画黄河或长江的水系图、铁路的分布图等，但绘图的工作不应占用学生太多的时间。

气候的变化和农业生产的关系很密切，教师可以有计划地指导学生观察并记录当地气候的季节变化，例如什么时候河水解冻，什么时候草木发青，什么时候植物开花，什么时候结实；农业方面什么时候春耕、播种、锄草、收获等。还可以利用假日，组织学生采集标本，参加田里的拔草、捕虫等工作。

关于地理课本的教学进度，各课的教学目的和教学要点，人民教育出版社另有高小地理教学参考书，那里面有比较详细的说明。希望教师在研究新课本、拟定教案的时候加以参考。教学参考书中的教学建议，如果提得不恰当，或跟自己学校的具体情况不符合，可以修改，大胆创造。教学是一件创造性的劳动，使用新课本的教学经验，更需要在实际教学中创造。

中日友好传佳音*

——《中国地理》教科书日文版介绍

为了使日本人民了解世界上主要国家以及与日本关系比较密切国家的地理风貌——它们的国土和人民，并介绍这些国家本国地理教科书的编写情况，日本帝国书院自 1977 年 4 月起，陆续翻译出版了四集《世界地理教科书丛书》。第一集中有法国、西德、英国、加拿大、澳大利亚和苏联六国；第二集中有美国、巴西、民主德国、波兰、印度、泰国、印尼和菲律宾八国；第三集中有埃及、以色列、伊朗、瑞士、意大利、荷兰、罗马尼亚和墨西哥八国；第四集中有中国、韩国、马来西亚、尼日利亚、西班牙、瑞典、秘鲁和阿根廷八国。

《中国地理》教科书的日文版，书名为《中国，它的国土和人民》，已于 1980 年 4 月在日本出版。这是中日两国友好合作、文化交流的成果之一。1979 年春季，日本帝国书院董事长大田薰来北京访问时，特地向我国人民教育出版社提出要求，希望同意他们全文翻译出版中国中

* 原载《世界图书》1981 年第 2 期。选自陈尔寿著：《地理教育与地理国情》，人民教育出版社 1998 年版。

学通用的《中国地理》教科书。大田薰说，帝国书院出版的这套《世界地理教科书丛书》中，如果没有《中国》这一册，那将是莫大的憾事，日本人民殷切希望了解中国国土与人民的情况。

为了促进中日友好，加强两国文化交流，使日本人民很好地了解中国的地理情况，我国人民教育出版社同意日本帝国书院翻译《中国地理》教科书在日本出版。人民教育出版社除向帝国书院提供了全日制十年制学校《中国地理》第二版的全部书稿外，还将书中所附的150多幅单色地图和示意图的底图改为彩图。另外，又新选了130多幅彩色和黑白地理景观照片，以代替课本中原来的黑白素描画。这样，图文配合，色彩鲜明，可以使日本人民更直观地认识中国的自然地理风光和人文地理特色。

全书的特点是彩色图片所占的篇幅大于文字篇幅，地理景物的直观性强，区域特征显著。绚丽多彩的照片和插图，配合课文，将中国壮丽的山河景色，如冰塔林立的珠穆朗玛峰，绿茵无际的内蒙古牧场，梯田层叠的黄土高原，水乡泽国的江南田园，奔腾澎湃的金沙江急流，风景如画的桂林山水，等等，都跃然纸上。日本人民通过本书可以更真切地了解中国辽阔土地上的丰富资源和物产，各族人民在各地区从事社会主义建设的生动情景。中国有历史悠久的文化遗产，许多名胜古迹和风景秀丽的地区是旅游佳地。中国人民是爱好和平的人民，中国人民愿意同日本人民和世界人民友好相处。

本书译者为日本关西大学河野通博教授。译者为了帮助日本读者更好地理解本书的课文和附图，编写了100条注释。例如，李四光关于中国沉降地带具备储油构造的理论，延安为什么被称为革命圣地，北京故宫、天坛、北海、颐和园、十三陵等名胜的介绍，中国盐碱地的成因，农村人民公社的生产活动，等等。

书末附有《中华人民共和国概要》和《中华人民共和国的教育情况》的介绍，以及这本书中所用的汉字繁体字、简化字和日文的对照表。中日友好传佳音，《中国地理》教科书日文版的出版，对中日文化交流，对日本人民了解中国的国土和人民，都将起到促进作用。

关于新编全日制五年制小学地理课本的说明*

根据教育部1981年3月13日颁发的《全日制五年制小学教学计划(修订草案)》，从1981年秋季开始，小学恢复地理课。地理课在四年级开设，每周2课时，向学生进行地理常识和爱国主义教育。按照这一要求，我们编写了全日制五年制小学地理课本上下两册，供四年级两学期教学之用。上册现已付印，下册正在编写中。现将我们编写小学地理课本的原则和教材结构说明如下。

一、编写原则

我们认为，小学恢复地理课是拨乱反正，肃清林彪、“四人帮”极“左”路线流毒，提高全民族科学文化水平，加强爱国主义教育的具体措施之一。为了编好小学地理教材，我们在总结新中国成立以来历次编写小学地理课本经验的基础上，根据教育部修订小学教学计划的指导思

* 原载《四川教育》1981年第8期。署名“人民教育出版社中小学地理编辑室”，由陈尔寿执笔。

想和要求，拟订了下列编写原则。

（一）小学地理的选材，应该是属于常识范畴内最基本的地理知识，也是最普遍和适用性最强的知识。由于小学设置地理课的年级较低，课时又有限，教材的知识面不能求全，内容不能太深，头绪不能过多，选材一定要精，注意科学性、实用性、代表性和可接受性；既要重视对传统的基础知识的选择，也要注意地理科学新发展和社会主义建设新成就的吸取，以反映时代气息。

目前我国初中教育尚未普及，小学教育具有一定的阶段性。因此小学地理教材的选编，也应考虑这一特点，使其自成体系，成一段落。今后中学地理教材的编写，可在小学地理的基础上，进一步扩大、加深和提高。我们认为，小学地理应包括乡土的、地球的、中国的和世界的基本知识，而以中国地理为主。

（二）小学地理教学，不应该只是书面知识的传授，还应该使学生在力所能及的范围内，获得掌握知识的技能。我们要求学生学习地理不仅要善于动脑，还能够动手。例如学习绘制教室平面图，步测距离，观察天气，认识和运用地图，填空白地图，运用比例尺量算地图上两地之间的实际距离，等等。学生通过这些实践活动，不仅能巩固和加深其所学的理性知识，还能够发展学生的智力和才能。当学生能够掌握和运用这些技能时，他们感到学习地理知识是有用的，积极性就会大大提高。

（三）思想政治教育和地理知识教育两者应该是统一的、有机联系在一起的。小学地理课进行爱国主义教育，主要是通过具体地理知识的讲授，来培养和激发学生的爱国主义思想。例如，学生学习中国地理，知道了祖国辽阔的疆域，壮丽的山川，丰富的资源和物产，社会主义建设的伟大成就，爱国主义思想和民族自豪感就会油然而生，不要为了进行思想教育而“穿靴戴帽”，另搞一套。

新旧社会地理状况的对比，在某些课文中是必要的，但是要注意避免公式化和千篇一律的笔调。思想政治教育还要实事求是，不能说假话、空话和大话。我国地理环境和社会主义制度有很多优越性，但是并非一切都完美无缺，我们要用辩证唯物主义的思想，对学生进行合理利用自然和环境保护的教育。

（四）注意小学生的年龄特征。他们生活经验少，知识基础薄，理解能力差。教材需由近及远，从具体到抽象，加强文字、插图的直观性，帮助学生对地理事物在头脑中形成正确的表象，这是学生理解地理知识的基础。由于地理课所涉及的空间较广，除乡土局部地区的实际面貌可通过直接观察形成表象外，对于超出视力所及的较大范围的表象，则需要通过表示地理空间关系的图形——地图来形成。因此，课文和练习要注意同地图配合，充分发挥地图、插图在形成地理表象中的作用。

二、教材结构

新编小学地理教材由四部分组成。第一部分“认识自己的家乡”，约占全部教材的15%；第二部分“地球和地球仪”，约占10%；第三部分“我们的祖国”，约占60%；第四部分“我们的世界”，约占15%。

第一部分“认识自己的家乡”，分为六课：1. 辨方向和测距离；2. 平面图；3. 地图；4. 政区和地形；5. 天气状况；6. 生产活动和交通。

我们根据上述由近及远、从具体到抽象，让学生掌握学习知识的技能等原则，编写了这几节教材。目的是让学生直接观察自己家乡和学校附近的地理位置、平原、山地、河流、田地、工厂、商店、道路等具体地理事物，形成地理表象，这不仅可以学到生动的乡土地理知识，还能为以后学习祖国各地的地理知识时进行类比、分析、综合等想象的表象创造条件。这样，上地理课，就不能光是教师讲、学生听，注入式地传授知识；而要随着课文中所提出的问题和安排的练习，在教师引导和启发下，让学生根据平时的观察和生活经验，以及通过习作和调查，思考和回答问题。这样，学生就会积极思维，发展其智力，对学习产生兴趣。

这一部分课文和练习中提出的要求比较简单，如观察太阳和找北极星辨方向，步测距离，画教室平面图，记录一周的天气状况，认识地图，了解当地的地形、主要的交通方式和路线、主要的工业产品和农产品，等等。这些内容，在教师指导下，学生经过习作或调查，是可以得出答案的。但是，我国幅员广大，学校所在地的情况不一样，有的在农村，有的在城市，有的在牧区，有的在林区，有的在渔村，课文无法把各方面的情况都提到。因此，教师可以根据自己乡土的特点，灵活掌握。课文中如有不符合当地情况的内容和问题，可以用切合当地实际情况的内容和问题来代替。例如，生活在牧区或渔村的学生，他们所认识的当地的生产活动就不是农业或工业，而是畜牧业或水产业了。

要教好这部分教材，教师需要先熟悉课文；对某些问题和练习，自己还得先做一做，以便心中有数。有些问题和练习不是在课堂上可以解决的，例如找北极星定方向，步测距离，画教室平面图，最好在课外把学生分成几个小组去进行。有些要求，如物候观察、天气记录、观察附近菜市场各季蔬菜和水果品种的变化，需要有较长时期的计划和安排。

第二部分“地球和地球仪”，分为四课：1. 地球的形状和大小；2. 地球仪；3. 大洲和大洋；4. 地球上的五带。

学习这部分教材的目的，是从整体到部分，让学生先知道地球的概貌，为下一步学习“我们的祖国”和“我们的世界”创造一些必要的条件。例如，讲中国的位置在亚洲的东部、太平洋的西岸，大部分领土在北温带，就需要先有大洲和大洋、地球上的五带等知识。

讲地球仪，是利用这个把地球缩小了的模型，让学生学习有关赤道、两极、经线、纬线、五带、大洲和大洋的知识。

地球仪是学习这部分教材必需的教具。如果学校还没有地球仪，教师可以设法自制；或者用铅丝、藤条、竹篾等编制成球形的经纬网，结合课本上的地球仪图和两半球图来讲解。

关于地球内部的构造、地球的运动、地壳、地震、岩石、矿物、气象、宇宙等方面的知识，将在小学自然课中讲授。地理教师应该了解自然课本的内容，今后小学自然从三年级开始，教师应注意这两门课程有关知识的联系。

第三部分“我们的祖国”，分为二十九课，可划分成七个单元。

第一单元讲疆域、人民和首都，分为三课：1. 我国的国土和人民；2. 我国的海疆；3. 首都北京。

第二单元讲东北地区，分为三课：1. 东北的林海；2. 东北平原；3. 钢都和石油城。

第三单元讲黄河流域，分为六课：1. 华北平原；2. 黄土高原；3. 黄河；4. 煤海和棉乡；5. 泰山和山东半岛；6. 秦岭和淮河。

以上共二十二课，为上册。

第四单元讲长江流域，分为六课：1. 长江中下游平原；2. 四川盆地；3. 我国第一大河——长江；4. 鱼米乡和金属矿；5. 杭州西湖和钱塘潮；6. 我国第一大城市——上海。

第五单元讲岭南、台湾和云贵，分为四课：1. 岭南风光；2. 珠江和广州；3. 宝岛台湾；4. 云贵高原。

第六单元讲青藏高原和西北内陆：分为三课：1. 世界屋脊；2. 沙漠和绿洲；3. 草原牧场。

第七单元讲中国地理概况，分为四课：1. 壮丽的山川；2. 复杂多样的气候；3. 丰富的资源；4. 联系各地的交通网。

这部分教材是按照总论—分论—总论的体系，采取点面结合，按照一定区域顺序来组织的。

第一单元总论的内容比较简单，首先让学生知道祖国的疆域，学会看中国政区图。这样，以后学习我国各地区时，就便于说明这个地区或这个城市在全国的哪个方位了。我国三十个省级行政区的名称和位置，不要求在学习第一单元时全掌握。在“我国的国土和人民”一课中，只出现了三个直辖市和五个自治区的名称，其余各省的名称将在以后各单元陆续出现。我们认为，学生接受知识，应像滚雪球那样，不断积累，不断扩大。不能像填鸭那样，一次塞很多。

首都北京是全国政治、科学、文化、交流的中心，也是全国人民向往的地方，所以把这一课突出安排在第一单元。如果同以下祖国各地的课题联系起来看，“首都北京”这一课也可看作是学习祖国各地的开始。

第二单元至第六单元是祖国各地。教材采取点面结合、按一定区域顺序排列的办法，把祖国各地区贯穿在一起。在课题上没有标明各单元的区域名称，课文也没有按照区域地理的写法，全面介绍各地区的地理情况，而是各个地区突出一些重点，每个重点自成一课。看起来各课好像是独立的，但是其间从一个区域过渡到另一个区域，是有一定体系和规律的。

区域排列的顺序，从东南半壁的季风区开始，在季风区内由东北地区往南，经过黄河中下游、长江中下游、岭南、台湾至云贵，使学生对我国地理上南北地域的分异大体有所了解。然后讲世界屋脊的青藏高原，西北内陆干旱区的草原和沙漠，使学生对我国东部季风区、青藏高寒区、西北干旱区的特点也能获得初步印象。

祖国各地自然环境复杂多样，资源物产丰富，旅游胜地很多，而小学地理课时有限，无法全面讲述，只有选择具有代表性和典型性的地理景观和地理事物写成课文。由于每一课题的内容不同，要求不同，课文的写法也不一样。有的课文侧重写自然景观和名胜地，用形象化的描述来感染学生；有的侧重讲地理事实，跟地图的配合比较密切；有的写面，有的写点。因此，教法也不能千篇一律。

小学地理课在选材时，还注意了同语文课的配合。例如，长城、桂林山水、庐山、刘家峡水电站等，语文课本中已有这些内容，地理课本就没有再作为一课去讲。

第七单元的总论，是在学习了祖国各地以后，将已学过的分散到各地区的地理知识，再从全国角度，使其系统化。这样，既能复习巩固已学过的知识，又可获得一些新知识，从而对祖国的地理特点有一个整体的认识。这一单元安排在最后，即使在一课中出现的地理事物的名称多一些，但是多数地名和产物的名称在前面各单元已经学过，就不会感到一课的内容太多、负担太重了。

第四部分“我们的世界”，分为六课：1. 世界的地形；2. 南极洲和北冰洋；3. 北温带和南温带；4. 热带的雨林、草原和沙漠；5. 世界的居民和国家；6. 中国同世界的交往。

小学地理以学习本国地理为主，但是对世界地理也应有一个轮廓性的认识，所以我们在第四单元安排了这六课。从认识世界的自然环境开始，讲到世界居民和国家的分布，最后以中国同世界的交往作结束。

上册二十二课，四节课堂练习；下册二十三课，也计划安排四节课堂练习。因此，大多数的课，希望能在一节课完成；少数内容较多的课，可用两节课讲授。教师可根据课文内容和班级情况自行安排。

上册课本所附的彩色中国地形图和中国政区图，要嘱咐学生爱护和注意保存，因为学习下册时还需要。

目前小学地理教学参考书还来不及编写，我们计划 1982 年秋季供应。现在适合小学用的地理教学挂图也缺乏，可以暂用中学适用的《中国地形图》《中国政区图》《世界地形图》《世界政区图》代替。

小学地理课本上册附有四幅做练习用的填充地图。有几幅填充地图是供几次练习用的，不要做了一次练习就撕掉。

由于我们的水平所限，加上编写教材的时间很紧迫，教材的初稿仅在北京征求了部分地理教师和专家的意见，来不及寄到各省、市、自治区普遍征求意见。因此，缺点和错误在所难免。希望广大教师和专家，在这套教材的试用过程中，随时给我们提出意见。

新编高中地理课本的说明*

新编高中地理课本（试用本）是根据教育部1981年颁发的《全日制六年制重点中学教学计划试行草案》和《全日制五年制中学教学计划试行草案的修订意见》编写的，供全国六年制中学的高中二年级和五年制中学的高中一年级一学年每周2课时教学之用。

一、指导思想和教学目的

高中地理课程的指导思想，是从人类和地理环境的关系着眼，讲述有关地理环境的基础知识，从而使学生对如何合理利用环境、改造环境和保护环境，趋利避害，使地理环境向着更有利于人类生产和生活的方向发展，有一个基本的了解和认识。

教材是按照系统地理（或称通论地理，以区别于区域地理）的形式编写的，内容分为两大部分。第一部分讲述地球的宇宙环境，构成地理

---

* 原载《课程·教材·教法》1982年第2期。

环境的大气、水、地壳、生物圈和自然带。着重介绍地球所处的宇宙空间，地球和地理环境的基础知识与运动规律。例如，天体和天体系统，太阳和太阳系，地球的运动和圈层结构，太阳辐射的输入和分布，大气环流，热量平衡，水量平衡，地壳物质的循环和地壳运动，生态系统和生态平衡等。目的是使学生认识地理环境各要素之间相互联系、相互制约的关系，初步形成自然界物质、能量循环和平衡的观念；了解自然界为人类生产活动和生活所提供的条件，以及人类活动对自然界所产生的影响，等等。

第二部分主要讲述当前世界性的环境问题，也是我国在实现四个现代化进程中需要很好解决的问题。其中有资源和能源问题，农业生产和粮食问题，工业生产和工业布局问题，人口和城市化问题，环境保护问题等。学习这些基础知识，同第一部分的内容联系起来，目的在于更具体地理解人类活动同地理环境的关系，帮助学生初步具有比较全面的资源观、人口观和环境观，并培养学生综合分析问题的能力。这些基础知识也是对学生进行辩证唯物主义和爱国主义教育的重要内容。

正确理解地理环境的结构及其变化发展的基本规律，了解人和地理环境的相互关系，是学生必须具备的科学文化知识，也是今后继续学习和参加四个现代化建设需要具备的知识。

二、教材体系

对本教材的体系曾有三种不同意见：一种意见，主张按地学的体系编写；另一种意见，主张按自然地理和人文地理（或经济地理）概论的体系编写；还有一种意见，主张以人类和地理环境的关系为线索的体系编写。我们现在的体系采用第三种意见，即以人类和地理环境的关系为线索编写。为什么采用这一体系？我们认为：从培养在德育、智育、体育几方面都得到发展，成为有社会主义觉悟的有文化的劳动者的教育方针出发，为了提高全民族的科学文化水平，为了实现四个现代化培养社会主义一代新人的需要，在地理教学方面，既要给予学生有关构成地理环境的地学基础知识，也要给予学生与环境问题有关的人文地理基础知识，两者不可偏废。并且自然地理和人文地理的知识应该通过人类和地理环境的关系这一线索，有机地联系起来。

从目前国外中小学地理课程设置和教材体系来看，高中阶段，多数国家以人文（经济）地理和区域地理为主。例如，苏联八年级设外国经济地理，九年级设苏联经济地理，十年级设天文学。法国高中三个年级分别设自然地理和人文地理、法国区域地理和外国地理、各洲地理和经济地理。德意志联邦共和国中学地理有两种不同体系的教材，一种是按区域地理形式编写的，一种是按系统地理形式编写的。按系统地理形式编写的教材，初中主要讲自然地理，高中主要讲环境问题和人文地理方面的特定问题（如农业、城市、人口、工业化、政治地理等方面的问题）。罗马尼亚九至十二年级的地理课，分别讲普通自然地理、经济地理和人口地理、环境地理、罗马尼亚地理。日本高中将地学、物理、化学、生物的基础知识综合成为“理科Ⅰ”，将人口、资源、环境等地理知识同政治、经济、社会、历史、伦理等综合成为“现代社会”。“理科Ⅰ”和“现代社会”都是高一学生的必修课。另外，还设有地理和地学两门选修课。地理采取系统地理同区域地理相结合的编写体系。美国联邦政府没有统一的教学计划，各州、各学校各行其是，地理在高中为选修课，有开地学的，有开人文地理或经济地理的，有开宇宙空间科学的。总的趋势，各国高中地理课程有从传统的区域地理向系统地理方面发展的倾向，或是两者结合。关于资源和能源问题、粮食问题、人口和城市化问题、环境问题已成为国外中学地理教学中共同重视的问题。

我国现行中小学教学计划中，小学地理以中国地理的常识为主；初中讲中国地理和世界地理，这些都是区域地理。高中采用系统地理的形式，以人类和地理环境的关系为线索组织教材，既可避免与小学、初中地理重复，又可在区域地理的基础上系统深入地阐明地理环境的规律性。

三、选材标准

根据上述指导思想、教学目的和教学体系，在规定的有限时间内，必须精选教材，才能达到较好的教学效果。我们在编写教材时，确定了以下几项选材标准。

（一）扣紧所确定的人类与地理环境的关系这个中心论题，以实现指导思想和教学目的所规定的任务。例如第一章“地球在宇宙中”谈天是为了说地，不是系统地讲授天文学的基础知识，在这一章 9 课时的教学中，只编写了“天体和星系”“太阳和太阳系”“地月系和月球”“地球的运动”“地球的圈层结构”五节。讲“天体和星系”，是使学生了解地球作为天体之一和它所处的宇宙环境；讲“太阳和太阳系”是使学生了解太阳是太阳系的主宰，是地球上光、热和一切能量的源泉；讲“地月系和月球”，是使学生知道月球是地球的卫星，月球对地球的影响，月球作为人类星际航行第一站的意义。因此，对于天文学方面某些重要的知识，像天体的起源和演化，近代天体物理学方面的红移现象等就没有讲。上册其他三章，也不是完全按照普通自然地理的要求编写的，而是选择其中与人类和地理环境关系比较显著的基础知识扼要编入教材。例如，讲述大气中的气体分子、水汽和尘埃等对太阳辐射的削弱作用，以及大气中二氧化碳的温室作用，目的是使学生了解人类活动使大气中二氧化碳和尘埃增多，为什么会导致气候的变化。讲述水分循环和水量平衡的规律，目的是使学生知道正确利用这一规律，改变水的时空分布（如修建水库、跨流域调水），就可化害为利；违反这一规律，就要招致损失。讲述地质构造，目的是使学生知道找矿、找水、工程建设等都同地质构造有关。教材还编写了人类活动对气候的影响，洋流对地理环境的影响，海洋能资源的利用，淡水资源的利用，地热能的利用，人类活动与地表形态等内容。

（二）在传统知识的基础上吸收新的科学成果。课本上册分四章：地球在宇宙中；地球上的大气；地球上的水；地壳和地壳的变动。选材时，一方面注意吸取传统的自然地理基础知识，因为这是认识地理环境必须具备的知识；另一方面注意吸取新的科学成果。因为随着科学技术的发展，空间、大地和海洋探测手段的进步，人类对自然界的认识不断深入，若干传统知识需要用新的科学理论和新的发现来更新和补充。例如，地球大气圈以外磁层中辐射带的发现，使我们知道这个辐射带的存在，能保护地球上的生物免受外层空间各种宇宙射线和粒子袭击的危害；土星的卫星到 1978 年仅发现十颗，到 1982 年 2 月止，已发现有二十三颗（土卫二十二、二十三尚待进一步证实）；大气中二氧化碳和尘埃增多对气候的影响；地壳运动方面的海底扩张和板块构造学说；等等。这些新的发现和新的理论，在高中地理课本中都得到了反映。课本中的概念和数据，我们尽量采用最新的和可靠的资料，例如，有关天文方面的概念和数据，基本上以《中国大百科全书·天文学》（1980 年 12 月第 1 版）为准。有的概念，科学界存在不同看法。例如，地壳上层一般叫硅铝层，下层一般叫硅镁层。但也有人认为硅镁层内铝的成分仍然比较高，主张仍叫硅铝层。对后一种看法，我们就加注说明。

（三）注意同初中地理以及其他学科有关知识的配合、联系和分工。高中地理教学是在初中地理知识基础上进行的。因此，初中地理已经讲得比较清楚的问题，高中就不再重复。如时区和日界线、行星风系、世界气候类型、梅雨、台风、寒潮等。有些问题初中虽然讲过，但讲得比较简单，高中地理再把它扩大和加深。例如，地转偏向力问题，初中世界地理以小字作为参考材料出现；高中则作为正文，除了讲水平运动物体沿经线方向的偏转外，还讲了沿纬线方向运动的偏转，以及沿赤道运动无偏转。大气方面，在已知地球上气压带和风带分布的基础上，进一步阐明大气环流的规律和成因。洋流的形成，在初中已讲风海流的基础上，增加了密度流和补偿流。地质构造方面，在已知褶皱知识的基础上，增加了背斜和向斜的概念。地质力学和板块构造学说，初中分别出现在中国地理和世界地理两种课本中，用不同的理论去解释青藏高原和喜马拉雅山脉的隆起，就出现矛盾。高中地理说明地质力学和板块构造学说是两种不同的学说。这样，对同一个问题有不同解释就不足为怪了。

高中地理上册讲“地球在宇宙中”时，涉及万有引力、行星运动的开普勒三定律和地球的磁性等，这些问题在物理课中都有讲述，在地理课本上就直接引用，不详细解释了。历史上日心说同地心说的斗争，是对学生进行唯物主义教育的重要内容，征求意见的初稿上曾写进这一内容。后来，因为高中世界史课本比较详细地讲述了这个问题，高中地理上册定稿时就把这一内容精简了。水的三态变化（蒸发、凝结、凝华），初中物理已经讲过，高中地理就直接引用这些知识，而把侧重点放在水汽凝结的条件和降水的形成。下册讲生物圈和自然带时，谈生态系统和生态平衡，同高中生物学讲这部分内容的侧重点有所不同。生物学从个体、种群、群落讲到生态系统和环境保护，内容比较全面。地理却侧重讲生态系统与环境的关系。地理讲人口问题，同人口教育的要求也不一样，有关人口学的基本理论，世界和我国人口概况，控制人口增长的必要性等问题，主要由人口教育讲述。高中地理侧重讲人口分布和迁移，人口增长对环境的影响等。其他各科与高中地理有关的知识，在地理之前讲的，可以作为基础；在地理之后讲的，可说明这个问题的详细解释，以后由有关学科阐述。

（四）发展思维和培养能力。教材对这方面的考虑：一是将自然界物质、能量循环和平衡的观念，物质结构系统和层次的观念，人类和地理环境相互联系、相互制约的观念用来教育学生，培养学生认识问题和分析问题的能力；二是将学术界对某些重要问题的不同论点列出，引导学生思考，对这些问题有兴趣的学生可以培养他们向这方面进行探索和研究。例如，板块学说中板块的驱动力究竟是什么？大气中二氧化碳的增多，是否会使世界气候变暖？等等。三是通过课本中的问题和练习，要求组织学生观察星空，识别一些天体；进行野外考察，认识当地的地形和明显的地质构造；识别最常见的岩石和矿物；结合收听天气预报，观察当地天气的变化；分析图表，回答某些思考题，等等。

（五）树立辩证唯物主义观点，培养爱国主义精神。教材在阐明宇宙和地理环境的物质性，运动和发展变化的规律性，以及人类同地理环境的关系时，既有利用自然、改造自然的伟大成就方面，也有违反自然规律、受到报复和惩罚的方面。通过许多具体、生动的事例，可使学生受到很好的思想教育，帮助他们树立辩证唯物主义的观点，在对待地理环境的问题上，一定要按照客观规律办事。像乱砍滥伐森林，造成水土流失，加剧江河的泛滥，使气候恶化；滥垦草原，破坏植被，使土壤沙化；盲目围湖造田，使一些水生资源濒临绝境；人口增长过快，给粮食、住宅、上学、就业等都造成很大压力；工业布局不合理和管理不善所造成的环境污染；资源和能源的浪费所造成的损失；等等。通过这些事例，要使学生懂得从过去的失误中吸取教训，注意生态平衡和环境保护，树立正确的人口观、资源观和环境观，热爱祖国，发愤图强，立志把祖国“四化”搞好，使我们有一个适于生产和生活的美好环境。教材中的思想教育内容是同地理知识的内容有机联系在一起的。把地理事实材料和问题讲清楚，也就收到了思想教育的效果。

（六）便于教和学。目前有关人类与地理环境问题的材料很丰富，如何精选教材，适合高中在规定时间进行教学，我们还缺乏经验。许多高等学校和中学、有关科研机关和专业部门、教育学院和教学研究室的专家与教师，对高中地理上册征求意见稿提出了许多宝贵意见，特别指出分量过大，某些内容过深，头绪过多，或是叙述得不够明确，在教学上会发生困难。因此，我们将分量适当削减，删去了一些次要的和较难的内容，如太阳未来的预测，地球自转速度的变化，地球上的热收支，我国水分循环的路径，湖泊的形成，假整合和不整合，地磁极的迁移，等等。为了加强教材的直观性，上册四章附有彩图 9 幅，照片 9 幅，示意图、分布图、插图共 150 多幅。

由于这一教材目前供五年制中学高一和六年制重点中学高二同时使用，这两个年级学生的基础知识不一样，重点学校与一般学校的条件也不同，因此教材中有一部分供教师选讲或让学生自己阅读的材料。如各地太阳高度的计算公式，与地球上热量收支有关的因素，水量平衡公式，波浪运动形式，潮汐的成因，等等。并且在课本的说明中告诉教师在教学过程中，对课时安排、教材处理，可从本校实际出发，以求实效。如果有些学校的教师感到内容偏多，课时不够，可在课堂上向学生着重讲授其中的主要内容，特别是带有规律性的问题和难点。对于描述性的内容，可留给学生在教师指导下自行阅读。

课本“问题和练习”中，建议的星空观察、野外实习、社会调查等，可根据条件，利用课余时间进行，或组织小组开展这些活动，不强求一律。

高中地理课本是试用教材，以上设想是否可行，还有待在教学实践中加以检验。希望各学校在试用过程中随时提出意见，以便进一步修改。

地理教学图的作用*

地理教学图这个专题的学术讨论很有必要，很有意义。我们知道，地图是伴随着地理学的发展而发展起来的。地图是人类思维的伟大创造。地理学家把地理探险、科学考察、社会调查等研究成果，用地图这种特殊语言——信息载体反映出来，把抽象同具体巧妙地结合在一起，体现了高度概括与综合，把地理事物和现象的空间结构、空间分布、空间联系具体而形象地呈现在人们眼前。它的作用是语言、文字所代替不了的。我们可以这样说，没有地理学，就没有地图；没有地图，也就没有地理学。

人们的认知规律，总是从感性到理性，从形象思维到抽象思维。从地理教学方面来说，已知世界最早与地理内容有关的教科书，是 17 世纪捷克教育学家夸美纽斯编写的一本儿童启蒙读物《世界图解》，用图解形式让儿童认识自然界，认识人类社会。我国早期的地理课本，像张

---

* 选自陈尔寿著：《地理教育与地理国情》，人民教育出版社 1998 年版。本文是作者 1986 年 11 月 6 日参加中国教育学会地理教学研究会在上海举行的“地理教学图学术讨论会”所作的开幕词。

相文先生在光绪二十八年（1902年）编的《初等地理课本》，让小学生识字、看图、学地理，也是图文密切结合的教材。现在，地理教学图越来越受地理教育工作者的重视，并被广泛应用。在教学中，它能引起学生的学习兴趣，受到学生的喜爱和欢迎。现行中学通用的地理课本，每册书中的各种图像平均在100幅以上，还有专用的初中《中国地理地图册》和《世界地理地图册》，以及各种地理教学挂图、图片、幻灯片、录像、地理教学影片等，大大丰富了地理教学图的内容，提高了教学效果。

大家对地理教学图在地理教学中作用的认识，也在不断提高和深入，主要表现在以下几方面。

（一）过去，课本中的图像，往往被看成是课本的附属品，称为“附图”。现在认识到，图像不仅仅是课文的形象说明，图像本身就含有德育、智育、美育等因素，有启迪学生智力、培养学生能力的作用。因此，图像是教材的有机组成部分，不是可有可无的附属品。在教材中，有的课题可以文字为主，图像为辅；有的课题也可以图像为主，文字为辅。当然，这要根据教材内容、基本训练要求、儿童年龄特点等方面来决定。

（二）过去，把地图仅仅看作是巩固所学地理知识的工具，如常说的“把知识巩固在地图上”（准确地说，应为利用地图，巩固所学知识）。现在认识到，地图不但能帮助学生巩固所学的地理知识，而且有助于培养学生读图、用图，独立地获取新知识的能力，即从地图上，认识地理事象的分布、演变规律，进行推理、对比、分析、综合、判断、评价，并解决生活和生产中的一些实际问题的能力。

（三）过去，地图总是地理教师必不可少的教学手段（或称为直观教具）之一。现在，认识到地图和其他各种图像都是学生学习的内容之一。在教学中，学生是主体，教师起主导作用。教师的主导作用，理应包括如何引导学生学会读图和用图。因此，地图不仅是为教师服务的工具，也应该看成是学生汲取学习营养的源泉之一。学会读图和用图，对青少年一代来说是终身受益的。

总之，没有地理教学图，就难以有效地进行地理教学。这些年来，由于大家对图像作用认识的提高，对地理教学图编制的理论、原则、制作方法等方面进行了研究探索，写出了不少有一定水平的论文，编制出许多有益教学的地图册、挂图、课本插图、幻灯片、录像带等。这次会议上，我们要充分发扬民主，就地理教学图在改革形势下的地位和作用，新中国成立以来地理教学图编制的成绩和问题，地理教学图的改革途径和措施，以及对现行的地理教学图的修改意见等议题，各抒己见，互相探讨，共同提高，为当前的地理教学改革，为提高全民族的科学文化素质，培养社会主义建设人才作出更大贡献。

加强乡土地理教学，为乡土建设服务*

一、乡土地理教育发展的情况

乡土地理教育是学校地理教育传统的重要内容之一，早在18世纪，法国思想家卢梭、瑞士教育家裴斯泰洛齐就曾主张教给儿童乡土地理知识。我国近代地理学奠基人竺可桢教授，1929年在他所发表的《地理教学法》一文中指出："凡教学地理，必须自已知至未知，自儿童日常所惯于见闻之物，而推广至于未睹未闻，自个人所受于环境之影响，而推论及于社会全体。是故教学地理，开始必须自本土地理着手。"这是符合儿童从感性到理性、从具体到抽象、从个别到一般的认识规律的。如果儿童没有对周围环境中山川、村镇、农田、道路、天气变化等的感觉经验，就难以形成抽象的地理概念。捷克教育学家夸美纽斯曾断定，假使没有原先感知的事物，头脑中就没有任何东西。俄国教育学家乌申斯基认为，感觉经验是知识的基础和源泉。所以，苏联、英国、日本等

* 原载《课程·教材·教法》1989年第4期。

许多国家小学地理教学的内容都是从认识周围的环境开始的。我国现行小学地理教学大纲和教材的第一部分，也是“认识自己的家乡”。这是学生学习地理知识的开端和基础。

中学阶段的乡土地理教学，我国中央教育部在1956年、1963年、1978年颁发的中学地理教学大纲中都曾着重指出。如1978年颁发的教学大纲中说道：“乡土地理是中国地理教学内容的重要组成部分，一般可包括本省（直辖市、自治区）地理和本县地理。”“教材由各地教育部门组织人力编写。”在1986年以前，虽有不少省区编写出本省区地理，还有些地方编写了一个县域范围内的乡土地理教材，在初、高中地理课外活动方面，进行了乡土地理的调查研究工作，取得了一定成绩，但是各地对乡土地理教育的重要意义还未普遍认识，中学地理教学大纲中对乡土地理教学内容的要求也不够具体，乡土教材建设的措施也未落实，因此乡土地理教育的发展很不平衡，其中发展较快的有浙江、湖北、云南等省。

近几年，随着改革开放的深入，国家教委十分重视学校的乡土教育工作，1986年颁发的《全日制中学地理教学大纲》和正在制定的《九年义务教育全日制初级中学地理教学大纲》中，进一步明确规定“乡土地理限于本县（市）地理”“教学时间可安排10课左右”。在教学内容方面，要求“大体上应使学生了解本县（市）的地理位置、主要行政区划、自然条件、人口和民族、资源和经济发展状况、协调人类活动与地理环境关系方面的成就以及存在问题和解决途径、建设规划的前景等”。在义务教育的教学大纲的初审稿中，还强调地理教学“应密切联系乡土实际，注重实践活动，如通过野外观察，能用语言、文字、素描图等方式表达乡土自然景观的特点；会观察、调查、记录当地河流水量的季节变化和年际变化，了解水资源利用方面的主要问题；会收听天气预报，注意当地灾害性天气的发生和预防；会根据对当地资源、人口增长、生态环境的了解，初步懂得贯彻执行国家有关计划生育、保护资源、保护环境的重要意义，并积极从事这方面的宣传活动；会从当地生产发展、人民生活水平的提高及发展前景等方面，初步确定为家乡社会主义建设贡献力量的途径等”。由于我国地域辽阔，各地自然条件和经济发展情况差别很大，大纲所要求的教学内容和实践活动的范围，只是作了一般提示和举例，至于具体的要求，还应由各地教育部门自行拟定。

1987 年 6 月国家教委在浙江省建德县专门开了全国乡土教材工作会议，国家教委副主任王明达同志在会议上对编写乡土教材的必要性和重要性，编写乡土教材的基本原则，如何组织好乡土教材的教学工作，如何加强领导、调动各方面力量编好乡土教材作了重要指示（《课程·教材·教法》杂志 1987 年 11 月号曾刊登讲话摘要）。这对乡土地理教育的开展，是很大的鼓舞和推动。目前全国乡土地理教育所出现的蓬勃发展的新气象，是同国家教委的正确领导，各地教育行政部门、教研单位和广大地理教师的努力分不开的。当然，目前的形势只是一个良好的开端，如何使地理教育能够更好地为乡土建设服务，有些问题还需要进一步探索。

二、在深化教育改革的过程中，地理教育为乡土建设服务和提高地理教学质量的意义

（一）转变教学思想，全面贯彻教育方针。一方面，长期以来，学校

地理教育偏重知识教育，把基础教育变成升学教育，因此在许多学校中出现了一些不正常现象，即地理教学得不到应有的重视。目前，初中升高中的升学考试，大多数地方不考地理，高考只有文科类考地理。不考的科目往往不被重视。另一方面，学校地理教育本身对贯彻中央关于教育体制改革决定中指出的“教育必须为社会主义建设服务”的精神认识不够，对于要使学生成为德、智、体、美全面发展的社会主义公民，使学生在思想、道德、文化、科学方面适应社会主义建设需要的教育方针领会不深。在乡土地理教育没有开展起来的地方，地理教学的内容往往脱离当地自然和社会经济的实际，而初、高中毕业生能升学的只是少数，90％左右的初中毕业生、60％左右的高中毕业生要留在当地参加社会主义建设。地理教学的内容如能与乡土实际相结合，像有关自然环境、资源和能源、人口、工农业生产、交通运输、城乡建设、旅游地理等内容的教学，都能为发展当地的生产力、发展商品经济、搞好计划生育、保护环境等工作，培养社会主义建设所需人才作出贡献。这样，地理教学就会为社会和学校所重视，也会为学生所喜爱。因此，地理教学为什么服务，培养什么样的人才，这是我们在教学改革中需要很好解决的问题。

（二）培养学生热爱家乡、热爱祖国的深厚思想感情。爱家乡、爱祖国的精神力量，是促进学生全面发展、勤奋努力、决心为社会主义事业和为社会主义祖国而献身的内在驱动力。天下兴亡，匹夫有责，这是我国传统的爱国主义名言。没有这种驱动力，我们的社会主义建设就没有精神支柱；提高民族素质、跻身世界先进国家之列的奋斗目标，就会成为一句空话。爱家乡是爱国的基础。从热爱家乡开始，进一步激发对祖国的热爱。地理教学在这方面是可以发挥重要作用的。爱家乡，不仅仅是因为我们生于斯，长于斯，家乡的一山一水、一草一木都对我们非常亲切，更重要的是使学生了解家乡的建设成就来之不易，珍惜前辈的劳动成果，并看到家乡社会主义建设美好的前景和存在的问题，今后自己应如何为家乡两个文明建设贡献力量。例如，上海市金山亭林中学学生张晨通过对亭林地区环境的调查，写出关于本地区环境保护的探讨性小论文。他说："通过写小论文，使我深入社会，对社会有所了解，从而产生一种责任感，一种为建设祖国而学习的责任感。"我想，在经济已经发展起来的地区，要教育学生把经济效益、社会效益、环境效益统一起来考虑。不能只顾眼前利益，不顾长远利益；只顾本地区利益，不顾国家整体利益。要教育学生胸怀祖国、放眼世界，在发展商品经济方面不仅要开拓国内市场，还要树立争取进入国际市场的雄心壮志。在经济发展还比较落后的地区，要鼓励青少年建设家乡的志气，指出如何合理利用当地资源条件、劳动技术条件，增强他们改变家乡面貌的信心。只有把每个人的家乡建设好了，我们整个国家的社会主义建设的宏伟蓝图才能实现。

（三）提高教学质量，培养有用人才。在地理教学中注意联系乡土实际和进行乡土地理教育，这可以改变教师在课堂上照本宣科，学生为应付考试而死记硬背课文、食而不化、考后即忘等弊端，从而能有效地提高地理教学质量。因为要把通用教材中的地理概念、地理理论运用于解释当地的实际，教师就必须真正弄懂教材，并对当地的自然环境和社会经济情况进行观察调查，这样才能很好地使理论联系实际，把书本知识讲活，使自己的业务水平得到提高。例如武汉市地理教学研究会洪山区分会，为了提高教师素养，发挥教师在地理活动中的主导作用，组织本区 20 多名骨干教师，到远郊葛店化工厂参观调查。有的教师说，过去仅从书本上知道化学工业在国民经济中的地位，对它的生产特点不清楚，对如何处理生产中排放的三废、变害为利也不了解。通过参观调查，既增长对化工生产的认识，又学会了带领学生进行社会调查的要求、方法，为今后开展实践活动起到示范作用。

对学生来讲，如何把书本知识转化为能力，也需要通过野外观察、社会调查等实践活动来培养、锻炼。开展乡土地理教育是增长学生才智，培养有用人才的有效途径。武汉洪山区中学学生在对关山街市容的调查报告中，不仅列出街区内工厂、商店、服务行业的名称，还简析了这些地理事物布局的合理性和存在的问题，同时提出了改进意见，并绘制出街道平面分布示意图。有个小同学在实习报告中写道："过去我连家门朝何方开都不知道，现在能绘街道平面图，学了地理真有用。"

不少地方的高中地理教师，结合高中地理教学内容开展地理课外小组活动，鼓励学生对当地自然环境、资源、人口、城乡建设、生产发展等问题，作探索性研究，撰写小论文。其中有关当地资源的开发利用、环境污染的调查分析和治理对策、灾害性天气发生的原因和预防、城市热岛与市政建设、农村生活能源问题及解决办法等小论文，不仅在评选中获奖，有些建议并为当地所采用。这些能将所学地理理论知识运用于实际的学生，不论升学或就业，都将成为有用人才。

三、乡土地理教材的编写

这两年乡土地理教材的编写，特别是本县（市）地理教材的编写如雨后春笋，百花齐放。我所见到的一些乡土地理教材，有农村的，有城市的，有边疆的，有沿海特区的，总的印象有五方面。

（一）突出了本县市地理位置、自然条件和经济文化的特点。如武汉市地理突出其居“中”独厚的地理位置，得“水”独厚的地理条件。新疆阜康县位于天山北麓，突出其利用天山水资源，发展农、牧、林业和旅游业的特点。深圳地理则以对外开放的经济特区为其特点，等等。

（二）地理事实材料比较翔实，并有较好的科学分析。因为各地地理教育工作者编写乡土地理，大都经过亲自调查考察，或由当地科研、生产部门提供第一手资料，因而言之有据，事实可信。

（三）思想性较强。教材大多能以当地自新中国成立以来，利用和改造自然、发展经济文化的成就等方面来阐明社会主义建设的成就、存在的问题和发展前景，以教育学生爱家乡、爱祖国、立志为家乡社会主义建设而献身。

（四）有些教材还注意了初一学生的心理、生理特征，在教材的编写形式上有所创新。包括用提问来启发学生思维。如上海市徐汇区乡土地理的各章标题是：你知道徐汇区的过去和现在吗？为什么说徐汇区是文化区？你知道徐汇区的名优产品和高技术开发区吗？徐汇区的商业、交通中心在哪里？你知道徐汇区的旅游资源吗？有些乡土教材重视实践活动，如武汉市乡土地理教材中附有对地理野外观察点——东湖侧畔磨山的观察要求、磨山简介、观察内容的提纲。北京市昌平县乡土地理教材中要求学生运用步测法绘制本村街道草图；调查全村有哪些工厂，并在昌平工业分布图上确定它们的位置和范围；调查学校附近有哪些污染源，治理方面取得哪些成果，还存在哪些问题；等等。有些教材还引用当地喜闻乐见的传说，来引起学生的学习兴趣，如上海市嘉定县的乡土地理中，讲到该县驰名的南翔镇时，就用传说中“白鹤南翔”的故事来说明该镇的起源，等等。

（五）注意了教材中图像的作用，一般都附有本县（市）地图和某种地理要素分布图、示意图，有的还有照片（少数课本印有彩色照片）、素描图、统计图等。

乡土地理教材编写过程中，值得研究的问题有三方面。

（一）初一学生年龄段适用的教材同一般乡土地理（或是地方志、乡土地理资料手册）应有区别。目前多数乡土地理教材受传统地理教材编写方式的影响，注意地理知识的科学性、系统性，按地理要素罗列事实材料多，统计数字多，文字叙述多，并且专业名词术语多，像当地的地史、地质构造、地壳运动、古人类文化、土壤分类、历史沿革，以及经济方面的固定资产投资、消费基金、工农产品剪刀差等，不是初一学生所能理解和接受的，内容比较枯燥单调，不易引起学生兴趣。如果作为乡土地理资料手册，给每个中学毕业生，甚至本县每个干部一册，那就可以不考虑初一学生的年龄特点和课时的限制了。

（二）初一课堂教学用的乡土教材，因为学生年龄小，课时有限，文化科学知识的基础还较薄弱，因此要求不能太高，内容不能太多、太深，要考虑实效，注意可接受性。课文既要重视科学性和思想性，还要注意趣味性和可读性。教材的直观性和形象化是国外初中地理教材的共同趋向，我们受经济、技术、纸张等条件的限制，暂时还难以完全做到。但应向这个方向努力，目前不能多印照片，可以增加些素描图、示意图；统计数字表最好能画成统计图。课文字体不宜太小，应注意保护学生视力。地图要简洁明了，一目了然，图面上的负载量不能太大。最近日本国际教育情报中心的两位地理教材编写教授，来北京同我们交换意见时说，课本中文字太多，学生学习时会厌烦。

（三）野外观察、社会调查要利用课外活动时间进行，光靠课堂教学的 10 课时是解决不了的。观察、调查要有明确的目的、要求，有时可与生物、历史等课教师共同组织。

四、地理教育如何为乡土建设服务

这需要我们在教学实践中，不断探索和总结经验，以下几个问题可供研究参考：

（一）地理教育为乡土建设服务的目的、意义和可能发挥的作用；

（二）地理建设为乡土建设服务的途径、方法和存在的问题；

（三）如何搞好乡土教材建设；

（四）如何提高教师为乡土建设服务的教学水平；

（五）九年制义务教育的教学计划、教学大纲如何体现为乡土建设服务的要求。

我想，九年制义务教育初中教学计划，特别是适用于农村中学的教学计划，可否在初三专门开设一门“乡土建设”课程，包括乡土的历史、地理、生物、经济、文化等内容，使学生比较系统地了解乡土情况，并培养学生观察、调查、综合分析等实践能力，毕业后即可为乡土建设贡献力量。这样，可能比现在初一的乡土地理（历史）教学，收到更好的效果。

中学地理教材的编订*

一、地理教材的含义

地理教材是教师和学生据以进行地理教学活动的材料，地理教学的主要媒体。它是按照地理教学大纲（或课程标准）的规定，分小学、初中、高中不同阶段，由低年级到高年级的顺序分年级编写的。

人们对地理教材的理解，有广义和狭义之分。

广义的地理教材，应包括所有适用于地理教学活动的全部材料，其中有地理教科书、地图册、练习册、教师教学用书（教学参考书或教学指导书）、指定的学生地理课外读物、教师自编的补充材料和测试题等，以及各种地理教具和音像教材（如地理模型、地理挂图、地理图片、幻灯片、录像、电影、录音等），还有野外考察、社会调查等。

狭义的地理教材，即通常所说的地理教科书（或称地理课本）。它

---

* 选自陈尔寿著：《地理教育与地理国情》，人民教育出版社 1998 年版。本文主要内容原为《中学地理教育概论》（江苏教育出版社 1992 年版）第八章《中学地理教材的编订》。作者后对之作了补充和修订。

是地理教材的主体，是师生地理教学的主要材料，是考核地理教学成绩的主要依据，也是学生扩大地理知识领域的重要基础。

由于现代地理教育发展的需要，地理教育目的要求的提高，对地理教材的认识，仅仅局限于地理教科书的书本知识是不够的。因此，应该着眼于广义地理教材的创作、推广和使用，充分发挥它们的作用。

二、中学地理教材编订的依据

中学地理教材的编写，要以国家行政部门颁发的中学地理教学大纲（1952 年以前称课程标准）为依据。中学地理教学大纲中包括地理教学的目的和任务、教学内容及其安排、教学中应该注意的问题、教学内容要点、基本训练和思想教育要求、上课时数等内容，是编写中学地理教材的指导性文件。

新中国成立以来，中央教育部曾于 1956 年颁发了《中学地理教学大纲（草案）》，1963 年颁发了《全日制中学地理教学大纲（草案）》，1978 年颁发了《全日制十年制学校中学地理教学大纲》，1986 年颁发了《全日制中学地理教学大纲》，1992 年国家教委颁发了《九年义务教育全日制初级中学地理教学大纲》。这是 20 世纪 50 年代以来，我国先后编写出版的五套中学地理教材的主要依据。

三、中学地理教材编订的原则

（一）以辩证唯物主义和历史唯物主义为教材编订的指导思想

我们社会主义国家的中学地理教材应当具有高度的科学性和思想性。我们教给学生的地理知识、观念，都应该是目前人类所能认识到的客观真理，都要能够联系实际，都要经得起实践的检验。例如，人类活动与地理环境的关系就要用对立统一的辩证关系来正确认识，既要克服机械唯物论——地理环境决定论的片面性，又要端正违反客观规律、唯意志论的盲目性。对目前亚、非、拉美一些发展中国家经济贫困落后的原因，要从其历史上长期受帝国主义殖民统治的根源，今日在国际贸易中初级产品与发达国家工业制成品不等价交换所受到的剥削，以及人口增长过快等原因来加以认识；正确理解我国必须坚持走社会主义道路，而社会主义现代化建设又必须在自力更生、艰苦奋斗的基础上，实行改革开放政策和科教兴国的道理。这些正确理论和鲜明的观点，要渗透到地理教材中，使学生从大量地理事实材料当中，得出符合社会发展规律和自然发展规律的结论来。

（二）要以实现国家的教育方针和学校培养目标为目的

我国的教育方针是：教育必须为社会主义现代化服务，必须同生产劳动相结合，培养德、智、体全面发展的建设者和接班人。中学地理教材要本着面向现代化、面向世界、面向未来的精神，为培养有理想、有道德、有文化、有纪律的社会主义公民提供所必须具备的地理基础学力，目的是提高民族素质，而不是只为少数学生升学应试作准备，教材要面向全体学生。

（三）要反映现代地理科学发展方向及其研究成果

由于科学技术日新月异，社会经济不断发展变化，教材要及时反映地理科学研究的新成果、新问题、新动向等。例如，板块构造及其运动，全球气候变暖问题，环境污染问题，人口和城市问题，国家建设的新规划等。

（四）要适合学习者身心发展各阶段的要求

中学地理教材的编订，对初高中不同年龄段的学生，要研究他们身心发展的特征，确定哪些内容适合什么年龄的学生学习，学习到什么程度，广度、深度和分量要适当。对学生的学习能力，既不能估计过低，以免延缓学生的发展，也不能估计过高，以免学生接受不了。因此，要不断调查研究，总结经验，对新编教材要先进行实验，在教学实践中确定教材的广度、深度和分量。一方面要使教材内容可以实现各年级地理教学培养目标，达到国际上的一般水平；另一方面，又要能适合绝大多数身心正常发育的学生学习。当然，同一年龄阶段的学生，身心发展的状况也不一致，我们只能以多数为依据，来确定教材的基本内容。但是，教材也可安排一些选学和阅读材料，以满足部分智力发展较快的学生的需要。由于我国疆域辽阔，地区间经济、文化发展不平衡，因此有必要在统一要求的基础上，结合地区特点，编订几种适合不同地区需要的教材，供选择使用。

（五）要适合人类认识发展的规律，循序渐进

人的认识不可能一次完成，而是逐步深化的。教材的编订要适应这一特点，循序渐进，要求教材的编订要从整体进入分化，从感性进入理性，从具体进入抽象，从形象进入逻辑。目前，初中地理以区域地理为主，高中地理以系统地理为主。高中地理以初中地理的事实材料为基础，在程度上和理性认识上进一步扩大、加深。这是符合人类认识发展

规律的。

（六）要注意地理教材在年级间和有关学科间的内在联系

初高中地理教材虽然各自成体系，但内在联系非常密切，像地球、地图部分既是初中地理的基础知识，也是高中地理经常要应用到的知识。世界上的大洲、大洋、主要国家和中国的疆域、地形、气候、人口、城市等的空间位置、空间分布、空间联系，以及基本概念和规律，在学习高中地理时要注意复习巩固和运用这些已学过的知识。

其他有关学科，如小学自然、小学社会教材中有不少内容为中学地理学习提供了准备知识，中学理化、生物教材同环境地理的内容联系密切，历史、政治教材同人文地理的内容联系密切。因此，编订中学地理教材时既要注意本学科高低年级间的纵向联系，又要注意同有关学科间的横向联系；对相同的内容，在不同学科中不要简单重复，更不应有相互矛盾的说法。

（七）教材要注意联系实际

地理教材的内容要注意联系学生的生活实际、自然界的实际、生产实际、社会实际，使学生感到所学地理知识是有用的，而不是死记硬背枯燥的课文，学生的学习积极性就会大大提高。

地理教材不能只是概念的解释，或是地理事实材料的罗列，如讲一个国家或地区的地理知识，千篇一律地依次罗列位置、地形、气候、河流、人口、物产、城市、交通等事实材料，人称“地理八股”。这样，学生学习时，就会产生厌倦情绪。新编初中地理教材，注意启迪学生对所学内容多动脑筋，想一想“是什么”“在什么地方”“为什么”“用什么方法解决”等；多让学生动手做一做，自己去获得答案。有些内容不用文字叙述，而用问题或漫画，引导学生去思考。例如，讲世界人口增长过快带来的问题，用一幅“苦难的母亲”的漫画；讲河水污染问题，用一幅“钓鱼者的困惑”的漫画，都会引起学生学习的极大兴趣。

（八）充分发挥地图和其他图像的作用

地图是地理信息的载体，是日常生活和学习的工具，也是经济建设和文化教育的重要工具，又是地理事物空间分布的框架。中学地理教材中的很多地理知识需要运用这个框架和图像，帮助学生形成空间位置、空间分布、空间联系的观念，所以，地图是中学地理教材中不可缺少的组成部分。它不仅能帮助学生巩固所学的地理知识，还能够有助于培养学生读图、用图、独立地获取新知识的能力，即从地图上认识地理事物的分布、演变规律，进行推理、对比、分析、综合、判断、评价，并培养运用地图来解决生活和生产中的一些实际问题的能力。

中学地理教材中的地图，有的单独编辑成地图册，有的同课文有机组合在一起。地图的内容有表示各种地理事物的空间分布图，还有表示地理事物空间联系、空间运动的规律图，等等。

地理教材中的图像，除地图以外，还需要有各种景观图片（彩色的和黑白的）、素描图、示意图、统计图表等。这些直观图像有助于使学生从形象思维发展为抽象思维，从感性到理性，提高教学效果。这也是最能引起学生学习兴趣的部分。目前国内外很多中学地理教材，图像所占的篇幅都大大增加，并且内容丰富，构图新颖，印刷精美，色彩悦目，这是地理教材改革的成就之一。

四、地理教材的知识体系

地理教材知识体系是中学地理学科知识体系的具体体现。它与地理科学知识体系既有密切联系，又有某些区别。

（一）两者的联系

地理科学知识是中学地理教材的知识基础和源泉。地理科学知识的特点是区域性、综合性和整体性。它的知识体系主要由区域地理（包括世界地理和本国地理）和综合地理（包括自然地理和人文地理）所构成。中学地理学科的知识体系，基本上反映了地理科学体系的这一结构。例如，初中主要讲世界地理和中国地理；高中讲系统地理，也就是综合地理的内容。

（二）两者的区别

主要是两者的目的不同：地理科学是以揭示地理规律，发展地理理论，提高人类开发、利用、保护地理环境和协调人类活动与地理环境关系的能力为目的。地理科学体系对科学性、理论性、逻辑性、实践性的要求比较严格完整。一般从概念出发，讲到原理、原则、公式，再以事实证明。这种顺序往往不易为初学者所接受。

地理教材的知识体系，既要以地理科学知识为基础，又要符合中学地理教育性的目的。由于中学地理课时有限，学生又有其年龄段的生理、心理特征，因此地理教材知识体系中的地理基础知识，只能是地理科学知识中的主要部分，而不是它的全部。知识内容的深度和广度，教材的编排层次和顺序，教材的结构和表达形式，都必须符合学生的认知规律，方能有利于教学。例如，义务教育教学大纲初中世界地理概况部分，只重点要求学习“世界的陆地和海洋”“世界的气候和自然景观的地区差异”“世界的自然资源”“世界上的人类”几个主要部分，而不是世界地理科学知识的全部。目前高中地理教材对自然地理的系统知识讲得比较完整，人文地理部分只重点安排了农业、工业、人口和城市，而略去了交通运输、旅游业等内容。教材对低年级学生应多由感性知识入手，以发展形象思维为主。随着年级升高，学生抽象思维能力渐强，可以逐渐增加理性的科学体系的成分，以利于发展学生的逻辑思维能力。

五、地理教材的组织

地理教材一般有两种组织法：一是教材逻辑组织法，或称教材理论组织法。它是按照地理科学知识内在的基本逻辑顺序组织地理教材。例如，世界地理先讲世界概况，再讲各地区（或各洲）和主要国家地理，最后以“人类共同生活在一个地球上”作结束；中国地理先讲总论，再讲区域地理，然后以“中国在世界中”作结束。高中是以人地关系为主线的系统地理，先讲自然地理，后讲人文地理，最后以人地关系作结束。这些教材的组织，由整体到部分，再回到整体。这是按照形式逻辑和辩证逻辑的要求所确定的一种教材内容发展的次序。它与地理科学知识体系的内在逻辑是相适应的。

二是教材的心理组织法。这种教材的编排顺序叫作教材心理顺序，或教材心理程序，即按照一定年龄阶段学生心理发展的特点，来组织地理学科教材的方法。教学内容符合各年龄段学生领会知识、巩固知识、应用知识以及形成智力技能与操作技能的心理特点，学生乐于学习，易于接受。例如，小学地理教材多从学生能够见到和感知的地理事物入手，不求系统；初中地理教材，以区域地理为主，从不同区域地理事物的特征入手，引导学生认识地理事物的分布规律和人类活动与地理环境的关系；高中系统地理是在初中区域地理的基础上，帮助学生提高对自然地理、人文地理和人地关系基本理论的认识和理解。这种由近及远、由具体到抽象、由感性到理性的教材编排顺序，是按照不同年龄段学生的心理特点安排的，符合教材心理组织的要求。

初中区域地理的教学顺序，即世界地理与中国地理的先后顺序问题，有两种不同意见。一种意见认为应由近及远，由易到难。中国地理的内容，学生比较熟悉，容易接受，按教材心理组织法，应先中国后世界。另一种意见认为小学阶段的地理和今后的社会教材，已按由近及远的原则，进行了一轮教学，初中阶段则不必再重复这一顺序，而应按地理科学知识的基本逻辑顺序，安排教材，即先世界地理，后中国地理。例如：讲中国青藏高原边缘喜马拉雅山脉的隆起，没有全球板块构造及其运动的初步知识，即无法加以解释；讲中国的海洋运输和对外贸易时，不先具备一定的世界地理知识，学生也难以形成空间联系的观念。九年义务教育初中地理教学大纲在“教学中应该注意的问题”中指出：“本大纲所拟定的教学内容组成部分及各部分的课题，教材的编者和教师都可以根据具体情况确定其顺序。”这样，中国地理和世界地理的先后顺序，可由教材编者自定，不强求一律。1990 年已出版的几种初中地理新教材中，人民教育出版社等几家出版的初中地理课本，是先世界地理，后中国地理；北京师范大学出版社出版的课本，则为先中国地理，后世界地理。这两种教材组织法，哪一种有利教学，将通过教学实践加以检验。目前，美国、日本等国的初中地理教材都是按逻辑顺序，先讲世界地理，后讲本国地理的。

六、地理教材的排列

地理教材通常有两种排列方式。

一是圆周式教材排列方式，也称螺旋式教材排列方式。例如，1904年至1953年，我国小学、初中、高中三阶段的地理教材，内容都是中国地理和世界地理。这种排列方式，针对三个阶段学生的接受能力，按照繁简、深浅、难易的程度，使地理教材的某些基本概念、基本原理和能力培养重复出现，逐步扩展，螺旋上升。1954年至1957年，我国高中阶段的中国地理和世界地理改为中国经济地理和外国经济地理，仍未脱离圆周式的排列方式，只不过重复出现的侧重点放在经济地理部分。这种排列方式的优点是学生所学的地理基础知识和基本技能，因重复出现比较牢固，不易遗忘。缺点是有些简单的重复，不易引起学生的学习兴趣，对课时的利用不够经济和有效。

二是直线式教材排列方式。这是对地理教材采取环环相扣，直线推进，不予重复的排列方法。例如，1963年，中央教育部颁发的《全日制中学地理教学大纲（草案）》规定初中一年级讲中国地理，高中一年级讲世界地理。这样，初、高中地理教材内容则不重复，并从中国地理到世界地理直线推进。优点是减少重复，节省课时。缺点是不能升入高中的初中毕业生缺少世界地理知识，并且仅在初一学习一次中国地理，不易巩固。因1966年出现“文化大革命”，学校正常教学秩序遭到破坏，高中世界地理教材未曾使用，这种地理教材直线式排列方式未能实行。

1986年至1992年，我国中学地理教材的顺序，是按照1986年《全日制中学地理教学大纲》的规定：初一中国地理，初二世界地理，高一地理（以人地关系为主线的系统地理），基本上属于直线式排列方式，初、高中地理教材不像圆周式那样重复再现。但是，高中系统地理的某些基本理论和概念，是以初中区域地理的事实材料为基础的。这样，初、高中地理教材的排列既有区别，又有联系，经过多年的实践，教学效果是比较好的。1992年《九年义务教育初中地理教学大纲》对初中地理教材的顺序，又有所调整，基本上要求初一教“世界地理”，初二教“中国地理”。但是也允许初一仍先教中国地理，初二教世界地理，不强求一律。

七、中学地理教材的知识结构

按照中学地理学科体系知识领域内的地理事实、概念、观念、公理、定理、定律等内容，在教材中将其有机组合，即为中学地理教材的知识结构。随着地理学科的发展，其事实、论据和概念等的不断充实，以及中学地理教学大纲的不时修订，同时作为其组合方式的结构也需要不断改变。

新中国成立以来，我国中学地理教材的知识结构，曾有几次大变化。1992年，人民教育出版社编辑出版的九年义务教育初中世界地理和中国地理教科书的知识结构，与 1992 年以前出版的这两种教科书就不一样。现分年级将其比较如下。

（一）现在义务教育初一地理，以世界地理为主，每周课时：四年制初一为 3/3，三年制初一为 3/2。知识结构如图 1 所示。

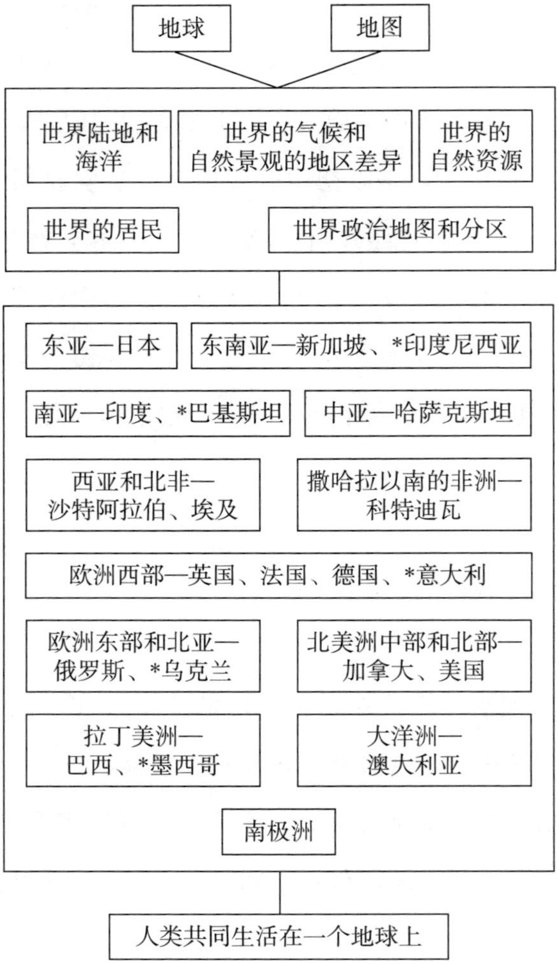

*选讲课文。

图 1　1992 年义务教育初一地理知识结构图

（二）原来全日制中学初二世界地理（每周 2 课时）的知识结构如下。

1. 世界地理概况

（1）世界的大洲和大洋

（2）世界的气候

（3）世界的居民和国家

2. 亚洲

（1）概述

（2）东亚

日本　朝鲜　蒙古

（3）东南亚

概况　新加坡　印度尼西亚　越南*

老挝*　缅甸*　柬埔寨*　泰国*

（4）南亚

概况　印度　尼泊尔*　巴基斯坦*

（5）西亚

概况　伊朗　伊拉克　阿富汗*　土耳其*

巴勒斯坦地区（包括以色列）*

3. 大洋洲

（1）概述

（2）大洋洲的国家

澳大利亚　新西兰*

4. 非洲

（1）概述

（2）北部非洲

概况　埃及

（3）西部非洲

概况　尼日利亚

（4）中部非洲

概况　扎伊尔

（5）东部非洲

概况　坦桑尼亚

（6）南部非洲

概况　南非

5. 欧洲

（1）概述

（2）南欧

概况　意大利　罗马尼亚*　南斯拉夫*

（3）西欧

概况　英国　法国

（4）北欧

概况　瑞典

（5）中欧

概况　瑞士　德国

（6）东欧

苏联

6. 北美洲

(1) 概述

(2) 加拿大　美国

(3) 墨西哥　中美洲　西印度群岛

7. 南美洲

(1) 概述

(2) 巴西　阿根廷　智利*

8. 南极洲

9. 世界的陆地自然带、海洋和交通

(1) 世界陆地的自然带

(2) 世界的海洋

(3) 世界的交通和联系

*1990 年为减轻学生负担，改为选学。

从以上两种世界地理教科书的知识结构比较来看，两者每周课时大体接近。义务教育安排在初一，每周 3 课时，比全日制初二每周 2 课时稍多，但初一要先讲地球和地图，因此讲世界地理总论和世界区域地理部分的课时两者基本相同。

义务教育初一《地理》的知识结构，以地球和地图知识为基础，在世界概况中，以地理环境、自然资源、人类及其活动为线索，然后直接分述世界上按地理位置、自然和人文地理特征所形成的各地区，每一地区只重点讲述一两个有特点或代表性的国家或地区，引导学生认识世界不同地理环境中的地区和国家、人类生产和生活情况以及存在的问题，这样就能突出重点。改变了原来全日制初二《世界地理》分为世界地理概况—各大洲地理概况—洲内各地区概况—洲内各地区主要国家地理多层次、烦琐的知识结构，以减轻学生学习负担，把学生从苦于记忆地理事实材料的困境中解脱出来，加强思维和实践活动。

（三）义务教育初二《地理》内容为中国地理，每周课时：四年制为 3，三年制为 2。人教社所编教材的知识结构如图 2 所示。

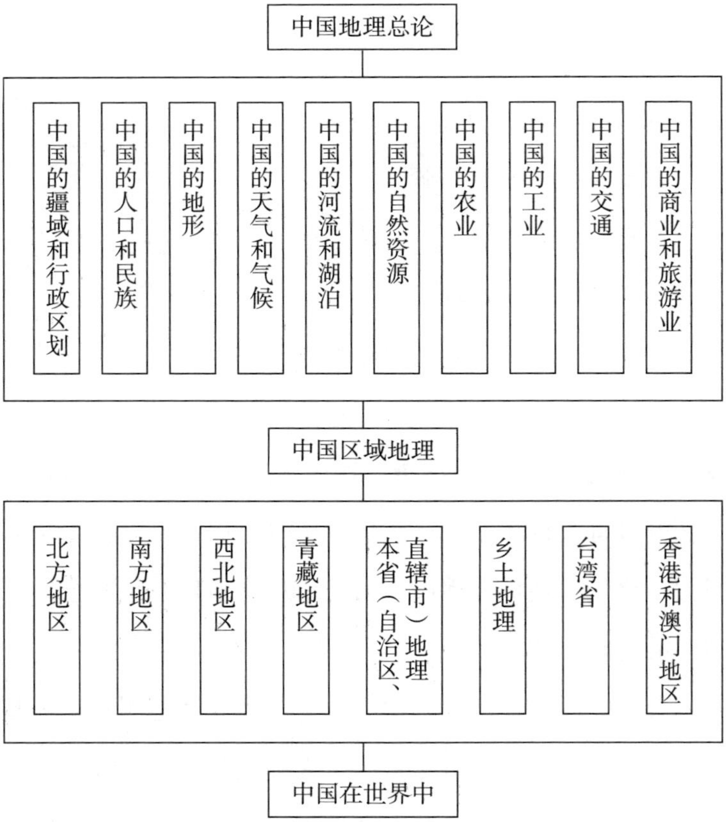

图 2　1992 年义务教育初二地理知识结构图

（四）原来全日制中学初一《中国地理》，每周3课时。其知识结构如图3所示。

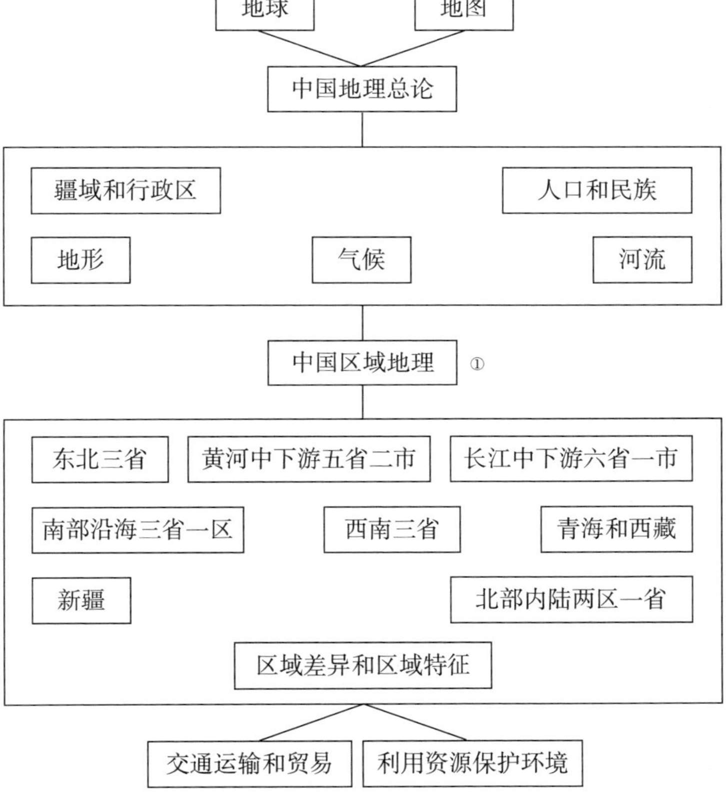

图3　1992年以前全日制中学初一中国地理知识结构图

以上两种教科书的知识结构，在中国地理总论部分差别不大，义务教育初二地理中增加了“中国的农业”和“中国的工业”及“中国在世界中”；在区域地理部分，初二地理将原初一《中国地理》的8个区，综合为4个区，并精简了“区域差异和区域特征”的论述。目的在于加

① 1990年为减轻学生负担，中国区域地理部分除“黄河中下游五省二市”和学校所在的区域，以及各地自编的乡土教材必学外，其余区域改为选学。

强总论，提高对全国地理的总体认识，简化区域地理过于繁多和专门的内容，以减轻学生学习负担。

（五）现行高一地理（每周 3 课时）的知识结构

20 世纪 50 年代，我国高中地理课程的设置和教材的知识结构，受苏联影响，高一设外国经济地理，高二设中国经济地理。1958 年以后，高中两门经济地理课程均被取消。1963 年曾计划在高一设立世界地理（初一设中国地理），由于“文化大革命”的冲击，未能实现。

1982 年，我国在重建高中地理课程时采取了系统地理的形式，以自然地理为基础、人地关系为线索，将当代地理学所研究的主要问题，组成下列知识结构（图 4）。

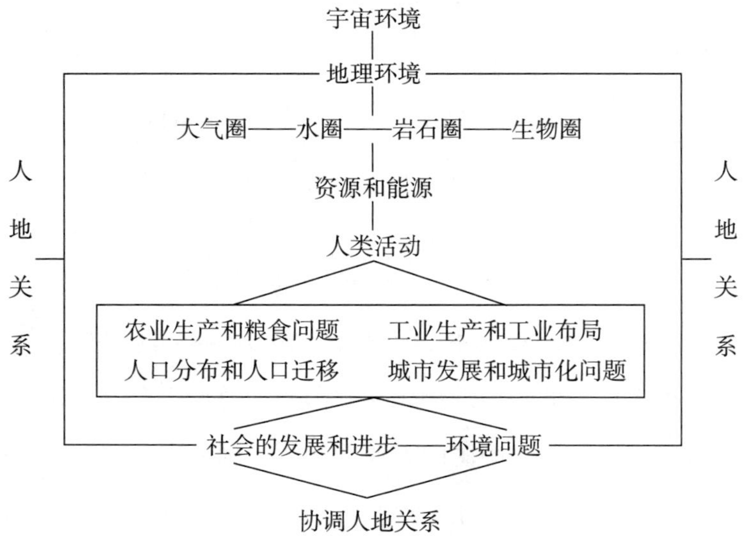

图 4　20 世纪 80 年代以后高中地理课程的知识体系和结构

在这个结构中，认识地球所处的宇宙环境，是认识地理环境的开端。了解地理环境的结构，各圈层的性质、特点、分布、相互联系和相互制约，是人类认识自然界的基础。资源和能源也是地理环境的组成部分，但它存在于各圈层之中。人类活动与地理环境的关系，主要是通过人类对资源和能源的开发和利用而产生的。所以，资源和能源是人类活动与地理环境之间的纽带。

人类活动的内容和范围很广。高中地理因课时所限，只重点论述农业生产与粮食问题、工业生产与工业布局、人口增长、分布与迁移、城市发展与城市化问题、人类和环境等方面的几个主要问题。

人类利用资源和能源从事各种活动的结果，一方面使社会生产力不断发展，促进了社会的进步，创造了现代社会文明；另一方面对自然规律认识不足和对环境保护不力，出现了人口膨胀、环境污染、生态平衡失调、资源匮乏等环境问题。解决这一问题的途径，乃是协调好人地关系。

新中国成立以来的中小学地理教材*

新中国成立以来，中小学地理教材走过的是一条曲折的道路。课程设置多次变动，教材多次重编，直到20世纪80年代，初步摸索建立了一套适合我国国情的中小学地理课程体系。总结一下以往的经验，对今后开创地理教育的新局面是有益的。

一、1949—1952年

新中国成立初期，中小学地理课程设置大体上与民国时期相似。从小学五年级开始至高中三年级，每个年级每周有2课时地理。小学五年级和六年级上学期学本国地理，六年级下学期学外国地理。中学地理课时占总课时的比重为6.6%。1952年，高三不再开设地理课，改为高一学本国地理，高二学外国地理（参见表1）。

---

* 选自瞿葆奎主编：《教育学文集》第9卷《课程与教材》（下册），人民教育出版社1993年版，署名“陈尔寿、吴履平”。标题为编者所加。原题为《建国以来的中小学地理教材》。

表 1　1949—1951 年地理课程的安排

阶段	小学		初中			高中		
年级	五	六	一	二	三	一	二	三
地理课程内容	本国地理	本国地理 外国地理	本国地理	本国地理	外国地理	本国地理	本国地理	外国地理
周课时	2	2	2	2	2	2	2	2

当时，适应新中国政治、经济、文化需要的地理教学大纲和教材尚未编出，只是选择新中国成立前较好的课本加以修改，主要是删除一些错误的政治观点和明显的地理环境决定论的内容，在过渡时期代用。

这个时期小学、初中、高中三个阶段都是本国地理和外国地理，形成三个循环，内容重复较多。叙述方法基本上是罗列地理事实材料，缺乏对地理各要素之间的相互作用、人与地理环境关系的科学分析，基本上成为八股式的“记忆之学”。

二、1953—1957 年

1952 年 3 月，教育部颁发了《小学暂行规程（草案）》和《中学暂行规程（草案）》，其中教学计划部分的地理课程设置和课时安排，主要是学习苏联经验。小学五、六年级每周 2 课时，学习关于地球的、祖国的、世界各大洲的地理初步知识；中学从初一至高二五个年级，每周 2 或 3 课时。中学地理课程占总课时的 6.3%（参见表 2）。

表 2　1953—1957 年地理课程的安排

阶段	小学		初中			高中		
年级	五	六	一	二	三	一	二	三
地理课程内容	地球及中国地理	中国地理世界地理	自然地理	世界地理	中国地理	外国经济地理	中国经济地理	
周课时	2	2	3	2/3	3/2	2	2	

中小学地理教学大纲，于 1952 年开始编订，1956 年 6 月教育部正式颁布。与此同时，人民教育出版社编写出版了全套新的教科书，向全国供应。

这一时期的课程体系、教材结构和内容，都与过去不同。小学地理教学内容包括地球、中国地理和各洲地理三部分。地球部分讲述地球的形状和大小、地球仪、两半球图、大洲和大洋、地球上的气候带。中国地理是主要的部分，先讲从地图上看祖国；然后按自然区域，由北到南、由沿海到内陆的顺序，分别讲述；最后以伟大的祖国作结束。各洲地理简单讲述各洲的一些地理知识和政治经济特点，重点介绍苏联、亚洲的主要国家和美国。小学地理改变了过去分省、分国罗列地名、物产等流水账式的写法，中国地理用比较生动形象的文字和插画，使儿童对祖国不同地区的景观和人们的主要生产活动有鲜明印象，并受到爱国主义教育。由于小学毕业生不能全部升入中学，因而也讲授一些世界地理常识。

初中地理教学内容以自然地理为主。初一自然地理，讲授普通自然地理的初步知识，使学生初步了解各种自然地理现象发生的原因，构成自然环境的各要素之间相互影响、相互制约的关系；学会定方向、测绘平面图、测定山丘高度、观测气象等技能。初二世界地理讲授各大洲和我国以外的若干主要国家的自然地理概况，并对这些国家的政治制度和经济情况作扼要说明。初三中国地理讲授中国地理概况和中国各区自然环境和经济的特征，使学生获得祖国地理的基础知识，了解中国人民改造自然、进行社会主义建设取得的成就。

高中地理教学内容以经济地理为主。高一外国经济地理，讲授我国以外的世界各国的经济地理，使学生了解世界各国对自然资源的利用和生产配置的不同情况；认识一个国家的生产性质和居民生活条件的关系，以培养学生的国际主义精神。高二中国经济地理，内容包括“概论”和“区域分论”两部分，“概论”部分讲授新中国经济发展的迅速，说明全国生产配置的基本特点和全国各经济部门之间的相互关系。“区域分论”说明我国各区域在经济地理方面的特征和各区域在我国国民经济中所起的作用。通过新中国成立前后的生产和生产配置的对比，使学生既掌握了中国经济地理基本知识，又受到热爱祖国、热爱社会主义的教育。

这个时期中小学地理课程体系的安排，系统性较强，减少了课程的循环和重复。新编教材不仅观点上同旧教材有本质区别，在知识的科学性方面也有显著提高。培养学生运用地图等技能训练和观察自然现象的能力，也得到重视和加强。初步改变了过去地理教学讲“地”不讲“理”，以及教学方法单纯由教师讲、学生听的局面。主要缺点是机械搬用苏联模式，将初中以自然地理为主的区域地理与高中经济地理割裂；高中阶段缺少有关地球科学的知识；在人文地理方面仅限于经济地理，知识面较窄，对基础教育来说不适宜。世界地理和外国经济地理教材内容，学习苏联的不足之处主要有两方面。第一，未能科学地、辩证地揭示人类活动与地理环境的关系，只强调社会制度对生产和生产配置的作用，不谈自然规律和经济规律对发展生产的作用。第二，讲社会主义国家利用、改造自然，发展工农业生产，只讲成绩，不谈存在的问题；讲资本主义国家时，只讲资本家对自然资源的掠夺、破坏，对工农业生产片面追求高额利润不合理的一面，不谈资本主义企业在生产技术、布局、经营管理方面的某些合理因素，对资本主义国家只是批判，未有借鉴。当时认为这是加强了思想政治教育，现在重新认识一下这些问题，就感到有其片面性。

三、1958—1962 年

1958 年在“大跃进”的形势下，片面强调缩短学制，减少课程门类，减少授课时数。中小学地理课被认为有五门，首先被削减。1958 年将初一自然地理取消，把高中两门经济地理先合并，1959 年又取消。中学地理仅设两年，初一每周 3 课时，初二每周 2 课时。讲授内容为地球、中国地理和乡土地理、世界地理。整个中学阶段的地理课时，由 432 节削减到 180 节，即减少了 59%。小学地理课时由 144 节减到 72 节，即减少了 50%，只在小学五年级学一年，每周 2 课时（参见表 3）。

表 3　1958—1962 年地理课程的安排

阶段	小学		初中			高中		
年级	五	六	一	二	三	一	二	三
课程内容			中国地理	世界地理				
周课时	2		3	2				

这一时期的中学地理教学目的，强调贯彻党的各项方针政策，加强思想政治教育，以及联系生产和联系实际，而地理基础知识和技能大大削弱。教学内容强调理论知识，削减了具体的地理材料和区域地理知识。例如要求学生“理解各种自然要素的成因发展和分布规律”“认识东风压倒西风的国际形势”“掌握识别主要土壤、矿物，作单站天气补充预报等技能”。

这个时期的教材由于课时的大量减少，内容也大量削减。1958年教材由各省、市自行编写，全国没有统一教材。1960年人民教育出版社编写了一套十年制学校地理教材，供各地选用。这套教材的中国地理只讲全国自然地理和经济地理的总论部分，不讲区域地理。世界地理先讲世界的地形、气候、居民和国家的概述，然后讲各大洲的国家。教材内容增加了不少变化中的政治经济形势的材料和空泛的议论，不恰当地加强了一些联系实际的内容，如进行单站天气补充预报、水文测量、地震预报、找地下水等，这些作为对初中学生的普遍要求，显然是不恰当的，而一些中学生必备的地理基础知识和基本技能则大大削弱。

四、1963—1965年

1963年，教育部颁发了《关于全日制中小学新教学计划（草案）的通知》，通知中说：“1957年以前，历史、地理有不必要的循环重复，这些课程的设置办法也过于分散。”新教学计划规定小学地理设在五年级，每周2课时。中学地理采用直线式排列，初一设中国地理，每周3

课时，高一设世界地理，每周 3 课时（参见表 4）。

表 4　1963—1965 年地理课程的安排

阶段	小学		初中			高中		
年级	五	六	一	二	三	一	二	三
课程内容			中国地理			世界地理		
周课时	2		3			3		

1963 年，教育部同时颁发了《全日制小学地理教学大纲》和《全日制中学地理教学大纲》。人民教育出版社编写出版了供全国使用的小学《地理》和初中《中国地理》教材。

小学地理教学大纲规定，小学地理教学包括必要的地球和地图常识，中国地理和世界地理常识，以自然地理为主要内容。

中学地理大纲规定，在讲授《中国地理》之前，先讲“学习区域地理必需的关于地图、地形和大气的基础知识”，以弥补 1958 年取消初一《自然地理》后自然地理基础知识不足的缺陷。中国地理包括自然地理概况及主要特征，人口和民族的分布概况，农业、工业和交通的分布概况；分省地理包括各省级行政区的地理概况和特征，主要生产概况和主要城市等，并要求比较详细地讲述本省的地理环境，主要农业、工业、城市和交通干线。

高一《世界地理》要求比较系统地了解地球的一般特征，以及宇宙、太阳系等基本情况，系统了解各大洲地理环境，主要国家地理及使用地图和绘制地图的能力等。这样就克服了 1957 年以前高中学生只了解经济地理，而缺少地球科学基础知识的缺陷。

根据大纲编写的小学地理和初中中国地理教材，注意加强基础知识和基本技能，删除了空洞的理论和不恰当地联系实际的内容，注意了知识的系统性，质量有较大提高。世界地理教材尚未编出，因“文化大革命”爆发而中断。

五、1966—1976年

“文革”期间，教育战线遭到严重破坏，地理课程也不例外。当时全国没有统一的教学计划，课程由各地自定，教材由各地自编。实际上许多学校取消了地理课，有些省市也没有教材。北京市恢复地理课较早，1971年在小学开设地理常识，每周2节；初中一、二年级各设地理2课时，并自编了教材。1972年又同辽宁、安徽、山西、河北、天津五省市合作编写教材，全国许多省市都采用这套课本。

北京市小学地理常识只讲中国地理总论，没有分区地理。初中地理内容有地球和地图、中国地理、世界地理。中国地理有总论和分论，世界地理主要是分洲讲述国家。

这个时期的课本，在“左”的思潮影响下，在内容上不恰当地安排了许多紧密配合当时政治经济形势的材料，以及联系生产实际的材料，严重削弱了地理基础知识。例如，小学地理常识中讲“欣欣向荣的农业”一课，主要讲农业学大寨和全国农业发展纲要，“蓬勃发展的工业”主要讲工业学大庆和两条腿走路、土洋并举，发展地方小工业。初中地理中安排了不少地震的基本知识、气象观测和天气预报等知识。在观点上，不恰当地强调人定胜天、重新安排河山的英雄气概，违反科学的、辩证的人地观。

六、1978年至今

（一）地理课程设置

粉碎“四人帮”以后，教育战线拨乱反正，地理课程也逐步得到恢复。1978年，首先恢复了初中地理课。当时教育部颁发的《全日制十年制学校中学教学计划试行草案》中，初一设中国地理，每周3课时，初二设世界地理，每周2课时。

1981年，教育部又颁发了《全日制五年制小学教学计划（修订草案）》，决定在小学四年级恢复地理课，每周2课时。同年，教育部颁发的《全日制五年制中学教学计划（修订草案）》和《全日制六年制重点中学教学计划（试行草案）》，规定高中重新设置地理课，五年制中学设在高一，六年制中学设在高二，均为每周2课时，讲“人类和地理环境”。

这样，初步形成了小学讲地理常识，初中讲区域地理，高中讲人类和地理环境的新体系，既解决了过去中外地理圆周式重复较多的缺点，也突破了把自然地理和经济地理分裂开来的模式（参见表5）。

（二）初中地理教学大纲和教材

1978年，教育部颁发了《全日制十年制学校中学地理教学大纲（试行草案）》，规定初一“中国地理”先讲“地球和地图”，然后讲中国地理概况、中国区域地理、本省和本县地理，最后讲中国的自然资源及

表 5　1981 年以后地理课程的安排

阶段	小学		初中			高中		
年级	四	五	一	二	三	一	二	三
课程内容	地理		地球和地图、中国地理	世界地理			地理（人类与地理环境）	（地理）
周课时	2		3	2			2	(3)①

其利用。中国区域地理的分区原则“一般是把位置相邻、自然条件相近的省、直辖市、自治区分别组合，以便讲述共性，阐述区域特性”。初二讲“世界地理”，先讲“世界地理概况”，然后讲各大洲、各大洋和主要国家地理。

这两门课程的教学大纲规定的教学原则是：1. 以马克思列宁主义、毛泽东思想为指导；2. 以区域地理知识为基本内容；3. 以自然地理知识为重点；4. 适当讲点地理学的基本原理。

初中中国地理和世界地理教材，于 1977 年 9 月开始编写。当时，由人民教育出版社的编辑和教育部借调来的大、中、小学教师，共同组成“全国中小学教材编写工作会议”，其中地理组集中编写全国通用的初中中国地理和世界地理教材，于 1978 年秋在全国发行。这两本书在科学性、思想性方面均有提高，注意了知识的系统性，加强了基础知识和基本原理的教学，注意处理好思想政治教育和文化科学知识教育的关系，适当增加了一些现代先进的科学知识，对当时恢复学校正常秩序、

① 试行文理分科的班级的教学计划，高三每周还有 3 节地理课，以适当提高对人文地理的要求。但目前尚无试行这一教学计划的学校和班级，也未编出适应这一教学要求的地理教学大纲和教科书。

提高教学质量起了积极作用。但是由于小学、高中未设地理，初中课时又少，因而造成初中教材内容偏深、偏难、偏重，这在第二版中作了修订。

（三）小学地理教材

1981年，人民教育出版社编写出版了小学地理课本，内容分四部分。1. 认识自己的家乡，从辨方向、测距离、认识平面图和地图开始，了解自己家乡的地理环境，自然的和人文的。2. 地球和地球仪。3. 我们的祖国，从了解祖国的国土和人民开始，然后讲首都北京和各地区，最后以“壮丽的山川”“多样的气候”“丰富的资源”“联系各地的交通网”作为总结。各地区以认识自然景观为主，突出特点，如“东北的林海”“杭州西湖和钱塘湖”“沙漠和绿洲”“草原牧场”等，不要求知道全区的面貌。4. 认识世界，概括地介绍地球上五带的自然景观和人类活动概况，最后以“世界的居民和国家”“我国同世界的交往”作为结束。

这套小学地理教材同传统的小学地理教材有显著不同。建立了认识家乡—认识祖国—认识世界的新体系。本着由近及远、由具体到抽象的教学原则，从“认识自己的家乡”讲起，让学生自己动手动脑，从直接观察自己的家和学校附近的地理位置与地理事物学起，进而扩大到认识祖国和认识世界。新编教材突出重点知识，重视观察、实践活动和简单地理技能的训练，教材质量有较大提高。

（四）高中地理教材

1982年，人民教育出版社编写、出版了高中地理课本。高中地理课恢复后，如何确定教学目的和教材体系，意见有分歧。有的主张学“地学”，有的主张学中、外经济地理。在总结了国内外地理教育的经验，研究了当代地理学的方向后，确定了高中地理建立以人和地理环境为线索的新体系。教材采用系统地理的形式，着重阐明地理环境的规律性，以及人类活动和地理环境的关系。内容从地球的宇宙环境、地球的圈层结构——人类赖以生存的自然环境（大气、水、地壳、生物和自然界），讲到人类对自然资源和能源的利用，农业生产和粮食问题，工业生产和工业布局，人口和城市，最后以人类和环境作结束。

高中地理教材体现了现代地理学方向。在科学性、系统性、思想性方面都有很大提高。它以人类与地理环境的关系为线索，将地球科学、环境科学的基本理论，天体系统、物质循环、能量转换、生态系统、生态平衡、板块构造等学说用来充实和更新自然地理的教学内容；以资源、能源、农业生产和粮食问题、工业生产和工业分布、人口和城市等现代社会所突出的人类和环境的问题，代替传统的经济地理的教学内容。教材以自然环境为基础，将人类活动与地理环境的关系辩证地统一起来，帮助学生形成科学的资源观、人口观和环境观。

教材注意用动态的、演化的观点来阐述人类生产发展和布局的变化及其趋向，如农业由原始农业、传统农业向现代农业发展；工业通过历史上的产业革命向新技术革命发展。教材既指出资本主义现代化大生产的社会性质，与生产资料私有制之间不可克服的矛盾，也指出各资本主义企业家为了获取利润，在生产技术、布局和经营管理方面的先进经验，可供我们借鉴和学习。社会主义制度是优越的，但由于缺乏经验和工作中的失误，也存在不少问题，我们必须重视这些问题。

教材还注意密切联系我国社会主义建设实际，将我国的国情、基本国策、国家的建设计划、到 20 世纪末的奋斗目标等，有机地结合到各章节中，对学生进行社会主义和爱国主义教育。

（五）中小学地理教学大纲的修订与颁布

1986年12月，国家教委颁发了《全日制小学地理教学大纲》和《全日制中学地理教学大纲》。小学地理教学大纲是新制定的；中学地理教学大纲是在1978年制定的《十年制学校中学地理教学大纲》基础上修订的，增加了高中地理教学内容要点。这两个大纲均由人民教育出版社提出送审稿，北京市组织教师修改，经全国中小学教材审定委员会审定后正式公布。

这两个大纲是遵循中央关于教育体制改革的决定和义务教育法的精神修订的，并贯彻了降低难度、减轻负担、要求明确具体的原则。修订的主要内容如下。

1. 关于教学目的部分，在加强地理基础知识和基本技能教学的基础上，要求积极发展学生的地理思维能力和智力，培养他们学习地理的兴趣爱好和独立获取地理新知识的能力。在思想教育方面，增加了历史唯物主义和有关政策教育，以及“科学的资源观、人口观和环境观的教育”。

2. 关于确定教学内容的原则，修订了1973年大纲中提出的“以区域地理知识为基本内容”“以自然地理知识为重点”，以及“适当讲点地理学的基本原则”的原则，以适应高中地理开设后的课程变化。提出了“正确阐明人地关系”“贯彻面向现代化、面向世界、面向未来的精神”，以及“根据学科特点、学生年龄特征、精选教材内容”三条原则。

3. 加强地理教学的实践环节，明确基本训练要求。修订后的大纲，在小学和初、高中各章的“教学内容要点”之后，均增加了“基本训练要求”，主要是训练学生阅读和使用各种地图、图表的能力，以及填绘略图、制作简单统计图表的技能，还有培养学生记忆、观察、阅读论文、查阅和运用资料、对比分析地理事象、进行地理调查、评价地理问题等方面的能力。

4. 注意统一性和灵活性相结合。为了减轻学生负担，适应不同地区、不同学校教学需要，规定一部分教学内容由必修改为教师选讲或学生自学，主要是初中中国地理的区域地理部分，除“黄河中下游区”和学校所在地区为必修内容外，其他各区作为选讲教材。

5. 加强了对乡土地理教学的要求。大纲规定乡土地理教学限于本县（市）地理，在初一安排了10课时。教学内容为本县（市）的自然条件、资源、人口、经济发展概况，协调人地关系方面的成就和问题，以及建设规划前景等，以培养学生热爱家乡、建设家乡的热情。

这次修订的大纲，是在不改变现行通用的小学和中学地理教材的基本内容和主要体系的前提下进行的，是一个过渡性大纲。因此，目前中学地理教材中需要解决的一些主要问题，如中国和世界地理的讲授顺序问题，中国地理的分区问题，世界地理的分区和国家选择问题，以及教材的内容、分量和程度如何适应基础教育对提高民族素质、培养全面发展人才的要求，如何为本地区经济和社会发展服务，都将在制定新的九年制义务教育及高中教学计划和教学大纲时认真研究，加以解决，以促进地理课程、教材的深入改革。

纵观三十八年来地理课程的变化，虽然是一条曲折的道路，但在教材建设上也总结了不少经验教训，可供借鉴。

第一，以科学的地理知识和人地观选取和组织地理课的教学内容。

地理教学的内容是人类活动的地理环境，以及人类活动与地理环境的关系。正确阐明地理环境各要素之间的相互关系和人地关系，是确定教学内容的一条重要原则。在过去一段时期内，地理课以自然地理为主要内容，忽视人类活动对地理环境的影响；自然地理和经济地理各成体系，没有很好地结合起来。直到20世纪80年代，高中地理以人类和地理环境为内容，教材以人类和地理环境为主线，这时以科学的人地观组织地理教学内容的指导思想更加明确，自然地理和人文地理紧密结合，使学生不仅了解地理环境，还了解人类在利用、改造环境，保护环境，趋利避害，因地制宜发展生产、便利生活方面取得的成就、存在的问题及发展方向，了解人类发展与环境对立统一的关系，使地理教材的科学性、思想性有了进一步的提高。今后，初中区域地理也应以这一指导思想制定新大纲和编写新教材。

第二，正确处理地理知识教育同培养能力的关系。

地理是与实际生活紧密联系、实践性很强的学科。传统的地理教学内容，往往只着重书本知识的传授，不注意对能力的培养。教材编写中叙述地理事实材料多，启发性的内容少；要学生记忆的多，思考的少；要学生听讲的多，动手实践的少。现代地理教育不仅要求传授知识，还要求发展学生的能力。地理知识教育是发展学生能力的基础，而学生能力的发展又促进知识的理解和运用，二者是相互联系、相互促进的。在教材的编写中，要为达到这一目标作出安排。在文字、图表、作业的安排配合上，都要注意教育性，富于启发性，加强基本训练，安排一定的实习、实验和动手操作的实践活动。

第三，正确处理知识教育与思想政治教育的关系。

地理课是进行思想政治教育的重要阵地，教材内容含有丰富的思想教育因素。思想政治教育应寓于知识教育之中。忽视思想政治教育是错误的，但离开知识教育生拉硬扯、空泛说教也达不到思想教育的目的。因此，在教材内容的选取上，要以辩证唯物主义、历史唯物主义的观点，实事求是的科学态度，对学生进行科学的人口观、资源观、环境观以及有关政策的教育，进行爱国主义、国际主义和辩证唯物主义教育，培养学生保护环境、爱惜资源、节约能源等良好品德，使学生树立把祖国建设成社会主义现代化国家的雄心壮志。

第四，正确处理地理事实材料和基本原理的关系。

地理课的教学内容中必须重视基本概念、原理和规律性问题的教学，以便知识迁移，举一反三，改变过去地理教材罗列大量地理事实材料、有“地”无“理”、索然无味、苦于记忆的弊端。不过，基本原理的选择、讲解，必须符合学生的年龄特征，要深入浅出、形象生动、易于理解和接受。同时也要精选一定的中国的、外国的、自然地理和人文地理的事实材料。这些地理事实材料，既是说明基本原理所必需的，也是学生参加生产和在社会生活中有用的基础知识。如果只是抽象地讲某些观点、原理和规律，不通过一定的地理事实材料予以说明，就会成为空中楼阁，难以同实际联系。

中小学地理教材的建设有许多问题需要研究，中心问题是如何根据地理学科的特点和可能，为培养社会主义建设人才和提高民族素质打基础。当前，正在制定九年制义务教育地理教学大纲和编写新教材，对这些问题将进一步研究解决。

加强全球观念和国情教育*

——义务教育初中地理教材介绍

人民教育出版社新编的义务教育初中地理教材（以下简称“新教材”）共四册，供三年制和四年制初中一、二年级使用。

新教材是根据国家教委1992年颁布的义务教育全日制初级中学课程计划及地理教学大纲的内容和要求编写的。

新教材的编写，一方面继承了人教社四十多年编写地理教材的有益经验，如认真贯彻党和国家的各项方针政策，重视教材的科学性、思想性和文字、地图规范化等优良传统；另一方面借鉴并吸取了美国、日本、德国、苏联等国家和中国香港地区地理教材的优点；教材还从我国的国情出发，结合现代地理学、教育学和国内外形势的发展，遵循教育要面向现代化、面向世界、面向未来的战略思想，对初中地理教材进行了多方面的改革和创新。

---

* 原载《人民教育》1993年7—8期合刊。署名“人民教育出版社地理社会室”，由陈尔寿执笔。

一、新教材的特点

（一）从培养社会主义公民需要出发，精选教材内容

1. 新教材的编著，以提高民族素质为出发点，很好地贯彻了德智体全面发展的教育方针。注意初中学生的年龄特点，在学生可能接受的前提下，加强基础知识和基本技能训练，将思想品德教育寓于知识教学之中。突出重点，克服过去片面强调地理学科知识系统的求全思想，精简了大量次要的地理概念、术语、地名、物产和交通线路的名称，以及过于烦琐的分国、分区的地理知识，使教材的广度、深度适当，让学生掌握作为社会主义公民必须具有的地理基础知识、能力和思想品质。

2. 以当代人类社会面临的环境、资源、人口问题为线索，注意教学内容的科学性、思想性、实用性和时代性。改变过去世界地理“分洲列国志”、罗列地理事实材料、中国地理分区部分过于烦琐的写法，选择世界和中国地理的典型事例以及新的地理科研成果和新信息，阐明人类活动与地理环境的相互关系，培养学生初步树立正确的环境观、资源观和人口观，以提高学生地理文化科学知识和思想素质，迎接人类社会面临的环境、资源、人口问题严峻形势的挑战。

（二）调整教材知识结构，增强教学内容的系统性

新教材的知识结构，调整为初一学习地球、地图、世界自然地理和人文地理概论、世界区域地理和主要国家地理，以“人类共同生存在一个地球上”作结束；初二学习中国地理总论、中国区域地理、本省区地理和乡土地理，以“中国在世界中”作结束。

这一知识结构，由整体到部分，由系统到区域，由宏观到微观，与小学社会课（包含地理）由近及远、由个人—家庭—社会—中国—世界的知识结构相辅相成，而不重复。这样能加强地理基础知识，使学生宏观地认识世界，然后较为深入地学习中国地理和乡土地理，有比较地认识地理国情和乡情。

（三）注意调动学生学习的主动性和积极性

以往教科书的编写，课文体例主要为陈述式，以解释概念、叙述地理事物为主，格局比较刻板单调，便于教师照本宣科和学生死记硬背，以应付考试，但不易引起学生的学习兴趣和调动学生学习地理的主动性、积极性，不利于发展学生的智力和培养学生的能力。

为此，新教材从学生的学习心理和认知规律出发，在以下三方面进行了改革创新。

1. 加强教材的直观性。增加图像的篇幅和内容，使图像成为教材中重要的组成部分。世界和祖国各地异彩纷呈的地理景观和较为抽象的地理概念，不是单纯用文字可以叙述清楚的，学生可以从课本中的彩色照片、素描图、示意图、地图等图像中得到生动形象的感性知识，再结合课文的学习，上升为理性知识。

新课本的彩色地理照片，各册都有 50 幅左右（以往课本只有 10 余幅），其中有各地的自然景观、不同地区人类生产和生活的缩影、世界著名城市的风貌、祖国的名山大川和社会主义建设的成就，以及用现代化手段——卫星拍摄的地球、地貌、气象云图等。单色（或双色）的地理事物分布图、示意图、景观素描图、统计图也从过去每册 70 幅增加到 150 幅左右。特别是新选编了一些富有启发思考性的漫画，在试教时引起学生的极大兴趣，如漫画家方成画的《钓鱼者的困惑》，余化鲤画的《苦难的母亲》，孙平画的《小鸟的悲哀》等，生动地刻画出河水污染、人口重压、森林被滥伐所造成的灾难。

2. 提高课文的可读性和趣味性，将以往课文单一的叙述式改为多种多样形式。有的章节用问题引入，例如，“地球在宇宙中”一课，从两个学生争论“我们生活在地上”还是“生活在天上”的问题开始；“黄河”一课，从怎样看待黄河的“功”与“过”引入，以激发学生的求知欲。

有的课文从生活实际入手，如学习“世界的人种”，让学生根据自己的生活经验（或看彩色照片）比较黄种人与白种人、黑种人的肤色、发型等体形特征；学习美国，先让学生看美国星条旗，再说它的疆域，从原先的13州扩展到现在的50州；学习“中国的行政区划”，先让学生写出自己户口所在的省（自治区、直辖市）、县（自治县、市、区）、乡（镇）的名称，然后讲我国的三级行政区；学习“中国的气候”，从中央电视台每晚播放的卫星云图的图像举例说起，教会学生如何认识天气符号和卫星云图。这样，使学生感到学习地理知识有用，是同生活实际密切联系的，从而提高其学习兴趣。

课文中还安排了一些“读一读”的阅读材料，目的在于丰富教材内容，增加感性知识，便于自学，它不作为必学的基础知识。其中有麦哲伦船队的环球探险航行，我国南极考察队员对南极气候的记述，美国黑人的处境，长江三峡和黄山的风光，让黄土地披上绿装，西藏社会的巨大变化等生动形象的描述，以及一些能与地理景观结合、陶冶美育情操的著名诗词，如毛泽东的《沁园春·雪》、清代诗人高鼎的江南《村居》等。

3. 促进课堂教学的师生双边活动，增强学生学习的主动性和积极性。课文中穿插了一些“想一想”“做一做”和“读图”的小栏目，使学生在学习过程中，积极参与教学活动，而不是被动听课，接受灌输。例如，在“想一想”中，当学习地球表面水陆面积所占比例时提问：“人们当初给地球起名的时候，为什么把它叫作‘地球’，而不叫作‘水球’呢?”在学习世界人口分布不均时提问：“能不能用迁移人口的办法，使世界各地人口平均分布？说出能和不能的理由。”在学习中国交通的现代邮电网建设时提出：“有人说，现代社会是‘信息社会’。你能举一两个例子说明意义吗?”在学习中国省级行政区时，请学生猜几个地理谜语，如：“船出长江口”“银河渡口”“碧波万顷”各指哪个省市?

“做一做”栏目，主要是结合课文，培养学生的地理技能，重点放在读图、用图的能力培养方面。如地图上比例尺的运用，判读地形图、各种地理事物分布图和统计图表，用地理数据分析问题，绘制简单的地理图表等，这是作为现代社会公民必须具备的技能，而且是在课堂教学中可以完成的。这些基本技能，不仅上地理课需要，学生毕业以后，升学以及从事各种职业都有用处，它会使学生终身受益。

（四）加强思想教育内容，反映时代精神

地理教学内容，既有属于理科性质的自然地理，也有属于文科性质的人文地理，还有综合两者的区域地理。它们思想教育的内涵都很丰富。

新教材在自然地理和世界地理部分，着重帮助学生用辩证唯物主义观点，树立全球生态意识和环境意识；教育学生在注意发展经济的同时，还要注意保护生态环境，使人类社会与自然环境能协调发展，长期共存。

在学习世界地理国家与国家的相互关系时，教育学生：国家不论面积大小、人口多少、政治制度有何不同、经济发达与否，地位应该是平等的。我国一贯主张，各国应该遵守互相尊重主权和领土完整、互不侵犯、互不干涉内政、和平共处、平等互利的五项原则，共同求得进步和发展的国际关系准则。

在中国地理部分，发挥地理学科进行爱国主义教育和国情教育的优势，将国家教委1991年颁发的《地理学科国情教育纲要》初中地理的要点：我国领土辽阔，山川壮丽；自然环境多种多样，资源物产丰富；自然灾害频繁多发；人口众多，人均资源不足；统一的多民族的社会主义国家；社会主义建设成就巨大，但在经济上还是一个发展中国家，地区差异显著等内容，有机地纳入有关章节之中。

新教材对祖国社会主义的伟大成就和改革开放的大好形势，在图像、课文方面均有一定篇幅反映，如西昌卫星发射基地、葛洲坝水电站、三北防护林带、新亚欧大陆桥等的建设，三峡工程、南水北调工程的规划，新疆塔里木盆地石油的开发，科学种田、造林、治理水土流失、改造中低产田的事例，经济特区、乡镇企业、边境贸易、新科技开发区的蓬勃发展等，培养学生的民族自尊、自信和自豪感，引发学生为祖国社会主义现代化而献身的责任感，并帮助学生树立科技是第一生产力和市场经济的观念，开阔视野。

此外，教材在一些章节中，还适当引入一些非智力因素的内容。例如：在开始学习中国地理时，安排了《歌唱祖国》的歌词；学习长江时，引用了《长江之歌》，对学生进行情感教育和美育陶冶。在“中国的天气和气候”一章之后的“读一读”中，介绍了我国近代地理学和气象学奠基人竺可桢的治学精神和科学方法。在水资源、交通旅游业章节中，提出注意节约用水、保护交通设施、保护旅游地的环境和文物古迹等，有的以漫画形式出现，对学生进行思想品德教育。

（五）教材配套系列化，教学内容具有一定弹性

新教材除教科书外，配套的系列化品种还有教师教学用书、地图册、做练习用的填充图册，以及可供选用的教学挂图、幻灯片、投影片、录像片、学生课外读物等。

新教材考虑到两种不同学制、不同条件学校及不同程度学生的需要，教科书中在必学的课文、必做的练习以外，适当安排了选学的课文、选做的练习和阅读材料，由教师灵活掌握，不作统一要求，使教材具有一定弹性。

二、用好教材的建议

（一）希望有关省、直辖市、自治区或地区的教育领导部门做好教师培训工作

组织教师学习义务教育初中地理教学大纲和新教材，领会新教材的编辑思想和意图，特别是对教学目的、教材体系和知识结构、选材标准、课文表达形式、选学和选做教材的处理等改革较大的部分，需要帮助教师解放思想、扫除疑虑，从使用传统教材旧模式的习惯中解脱出来，与教材编者取得共识，创造性地进行试用。

（二）教师要把试用新教材看作一项深化教学改革的科研工作

在教学实践过程中，注意总结经验并与旧教材作比较，肯定其可行的和有优越性的部分；对存在的问题和需要改进的部分，经过认真分析研究，提出合理化建议，向教材编辑部门反映，供修订教材时参考。

（三）教师要钻研教科书和教学指导书，认真备课

对课本中出现的新概念、新地理事物，教师自己必须弄懂；然后考虑采用什么教学方法教会学生。在新教材实验本的试教过程中，我们发现有的教师仍习惯用一讲到底注入式的教学方法，教材中让学生“想一想”“做一做”的内容，教师也包办代替作了说明，这就起不到发展学生思维、培养学生能力、活跃课堂气氛的作用。还有些教师片面理解新教材以启发式为主，实行“满堂问”，对需要由教师讲解或归纳、总结的问题，也放弃讲述，虽然课堂气氛很活跃，但是一堂课的学习要求不明确，学生获益很少。至于各章各节应采用何种教学方法，教师可根据教材特点，结合实际，有创造性地进行设计。同一年级不同的班也可采用不同方法进行教学，经过实验对比，获得最佳方案。

新教材中既有必学的课文，也有选学、选做、“读一读”等机动性的部分。由于教学时间有限，教师要从实际出发，对一学期的教学进度、各章节所需课时，做好通盘安排，对所学内容要有所选择：一是不要贪多求全，不考虑教学实际条件，将课本中所印的文、图，全都作为必学内容要求，造成赶进度、消化不良的现象；二是忽视因材施教的原则，如对有条件学得好一点的班级，或是有兴趣、有较高要求的学生，不采用选学、选做教材，以提高其水平。有些选学和“读一读”的课文，还可让学生课外自学，教师作必要辅导。

（四）注意发挥课本中地图、彩色照片及其他各种图像的作用

新教材的特点之一是图像多，这些图像都是教材的有机组成部分。学习各种地理事物，学生都应该知道它们的空间位置、空间分布、空间联系的特点，因而同地图分不开。如果学生仅仅知道中国省级行政区的名称，而不知道它们在中国政区图上的位置，就是没有完成学习任务。课本中所选的彩色照片，都是反映各地区地理景观和我国社会主义建设成就有代表性的图像，由于纸张、印刷条件等原因，未能与有关课文安排在一起，而是集中到课本前页，教师在教学时，要注意运用。有些示意图、分解图，不仅要学生理解，还要教会他们能绘简图表示，如对流雨、地形雨、锋面雨的形成等。

（五）努力自制地理教具，配合新教材教学

目前，与新教材配套的幻灯片、投影片、地理挂图等教具，正在设计制作中。由于我国大多数初中经费有限，教具全靠学校购置是有一定困难的。有些简易教具，像地球仪的经纬网框架、等高线地形模型、幻灯片、投影片等都可由教师自制，或组织地理课外活动小组，由教师指导学生制作。这样，既能提高教学效率，也能培养学生动手能力，提高学生学习兴趣。

近百年来我国中小学地理教材编审、出版工作的回顾*

自20世纪初清政府废科举、办学堂，实施近代学校制度以来，不同时期的中央政府及其教育行政部门，对包含地理在内的中小学各学科教科书的编辑、审查、出版、发行都很重视。因为教科书是学生必须使用的学习材料，它的内容是否符合政府的教育方针政策，能否培养出统治者所需要的人才，至为重要，所以必须有一定的规范，一定的要求。

一、清政府时期

1904年清政府制定的《奏定学堂章程》规定的全国学校系统为：蒙养院、初等小学堂、高等小学堂、中学堂和大学堂。该章程中有一册《学务纲要》，概括说明此时开办各级学堂的宗旨、立法要义。其中指出，官编教科书未出版之前，应准各学堂自编讲义，果能合法，即准作

* 选自陈尔寿著：《中国学校地理教育史略》，人民教育出版社2013年版。本文原收入中国教育学会地理教学研究会编《走进二十一世纪的中国地理教育》，人民教育出版社2003年版。

暂时通用之本。其私家编纂之课本，呈由学务大臣审定，如确合教科程度者，亦可采用。各学堂自编讲义或私家编纂课本均应以各科《教授详细节目》为依据。这一《教授详细节目》，计划由京外各学堂择科学教员之学望素著者，按照要求编成目录，由学务大臣审定，颁发各省应用。但是，实际上并未见问世。

清政府在学部未成立以前，中央教育行政最高机关为京师大学堂。京师大学堂鉴于各地学堂采用教科书，初无选择知识，而稍远的外府州县，连书名也不得而知，乃于1903年刊行《暂定各学堂应用书目》，供各学堂采用。在地理教科书方面，中外舆地类列有《本国初等地理教科书》《本国中等地理教科书》《世界地理志》《世界地理学》《皇朝一统总图》《五大洲总图》等。地质及矿物学方面，列有《地学须知》《矿学须知》《金石识别》等。

1904年，京师大学堂提议附设编译书局，译成地学课本《矿物学教科书》，并审定了中等课本《舆地全图》，统一了外国地名译音，编制了我国最早的地图册——《中外舆地全图》(邹代钧编)。

1905年12月，学部成立。次年7月，学部内设编译图书局，制定《编辑章程》9条，前4条为：

第一，编辑教科书，初等小学最先，高等小学次之，中学与初级师范又次之；

第二，编纂教科书，宜恪遵忠君、尊孔、尚公、尚武、尚实之宗旨，以实行国民教育；

第三，每编一本教科书，须兼编教授书；

第四，凡编一书，须先拟定年限钟点。

同时公布了《第一次审查初高小学暂用教科书凡例》，其中要点有：（1）图书须有著者姓名、出版年月、价值、印刷发行所，方加审定；（2）审定的图书，属于初小者准通用5年，属于高小者准通用4年，通用期满后再行发行，仍可呈部再行审定；（3）审定的图书，准标明学部审定字样，未经审定伪托者，应行查办；（4）纸质须坚韧，字形须清朗。

1906年、1907年，学部先后审定了文明书局印刷、南洋公学发行、商务印书馆印刷发行，供蒙学、初小、高小教学用的包括中外地理教科书在内的多种教科书。

二、民国时期

辛亥革命成功后，1912年1月，中华民国临时大总统孙文在南京组建临时政府，以蔡元培为教育总长，成立教育部，颁行《普通教育暂行办法》14条和《普通教育暂行课程标准》11条。5月，教育部通知各书局将出版的各科教科书送部审查，并公布《审定教科书暂行章程》。1914年5月，教育部成立教科书编纂处，拟定有《教科书编纂纲要》。7月，教育部召开教科书编纂审查会成立大会。1916年，因时局混乱，教科书编纂处停设。当时，中小学地理教科书均由私家编纂，由商务印书馆编辑出版的有“共和国教科书”系列；由中华书局编辑出版的有“新制教科书”系列等。

1927年，国民党政府对教科图书的审查由大学院负责。同年10月，大学院公布了《教科图书审查条例》16条，主要有：（1）中小学教科图书，非经大学院审定，不得发行采用；（2）审查图书以不违背本党的主义、党纲及精神，并适合教学目的、学科程度及教科体裁者为合格。

1929年，教育部公布了《中小学课程暂行标准》。其中中学地理课程暂行标准，经竺可桢、周寿裳审查修订后，1932年改为《正式标准》；小学地理则融合在社会科课程标准之中。这时，商务、中华、世界、正中、开明、大东、钟山、北新、立达、新亚、神州国光社等书局，均按照中学地理课程《暂行标准》和《正式标准》陆续出版了多套中学地理教科书。

1929年11月，教育部还公布了《教科图书审查章程》，其审查标准是：（1）适合党义；（2）适合国情；（3）适合时代性。这一年，教育部通令禁售本国旧地图和旧史地课本。第二年，教育部又令各书局嗣后本国地理图书中的地理位置，均应采用以格林尼治天文台的经线为起点；禁止采用文言文教科书及不采用外文原版教科书（外语除外）。当时，世界舆地学社出版的《实用世界挂图》修订本，未遵令呈送复核，即取消其审定结果及审定执照。

关于教学用的地图的审查，由教育部编审处负责，初无审查标准。1930年，参谋本部、海军部会同制定了《水陆地图审查条例》。次年，由内政部召集参谋本部、外交部、海军部、教育部和蒙藏委员会商讨此事，认为舆图审查极为重要，乃将1930年已呈准公布的《水陆地图审查条例》扩充为《修正水陆地图审查条例》，由国民政府公布施行，并由参与单位派代表组成审查会，各担分配审查的任务。

抗战时期，教育部颁布了《重行修正中学地理课程标准》，并在重庆成立了史地教育委员会，胡焕庸、黄国璋等地理学家参加了这一委员会。1942年，教育部将教科用书编委会并入国立编译馆，成立教科用书组，负责按《重行修正中学地理课程标准》编辑中小学地理教科书。教科书可由国立编译馆自编，也可特约专家编写，或是征选私人编辑出版的教科书，经教育部核定后，作为“部定课本”，由商务、中华、世界、正中、大东、开明、文通7家联合供应处印行，印有“教育部审定”字样，俗称“国定本”。

1947年，教育部举行修订中小学课程标准会议，决议减少科目教学时数，简化和调整课程内容，颁布《审查学校教科书规程》，恢复“审定制”。继续使用的部编课本，经过修订，改由各书局发行，改变1940年以来教科书的统编、统印、统销的办法。各书局原来所编中小学教材经修订送审后出版发行。

三、中华人民共和国时期

（一）1949—1952年

中华人民共和国成立以前，各解放区和革命根据地人民政府均按革命教育宗旨要求编辑和审定学校教科书。例如，1937—1945年，陕甘宁边区教育厅共编有三套小学国语课本，内含地理知识。1948年，解放区华北新华书店编辑出版了《高小地理课本》，华东新华书店出版了由山东教育厅审定的初中《中国地理》和《世界地理》课本。

1949年4月，华北人民政府教育部成立了教科书编审委员会，着手审定老解放区和国民党统治区的中小学课本。与此同时，东北人民政府也组织力量，以苏联十年制学校中的数学和自然科学为蓝本进行编译，作为我国中学课本，从初中一、二年级开始采用。其中有在初一使用的《自然地理》教科书。

为了尽快解决1949年秋季解放区中小学开学时教科用书问题，在中共中央宣传部出版委员会和当地军事管制委员会的领导下，北京和上海先后成立了两个公私合营性质的联合出版社，这就是“华北联合出版社”和“上海联合出版社”。

1949年5月，华北人民政府在北平召开小学教育会议。会议规定小学教科书由华北教育部集中编审，各地分散印行。国语、自然、常识（含地理）等科，都须用政府审定或指定的课本，各地可编补充教材。

1949年9月，《中华人民共和国政治协商会议共同纲领》指出，“中华人民共和国的文化教育为新民主主义的，即民族的、科学的、大众的文化教育。人民政府的文化教育工作，应以提高人民的文化水平，培养国家建设人才，肃清封建的、买办的、法西斯主义的思想，发展为人民服务的思想为主要任务”，“提倡爱祖国、爱人民、爱劳动、爱科学、爱护公共财物为中华人民共和国全体公民的公德”，“中华人民共和国的教育方法为理论与实践一致，人民政府应有计划有步骤地改革旧的教育制度、教育内容和教学方法”。上述规定为新中国最早颁布的教育方针、任务和政策。这些规定也是教材建设、编写教科书的指导思想。

10月，中央人民政府成立，在出版总署设立编审局，调集部分老解放区、开明书店、中华书局等单位的编辑人员编审文史地教材。

1950年5月3日，《人民日报》刊载了出版总署编审局金灿然写的

《中学地理教本中的几个政治思想问题》，分析批判：（1）世界地理中，对国家没有分清以苏联为首的和平民主阵营和以美帝国主义为首的侵略阵营；（2）对中苏友好，中国人民必须站在社会主义一边，缺少论述；（3）中国是一个多民族国家，缺乏尊重少数民族的思想观点；（4）在地理环境与人口问题方面未摆脱地理环境决定论和人口论的思想；（5）对经济建设的发展前景叙述不够；（6）教材选用不够严谨。

同年7月，中央教育部颁发了《小学各科课程暂行标准（草案）》，小学三、四年级设常识课（含地理），五、六年级地理单独设科；8月，颁发了《中学暂行教学计划（草案）》，初高中各年级均设地理课，初、高中一、二年级授“中国地理”，三年级授“外国地理”。

9月，出版总署召开全国出版会议，会上确定中小学教材全国统一供应的方针，由出版总署和中央教育部共同组建人民教育出版社（以下简称“人教社”），承担编辑出版中小学教材的任务。12月，人教社成立，设有中小学各学科编辑室，由出版总署副署长、著名教育家叶圣陶兼任社长、总编辑。

原“华北联合出版社”和“上海联合出版社”并入人教社，原两社的发行业务则划归新华书店。从此，中小学教材的编审、出版工作归于统一。

1951年，根据中央人民政府政务院批准的《1951年出版工作计划大纲》的规定：“人民教育出版社开始重编中小学课本，并于本年内建立全国中小学课本由国家统一供应的基础。”

由于人教社当时编辑力量不足，要求供应课本的时间又很紧迫，只能在已经出版的地理等各学科教材中选择较好的教材修订或改编成为第一套全国通用的中小学教材，于 1951 年秋季开学时供应。地理教科书有：高小地理，初、高中中国地理和世界地理，高中自然地理等。

1951 年 3 月，教育部召开了第一次全国中等教育会议。会议提出了普通中学的宗旨和教育目标；修正并通过了《中学暂行规程》，其中包括试行中学教学计划；讨论了中学地理等 7 个学科的课程标准草案。会议还提出："各科教材必须保持完整的科学性和贯彻爱国主义精神，必须研究中国，参考苏联，以苏联中学课本为蓝本，编写完成适合中国需要的新教科书。"

8 月，教育部又召开了第一次全国初等教育会议。会议通过了《小学暂行规程》，并制定了新中国第一个《小学教学计划》。会议要求 1954 年完成五年制小学全套新课本的编印工作。

（二）1953—1957 年

1953 年 7 月，教育部颁发了《中学教学计划（修订草案）》，将地理分为 5 门（初一自然地理、初二世界地理、初三中国地理、高一中国经济地理、高二外国经济地理）。

根据政府颁布的中小学学制、培养目标、教学计划及有关决定，1954 年人教社开始编写新的中小学教材。当时确定的编辑方针是：

第一，贯彻社会主义思想，采用系统的基本科学知识，注意吸取先进的科学成果；

第二，以马克思列宁主义的立场、观点、方法来解释各种问题，即以辩证唯物论和历史唯物论的观点来阐明自然现象和社会生活规律；

第三，贯彻理论与实际相结合的原则，教育与生产劳动相结合的原则，把科学原理、法则、定律与我国工农业建设、革命斗争结合起来；

第四，符合教学原则，适合各科教学目的与学生年龄特征；

第五，吸取苏联的先进经验。

这套教材于1956年编写完毕，是第二套全国通用的中小学教材。其中中学的5门地理教材中，初一《自然地理》、初二《世界地理》、高二《外国经济地理》，以苏联中学课本为蓝本，根据我国实际进行改编，于1952年先期完成。委托中国人民大学经济地理教研室编写的《中国经济地理》课本，于1953年秋季开始供书；以人教社地理编辑力量为主，吸收北师大、中国科学院地理研究所和南京大学专家参加编写的初中《中国地理》、高小《地理》课本于1954年开始供书。与此同时，人教社还出版了与课本配套的各年级地理教学参考书。中国地图出版社先后编印了《小学地图册》、初中《中国地图册》和《世界地图册》，以及供中小学各年级学生作填图练习用的《暗射地图册》，还编印了多种中小学地理教学挂图和景观图片等。

当时，国家没有设立对教科书的专门审查机构。人教社根据中共中央、国务院有关教育的方针、政策、课程计划、教学大纲等文件，组织力量编写中小学各科教科书。书稿写成初稿后，均送请中共中央和国务院有关部门审查：《中国经济地理》书稿曾送请中宣部审查；《世界地理》和《外国经济地理》有关国际问题部分均送请外交部审查；课本中的地图则送请内政部（以后改送国家测绘局）及外交部条法司审查；关于资源、人口、经济建设等内容均送请国务院有关部门审查；科学性问题则送请中国科学院各研究所或有关专家审查，并曾聘请竺可桢等专家为顾问；教育性及可接受性，则邀请教育专家和教师开会座谈或提书面意见。

（三）1958—1960 年

1958 年，在“大跃进”的形势下，开展了教育革命。当时，在急于求成的思想下，认为中小学教育的主要问题是少、慢、差、费现象，教材内容陈旧落后，重复烦琐，落后于青少年的智力发展和脱离政治、脱离生产、脱离实际。为了“超英赶美”，要求充实“高、精、尖”的内容，并根据领导对“教材要减轻，课程要减少，教材要有地方性，应适当增加一些地方乡土教材”的要求，中小学地理课程大幅度精简，只在初一设中国地理，初二设世界地理。随着教育管理权限的下放，中小学教材由各地组织编写。人教社编写的教材供各地选用，教育部不颁发中小学教学用书表。

1959 年，各地开始学制改革试验。试验要求中小学要适当缩短年限，适当提高程度，适当控制学时，适当增加劳动。为适应当时“教育革命”的形势，1960 年，人教社在上级领导下，借调一批干部，赶编了一套十年制中小学教材，于 1961 年秋季起供试验十年制的学校选用。这是人教社编的第三套中小学教材。十年制学制小学阶段（1～5 年级）地理知识安排在“常识”课中。中学阶段（6～10 年级）的地理课：初一（6 年级）为“中国地理”；初二（7 年级）为“世界地理”。

（四）1961—1965 年

从 1961 年起，教育部在认真调查研究的基础上，制定了 12 年制的全日制中小学新教学计划（草案）。1961 年，人教社又开始按这个教学计划编新一轮的全国通用教材。为编写这套教材，借调了不少专家、教师进行比较广泛的调查研究。经过两年时间，于 1963 年秋季出版了各科教学大纲和小学、初中课本的第一册。这是人教社编的第四套中小学

教材。在新的中小学教学计划中，小学五年级重新设置了一年地理课。初中一年级仍设中国地理一学年，原初二的世界地理改设在高一，以弥补高中没有地理课的缺陷。但是，不能升学的初中生完全没有世界地理知识也是问题。这套教材注意加强基础知识和基本技能训练，删除空洞的理论和勉强联系实际的内容，注意知识的系统性。高中世界地理教材编出初稿，后因发生“文化大革命”没有出版。

（五）1966—1976年

1966年“文化大革命”开始，人教社以前编写出版的全国中小学通用教材，被看作是“封资修的大杂烩”，成为批判材料。1967年10月，中共中央发出“复课闹革命”后，大多数地区中小学学制改为十年，课程由各地自定，教材由各地自编。1968年，北京、上海、湖南、广东教育部门组织力量编写了“地理”暂用教材，1969年开始发行试用。

那时，各地出版的教材，在“左”的思想影响下，严重削弱了基础知识，有一些教材还充斥大量错误的政治内容。初一地理为联系生产实际，要求学生学会测量人民公社平面图，会找地下水，超出了教学的可能。

（六）1977—1984年

“四人帮”被粉碎后，1977年，邓小平同志恢复工作。8月，邓小平主持召开科学和教育工作座谈会，指出要重视中小学教育，“关键是教材”。教材要反映现代科学文化的先进水平，同时要符合我国的实际情况。7月至9月，他几次同教育部负责人谈话时谈到，“教材非从中小学抓起不可”，要编印通用教材，同时引进外国教材作为参考，并要求1978年秋季开学时能用上新教材。因此，教育部决定以十年制中小学为基本学制，制定了教学计划。地理课程在初一设中国地理，初二设世界地理。编辑人员除调回人教社的主要编辑干部外，又从各地大、中、小学校借调了一批干部，共200人，参加“中小学教材编写工作会议”，集中编写全国通用的十年制中小学教材。

编写这套教材的指导思想是贯彻执行党的路线、方针、政策，为实现我国四个现代化培养又红又专人才打好基础。在教材中要彻底清除“四人帮”的流毒和影响，要求编写工作要做到四个方面。第一，正确体现政治与业务的关系，教材内容要有利于对学生进行思想政治教育，但思想政治教育是通过各科教材的具体内容进行的，而不是空发议论，牵强附会。第二，正确体现理论与实际的关系，不能脱离基础知识讲实际应用和生产技术细节。第三，十分注意加强和精选基础知识，要精选传统内容，适当充实新的科学知识。这些基础知识应当是学习现代科学技术和参加现代生产必须具备的，而且是学生能够理解和接受的。第四，加强基本技能训练，启迪学生智力，培养学生能力。

这套教材1977年开始编写，1980年基本完成。由全国中小学通用教材各学科编写组编写，人教社出版，各省、市、自治区人民出版社（教育出版社）印制，各省、市、自治区新华书店发行。它是全国通用的第五套中小学教材，仍由全国统一编写、出版、发行。在出版发行方面，要求在开学前到书，人手一册。地理教材为初一《中国地理》，初二《世界地理》。

这套教材的出版，对改变“文革”时期中小学的混乱状况，恢复正常教学秩序，提高教育质量起了重要作用。

1981年3月至4月，教育部先后颁发了五年制小学、五年制中学、六年制重点中学教学计划草案。1984年，教育部又颁发了六年制小学教学计划草案。新的教学计划设置了一些新课程，如小学高年级重新设置一年地理课，高中一年级增设地理课一学年，讲“人类与环境”，建立反映时代要求的新学科体系。原有课程在授课时数上变动也较大。由于“文革”的破坏，学生程度参差不齐，师资质量下降，学校设备多遭破坏等客观原因，以及教材本身存在的一些问题，新教材试用后，不少教师反映“深、难、重”。人教社根据新的教学计划和教育部有关规定，以及试用教材在教学实践中发现的问题，新编（如小学和高中地理）或修订了各科教材（如初中《中国地理》《世界地理》）。这是第六套全国通用的中小学教材。

（七）1985—1999年

1985年1月，教育部颁发了《全国中小学教材审定委员会工作条例（试行）》。通知指出：“今后中小学教材建设，把编写和审查分开，人民教育出版社负责编，各省、自治区、直辖市教育部门可以编，有关学校、教师和专家也可以编，教育部成立全国中小学教材审定委员会负责审。审定后的教材，由教育部推荐各地选用。”4月，教育部发出《关于选聘全国中小学教材审定委员会学科审查委员会委员的通知》，同时公布了第一批选聘人员的名单。

1986年9月，全国中小学教材审定委员会和各学科教材审查委员会正式成立。这标志着新中国成立以来我国中小学教材开始执行审定制。

1987年10月，国家教委正式颁布了《全国中小学教材审定委员会工作章程》《中小学教材审定标准》《中小学教材送审办法》3个文件。《工作章程》指出："为了在统一基本要求的前提下，有领导、有计划地实现教材的多样化，以适应不同地区的需要，建立有权威的教材审查制度，促进中小学教材质量的提高，成立全国中小学教材审定委员会。""审定委员会是国家教委领导下的全国中小学各学科教学大纲和教材的审定机构。"

在《工作章程》中，规定了总则、组织机构、工作职责、审定原则、审定程序、经费等项。《审定标准》从教材内容、教材体系、教材的文字插图、音像教材与教学挂图、教材中的练习和作业等方面提出了要求。《送审办法》规定，凡符合审定原则的要求，经过试教取得较好教学效果的教材，可以送审。

1996年10月，国家教委重新印发了《全国中小学教材审定委员会工作章程》，内容作了一些修改。例如：增加了一章《工作纪律》；将审定全国中小学各科教材大纲的职责，改为审议全国中小学各科教学大纲；增加了一条审定、审查委员的条件；规定了教材审查的4类结论——审查通过，复审，重新送审，停止使用。

1986年4月，我国公布了《中华人民共和国义务教育法》，第一次提出在全国有步骤地实施九年义务教育。于是，义务教育课程、教材的研究，教材的编写、审查便成了基础教育工作的重点。首先，国家教委组织力量制定了义务教育小学阶段和初中阶段的教学计划，并组织力量编制了这两个阶段的各科教学大纲，经全国中小学教材审定委员会各学科审查委员会审议通过。1988年4月至11月，国家教委陆续颁发了"九年义务教育全日制小学和初级中学各科教学大纲"的初审稿。小学阶段地理知识容纳在小学自然和小学社会教学大纲中，地理不单独设科。初中地理分设在初一和初二。

1988年，国家教委颁发了《九年义务教育教材编写规划方案》。《方案》指出："根据我国地域辽阔，人口众多，经济文化发展不平衡的国情，九年制义务教育教材，必须在统一基本要求、统一审定的前提下，逐步实现教材多样化，以适应各类地区、各类学校的需要。""把竞争机制引入教材建设，通过竞争促进教材事业的繁荣和教材质量的提高。"方案提出四种不同类型的编写工作：（1）教材内容和程度，达到大纲规定，面向全国大多数地区，适合一般水平的学校使用的六三制（小学六年、初中三年）教材；（2）适合一般水平的学校使用的五四制（小学五年、初中四年）教材；（3）教材内容和程度适当高于大纲规定，主要面向经济文化发达的地区和办学条件较好的小学和初中选用的教材；（4）教材内容和程度基本上达到大纲的规定，面向经济文化基础比较薄弱的地区、农牧地区，以及教学设备较差学校使用的小学和初中教材。1989年，国家教委批准人教社编写第一、二两类教材，北师大编写第二类教材；广东省教育厅编写第三类教材；四川省教育厅编写第四类教材。上海和浙江根据本地区科技、经济、社会发展的需要，制定具有本地特点的教学计划、课程标准并编写教材。

1990年年底，人教社、北师大、四川省和广东省分别根据教育部规划，编写的九年义务教育初中地理第一、第二、第三、第四册教材陆续出齐。各地在试用义务教育初中地理教材以前，均对试教新教材的教师进行了培训。这些教材经过试教，发现问题，进行修改。1992年，全国中小学教材审定委员会地理学科审查委员会审议通过了《九年义务教育全日制初级中学地理教学大纲（试行）》，审查通过了人教社、北师大、四川省和广东省送审的《九年义务教育初级中学地理教科书》，以及审查通过了上海市送审的供九年制六年级使用的《自然地理》教科书。以后又陆续审查了上海送审的初中《世界地理》《中国地理》教科书，中国地图出版社送审的《初中地理地图册》和地理教学挂图，星球地图出版社送审的《初中地理地图册》等。

为了进一步深化教育改革，2001 年 7 月，教育部颁发了《全日制义务教育地理课程标准（实验稿）》。依据这个课程标准编写的地理教科书有人教社出版的“人教版”、湖南教育出版社出版的“湘教版”等，已经在全国一些试验区试验。

1990 年开始，国家教委组织力量研究同义务教育相衔接的新的高中课程方案，确定普通高中的性质、任务和培养目标。1994—1995 年，国家教委委托人教社牵头，组织力量起草高中各学科教学大纲。1995 年 8 月，基本完成征求意见稿，由全国中小学各学科教材审查委员会进行了审议。新的普通高中课程计划中，地理学科除高一设置地理必修课外，高二和高三增设了限文科类学生选修的人文地理和区域地理研究课程。

1996 年 3 月，国家教委发出关于印发《全日制普通高级中学课程计划（试验）的通知》，通知指出：“课程计划和新编普通高中各学科教学大纲、教材将于 1997 年秋季在部分地区的学校进行试验，并在试验的基础上，经过修改完善，拟于 2000 年在全国范围实施。”同时，决定新的高中教材由人教社编写出版。1997 年，新的高中课程计划、教学大纲和教材先在天津、江西、山西三省、直辖市进行试验。2002 年在全国推广使用。

进入新世纪，教育部组织专家制定高中地理课程标准，于 2003 年 4 月颁布。依据这个标准编写的高中地理教材，在 2004 年 9 月起开始试验。

至于各省、自治区、直辖市组织自编的中小学各科或某些学科的教材，只在本省、自治区、直辖市内出版发行，供省境以内中小学使用的，则由各省级教育部门的中小学教材审查委员会负责审查。北京、浙江等均有地理教材，自审自用。

综上所述，近百年来，我国中小学地理教科书的编写、审查、出版发行，在不同时期，有不同的要求和规定。基本上经历了有领导的分散—统一—多样化的历程。1985 年，我国成立全国中小学教材审定委员会以来，制定了一系列关于中小学教材编辑、审查、出版、选用的规定，为我国中小学教材建设奠定了坚实基础，在审议中学地理教学大纲和课程标准、审查中学地理教材方面做了大量工作；为贯彻党和国家的教育方针，促进中学地理教材质量的提高，作出了应有的贡献，取得了可喜的成绩。回顾过去，展望未来，相信我国中学地理教材的编写、审查、出版工作，在总结经验的基础上，将会取得新的更大的成绩。

新中国成立以来参加中小学地理教材建设的回顾*

一、对建设和研究中小学地理教材的认识

1953年年初，我从上海格致中学校长工作岗位上被借调到中央教育部参加新中国第一套中小学地理教学大纲的起草工作。同时被借调来的地理教育家有华东师范大学褚绍唐、河北师范学院郭敬辉。经过半年学习、研究、协作，完成了大纲初稿。同年8月，我被正式调至教育部教学指导司，负责整理地理教学大纲初稿、筹备按照大纲编写地理新教材的工作。1954年，教学指导司撤销，该司的任务转交由人教社承担，我也因此被调入人教社地理编辑室，任副主任。室主任为田世英教授。

我初到人教社，对编写中小学教材的重要意义和方法缺少认识。多年来，在我国著名教育家、人教社社长兼总编辑叶圣陶和副总编辑辛安亭的教诲下，才逐步认识到这一工作的重要意义和编写教材应注意的事

---

* 原载《地理教学》2011年第5期。标题为编者所加。原题为《建国以来参加中小学地理教材建设的回顾》。

项，使我终身受益难忘。现在记得起来的有以下几点，写下来供从事这类工作的同志们参考。

（1）中小学教材是全国千百万在校青少年必学的读物，是培养社会主义新中国公民的基础建设。代代相传，影响深远，责任重大。

（2）教材与一般读物不同，要体现国家意志。课文、地图、画片等，都不能有政治性错误。重要内容要送请国家有关部门审查。

（3）教材要体现本学科先进的科学理论和研究成果，不应有错误和落后过时的内容。

（4）课文要明白晓畅，句子要短。叶老要求写话，平时怎样说话，课文就怎样写。这样，课文才能朗朗上口，易读易记。

（5）各学科课文的用词、造句、标点符号等都要规范化，与语文课文一致。学生学习各学科教材，也都同时在学习语文。当时，人教社编辑出版的小学、初中各科教材，叶老都一一亲自审阅。当他审读我主编的《小学地理》课本时，就把我叫到他的办公室，当面指出课文中错误和不当的地方，使我受益无穷。

（6）课文的选材、编写，要符合学生年龄特征，内容、文句要深入浅出，形象生动，让学生易懂并喜爱，教材是供学生学习的，应以学生为主，要精选择、优加工，“不能捡到篮子里就是菜”。

二、学习苏联的得和失

新中国成立以后，按照党和政府的教育方针政策，中国中小学的课程设置、教学大纲和教材，都要学习苏联，以苏联的课本为蓝本，结合中国实际进行工作。苏联中小学是十年一贯制，而中国小学、初中、高中为十二年制，分为三个阶段，既可独立，又有联系。苏联小学地理设在四年级，名为“地理”，以描述苏联各大自然区的景观和经济建设为主要内容。五年级为自然地理，六年级为各洲自然地理，七年级为苏联自然地理，八年级为苏联经济地理，九年级为外国经济地理。我国改为小学五、六年级设“地理”，初一设自然地理，初二设世界地理，初三设中国地理，高一设中国经济地理，高二设外国经济地理。

初一自然地理、初二世界地理、高二外国经济地理课本，基本以苏联课本译文为主进行改编，增补中国事例，精简苏联内容，以及将苏联六、七年级专讲区域自然地理的课文改变为自然和经济综合的区域地理。小学《地理》、初三《中国地理》由人教社地理室组织力量自编，《中国经济地理》委托中国人民大学经济地理教研室编写。

这套教材编辑出版后，使中小学地理课本焕然一新。全国地理教育界兴起了一股学习苏联的热潮。新教材的小学《地理》借鉴苏联以区域景观和经济建设为主的写法，课文带有文艺性，引起学生很大兴趣。初一《自然地理》简明扼要地讲述了自然地理的基础知识，并安排了多种多样的实践活动，如测量距离和地面高度，使用气象仪器，绘制平面图等，不少学校为此建立了地理园。两门经济地理课程，介绍了“生产配置”的新理念，提高了经济地理的理论水平。《中国经济地理》配合当时国家第一个五年计划的生产布局和经济建设，对鼓舞学生为建设社会主义新中国而努力奋斗的思想教育起到积极作用。

苏联中小学课程、教材的缺点，当时是难以认识的。20 世纪 80 年代改革开放以后，我们了解到现代国际地理学发展的新成果和新理论，这才认识到当年苏联中小学地理课程、教材主要有以下缺点。

(1) 将初中自然地理和高中经济地理截然分开为自然学科和社会学科两个互不联系的领域，破坏了地理学的综合性和统一性。

(2) 全盘否定“地理环境决定论”，并把“人文地理”批判为资产阶级地理学，代之以“意识形态决定论”（也称“唯意志论”）。灌输“人定胜天”“征服自然”等片面观点，以致造成只追求经济发展，忽视保护生态环境，造成人为灾害的严重后果。

(3) 区域自然地理教材罗列地名过多，“有地少理”，不能发展学生的地理思维和引起学生学习兴趣。死记硬背，加重了学习负担。

(4)《外国经济地理》教材，有些内容与政治课本重复，口号和说教多，实质内容少。当时事政治发生变化时，教材内容往往陷于被动。

三、从“教育革命”到“文化大革命”的磨难和沉沦

1957 年初，毛主席在京召开七省市教育厅局长春节座谈会，要求“减轻学生学习负担，课程要减少一半，教材要减轻，要有地方性，要加强劳动教育”，并提问中学地理课程为什么要分五门。在座的康生说，他过去只学中国地理、外国地理两门。参加会议的教育部副部长董纯才未能解释。会后，即按最高领导意志，实行“教育革命”，对地理课程大量削减，小学地理减少为一年，每周 2 课时，初中自然地理、高中两门经济地理全部取消。中小学学习地理的周课时，由 16 课时减少为 7 课时，削减了一半还多。我和全国众多地理

学界的同志对这一措施持不同看法。中国地理学会常务理事会推选我以学会名义上书教育部，呼吁不要大量削减中学地理课程，影响学生素质。北京地理学会理事会又推选北京大学林超教授、北京市地理教研员刘惠民和我，到教育部向董部长反映中学地理教师和高等师范学校地理系学生的意见和不安情绪。

1957 年反右运动开始后，我因代表地理学会上书和参加请愿，被划为“极右”，原定去北大荒劳动改造。后因周总理为缓解地理师生情绪，指示教育部在中学课程中，将高中中外经济地理合为一门经济地理，1958 年秋季开始供应课本。由于改编课本的迫切需要，我被改为“留用察看”，参加改编《经济地理》课本工作。上册内容为中国经济地理，下册内容为外国经济地理。教材将原课本的事实材料大量精简压缩，无新意可言。这门经济地理课程，开设一学期后，又被取消。我在改编任务完成后，1959 年初改为参加“支援边疆”工作，下放到内蒙古。在呼和浩特生活、工作近二十年，仅在内蒙古教育出版社为初中学生编写过一本《内蒙古地理》乡土地理教材小册子，未有机会再参加其他地理教学或地理科研工作。仅知道 1958 年以后，中小学地理教育遭受到重大的磨难和挫折。

1966 年，“文化大革命”爆发。“四人帮”一伙污蔑人教社教材是“封资修大杂烩”，教材被批判和停用，人教社也被下令解散。十年中，学校停课闹革命。地理课程、教材基本沉沦消失，虽然京、沪、湘、粤等省、直辖市曾编辑过简易地理教材，但所起作用有限，全国青少年大多成了“地理盲”。

四、改革开放后，中小学地理课程的恢复和革新

1976 年，“四人帮”被打倒以后，邓小平同志复出主政，亲自抓教育工作。提出要编全国通用中小学教材，从全国借调了 200 多名大、中、小学教师和教材编写人员，并拨 10 万美元专款，引进世界发达国家的教材，供编写新教材的人员参考。人教社逐步恢复编写教学大纲和教材的工作。

1978 年 10 月，我也从内蒙古调回北京归队。在研究国外地理课程、教材趋向，总结我国以往中小学地理教学经验教训后，人教社地理编辑室和中国地理学会分别向教育部建议，除了已恢复的小学地理、初中中国地理和世界地理课程外，高中也应恢复设置地理课程。这一建议为教育部采纳，但是只能在高二安排一学年，每周 2 课时（后调整到高一，每周 3 课时）。这就使中学地理课程和教材获得复兴和改革的空间。主要成就有两点。

（一）高中地理教材的革新

在起草新的《高中地理教学大纲》和编写教材时，我们解放思想，既改变了旧中国高中地理以 20 多个地形区为主和记述式的体例，又修补了学习苏联只讲经济地理、不讲自然地理和人文地理的缺陷，恢复地理学的整体性和综合性的特点。在对人地关系的认识方面，在否定了“地理环境决定论”和“唯意志论”的片面性后，以现代国际地理学界公认的“人地协调论”作为贯穿整个教材的主线。

高中地理新教材，按系统地理结构编写，以天体系统、地球表层圈

层结构（即自然地理）知识为基础，延伸到人类生活、生产所需的资源、能源，以及农业生产和粮食问题、工业生产和工业布局、人口和城市等现代社会突出的人文、经济地理问题。最后，以“人类与环境”作总结，帮助学生树立科学的环境观、人口观和资源观。1992 年教学大纲和教材修订时，与时俱进，在“人地协调”之后增加了“可持续发展”的理念。这就进一步阐明了“人地协调”所要达到的目的。

（二）九年义务教育初中地理教学大纲和教材的改革

1986 年，我国公布了《义务教育法》。在课程设置中，小学地理不再单独设科，与历史合为社会。

初中世界地理和中国地理分别设在初一和初二。本省和本县的乡土地理，课时安排在中国地理内，教材由各省县自编。

人教社编写的义务教育《初中地理》教材的指导思想如下。

（1）以教育要“面向现代化、面向世界、面向未来”和加强“国情教育”为指导方针。

（2）在区域地理领域，使学生初步树立“人地协调”“保护环境”的思想，与高中地理相辅相成，共同体现地理学“综合性”和“区域性”的两大特点。

（3）扩大和加强初中两门地理总论部分的内容，使学生从宏观和整体方面获得中国地理和世界地理的基础知识，以及可能掌握的基本技能。

（4）在《中国地理》教材的分区方面作了重大改革。长期以来，中国区域地理部分，主要以各个省级行政区为单元。有时将几个省级行政区，按地理方位（如东北三省）、河流流域（如长江中下游六省一市）、几个省区（青海和西藏）或一个自治区（如新疆）编写为一个单元，少理无序，记述地理要素内容多，区域特征不显著。

1992年，我们在修订《义务教育初中地理教学大纲（初审稿）》和教材时，改变了初中区域地理以省级行政区为主的旧模式，而以中国科学院院士黄秉维等地理专家多年研究并获公认的《中国自然地理区划》中的一级区划为基础，将原区划的“西北干旱半干旱区”“青藏高原区”和“东部季风区”适当调整，把全国分为“西北地区”“青藏地区”“北方地区”和“南方地区”四大区域。“北方地区”和“南方地区”的划分，是因为原“东部季风区”的南北跨度很大，以秦岭—淮河一线为界，以北为寒温带和温带，以南为副热带和热带，北方地区和南方地区在自然地理和人文经济地理方面的差异很显著，分别讲述，便于教学。这四大区划在初中中国地理教材中的应用，已由国家测绘局在2010年召开的专门会议所界定。

世界地理除总论“大洲和大洋”部分外，原来分洲、分区、分国地理也作了精简。例如，非洲部分过去分为北非、中非、东非、西非和南非五节，每节再各讲几个国家，罗列地名甚多，学习负担较重。修订后的非洲地理部分，只编写了“北非”和“撒哈拉以南的非洲”两个单元，国家重点讲“埃及”和“南非”。这就大大减轻了学生的负担，不用记忆大量的地名，而能有时间去学习有显著特征的区域地理知识。

随着人类社会的不断进步和经济的蓬勃发展，保护生态环境、减少排放废气和废水、节约能源和资源、绿化地球家园的运动，已成为全人类共同关心的课题，地理教育所承担的任务日益加重。相信中学地理课程标准（教学大纲）和教材，在新一轮改革中定会作出符合时代要求的重大贡献。

中　编

地理课程

日本中小学地学和地理课程的设置与教学改革*

1980年11月25日至12月10日，中国中小学教材考察团应日本日中教育交流恳谈会的邀请，到大阪、新神户、冈山、和歌山、奈良、京都、东京等地访问。参观了一所小学、一所初中、四所高中、一所工业高中、一所两年制的短期女子大学；访问了大阪府、京都府及和歌山县的教育委员会，并举行座谈；还访问了大阪府立科学教育研究中心、日本教科书研究中心、四家教科书出版社、一家函授教材出版社、一家制作科学仪器的岛津制作所。在东京期间，两次去日本文部省，与该省初等中等教育局的视学官、教科书调查官、课长座谈，请他们介绍了日本中小学课程设置与教学内容改革的情况。

现在，我将参加这次考察所了解到的有关日本中小学地学和地理课程设置与教学内容改革的情况，介绍如下。

---

* 原载《地理教学》1981年第3期。

一、地学和地理课程的设置与改革

日本中小学对地学和地理教育一直比较重视。第二次世界大战前的日本地理教材，具有极端国家主义和军国主义的色彩。第二次世界大战结束后，按美国占领军的指示，日本中小学曾一度停授修身、日本史和地理课程。1947 年，日本政府根据《教育基本法》和《学校教育法》颁布了新的中小学教学计划。从那时到现在，日本的小学和初中都设置有必修的理科和社会。理科包括物理、化学、生物和地学的内容；社会包括历史、地理和公民的内容。1980 年实施的新改订的小学学习指导要领（相当于我国的教学大纲），1981 年即将实施的新改订的初中学习指导要领，理科和社会的教学时数均略有减少，其他课程的课时也有减少。总的精神是注意小学、初中和高中教育的一贯性，对教材内容进行精选和调整，以实现尽可能将学校生活安排得既有余地、又能充实这一教学计划的目的。改订后小学和初中理科与社会的每周教学时数如表 1（括号内为改订前的数字）。

表 1　改订后小学和初中理科与社会每周教学时数

科目	小学						初中		
	一	二	三	四	五	六	一	二	三
理科 （理、化、生、地）	2 （2）	2 （2）	3 （3）	3 （3）	3 （4）	3 （4）	3 （4）	3 （4）	4 （4）
社会 （历史、地理、公民）	2 （2）	2 （2）	3 （3）	3 （4）	3 （4）	3 （4）	4 （4）	4 （4）	3 （5）

日本的高等学校（相当我国的高中和中专）的课程实行学分制。现行高中学习指导要领规定高中毕业至少要读满85学分。1978年公布、1982年将实施的新改订的高中学习指导要领将高中应读的学分减为80个。一学年35周，每周1课时共读35课时的，为1学分（参见表2）。

表2　现行和改订的高中理科及社会科课程和学分数

理科				社会			
现行		改订后		现行		改订后	
课程	学分	课程	学分	课程	学分	课程	学分
基础理科	6	理科Ⅰ *	4	伦理·社会 *	2	现代社会 *	4
物理Ⅰ	3	理科Ⅱ	2	政治·经济 *	2	伦理·社会	2
化学Ⅰ	3	物理	4	日本史	3	政治·经济	2
生物Ⅰ	3	化学	4	世界史	3	日本史	4
地学Ⅰ	3	生物	4	地理A	3	世界史	4
物理Ⅱ	3	地学	4	地理B	3	地理	4
化学Ⅱ	3						
生物Ⅱ	3						
地学Ⅱ	3						

* 为必修课程，其余为选修课程。

现行学习指导要领中，规定地学Ⅰ和地理A或地理B是选择必修科，即高中学生在理科中或者选学基础理科（包括理、化、生、地四门的基础知识），或者在物理Ⅰ、化学Ⅰ、生物Ⅰ、地学Ⅰ中选学两科，共读6学分，地学Ⅱ是在学过地学Ⅰ之后的选修科；在社会课程中，除伦理·社会和政治·经济为必修科外，学生还要在日本史、世界史、地理

A（或是地理B）中选修两门，也是必选6学分。地理A是按世界的地形、气候、人口、产业等系统编写的，叫作系统地理。地理B主要是按世界各大洲、各地区和国家编写的，叫作区域地理。各校可在地理A和地理B中选设一门。

在日本，学校对课程的设置有一定的自主权。我们参观的几所中学，不论是普通高中或工业高中，地理A（或地理B）普遍设置，有的学校规定为必修，日本史和世界史则可选修一门。地学课的设置情况比较复杂。多数学校设地学Ⅰ为选科，少数学校设地学Ⅰ、地学Ⅱ两门选科。奈良市立一条高中普通科高一的学生必修生物Ⅰ，高二必修化学Ⅰ和物理Ⅰ，高三文科班可从地学Ⅰ、生物Ⅱ、化学Ⅱ中任选一门，外国语科不设地学课程。和歌山县立桐荫高中文科班和理科班都没有开设地学课。大阪市立都岛工业高中，规定地理A为必修，未开设地学课程。日本高中开设基础理科课程的很少。如奈良市35所高等学校，只有一所学校开设这门课程。

1982年即将实施的新改订的高等学校学习指导要领，在必修科中，减少了国语和数学Ⅰ的内容，这是从便于学生确实掌握所学内容来考虑的。为了加强学生综合性的基础学力，在理科课程中新设了必修的理科Ⅰ。在社会课程中新设了必修的现代社会。理科Ⅰ的教学目的，是要求学生“就自然界能见到的物体运动、物质的变化、进化和平衡，进行观察和实验，理解其原理和法则，认识自然和人类生活的关系”。理科Ⅰ包括物理、化学、生物、地学的基本知识，但它又是力求以自然界为整体给予学生的综合性的知识。现行高校学习指导要领中虽设有选修课基础理科，但是开设这门课程的学校很少。多数学校要求学生在理化生地四门中选两门，选任何两门必然还缺两门基础知识，改订后把理科Ⅰ作为必修课，就弥补了这一缺陷。现代社会的教学目的，是教育学生以“科学研究的精神，深入理解有关人类与社会的基本问题，立于广泛的视野上，培养对现代社会判断力的基础，以及独立思考有关人类生活方式的能力”。现代社会要求学生具有综合了解现代社会的基础知识。它包括地理、历史、文化、现代经济、现代的民主政治和国际社会、现代社会和青年的生活方式等。

改订的高校学习指导要领，对选修课程的门类有所减少。理科中取消了基础理科，将原来的地学Ⅰ、地学Ⅱ精简合并为地学。新设的课程有理科Ⅱ，这是与理科Ⅰ相衔接的选修课程，其中也包括地学的内容。社会科的选修课程中，将地理A和地理B精简合并为地理，使系统地理和区域地理的知识得以兼顾。总的说来，改订以后，日本高中的地学和地理都得到加强。现在，地学和地理都是选修课程。今后，理科Ⅰ的4学分中约有1学分讲地学的基本知识，现代社会4学分中也约有1学分讲人类和环境等地理问题，都是必修课。现在地学Ⅰ和地学Ⅱ，共计6学分，但是选修地学Ⅱ的学生很少。今后地学Ⅰ、地学Ⅱ合并为地学（4学分），看上去少了2学分，但是，比原来地学Ⅰ多1学分。不选修地学的学生，在理科Ⅰ中也得到了1学分地学必要的基本知识。地理A和地理B原来规定只选修其中的一门，为3学分。今后地理A和地理B合并为地理，为4学分。加上现代社会中1学分的地理，共学习5学分，比原来多2学分。

二、地学与地理教学内容的改革

“二战”后，日本中小学教育经过多次重要改革，课程和教材内容的改革是其组成部分之一。20 世纪 50 年代的一次课程改革，受美国生活中心主义教育思潮的影响，主张广开校门，到社会去，学校在社会上进行教学，进而为社会服务。为此，学校应当引导儿童进行校外观察、旅行和野游，以积累儿童经验，丰富知识。当时，地理、地学和其他课程的教学内容，过分强调乡土的地区生活，只引导学生注意适应当地的条件，忽视基础知识、全国和国外生活，无视历史和外域知识，结果造成基本学力下降，引起社会很大反响。60 年代改为以系统学习为中心，加强了科学基础知识的学习。70 年代进一步强调以科学的基本概念为核心，把现代的科学成果大胆地编到中小学教科书中去。从地学教材来看，有关数理地理和气象理论部分的内容的深度，超过世界其他国家地学或地理课程的程度。

新的学习指导要领实行了一段时间后，数学和理科各门课程的内容较深，普遍的要求偏高，因而出现了约有半数以上学生不能接受新的教学大纲所规定的内容的现象。我们在京都府立山城高等学校访问时，该校地学教师介绍说，高一选修地学Ⅰ的学生为 80 人，约为高一学生的三分之一，高三选修地学Ⅱ为 60 人，约为高三学生的四分之一。学生选修地学的原因，除少数对地学有兴趣者外，不少学生因学习理化感到困难，因而选修地学以取得理科必需的学分数。地学中的数理地理部分学习上比较困难，能理解的不过三分之一。

基于学生对教材消化不良，以及高中入学率提高到90%以上的情况，为了适应学生多方面的需要，在继续强调教学现代化的基础上，提出了加强基础、精选教材、多给学生以独立活动时间的口号，1977年公布了第三次新改订的中小学学习指导要领。这次改订，主要是删减了一些过深过难的教学内容，并强调小学、初中、高中三个阶段的教学内容要前后连贯，防止重复烦琐。理科应强调基础，着重实验和思考，建立以探究为主的教材体系。再从日本生产发展的情况来看，由于工业高速度发展，城市人口增加，随之而来的环境问题、公害问题，需要对学生进行人和环境的关系、环境保护等问题的教育。

改订的小学理科，重视学生的直接经验，如观察太阳和恒星的周日运动、气温的变化、水和空气的运动、地震的现象、地层的形状等；删去需要较高科学知识和难以取得直接经验和材料的内容，如地球的形状和地球的自转等，而将这些内容移到初中理科讲授。

初中理科改为从观察和实验入手，使学生掌握基础知识，进而能运用这些知识，如地球的运动规律、气压变化和天气、地震的震级和烈度等。删去了测量地球、月球、太阳大小的内容，减少了讲述地壳运动和地质史的分量，而将这部分要求移至高中。新增加了资源、能量、人和自然关系的项目。

高中新设了必修的理科Ⅰ，有关地球的基础知识，在“自然界的平衡”一章中，要讲地球的运动，地球的形状，地球的热量收支——大气环流和洋流运动，生态系统和物质循环。在“人类和自然”一章中，要讲资源、太阳能、原子能的利用和环境保护等问题。

高中新设的理科Ⅱ，是与理科Ⅰ相衔接的选修课程，目的是加深对自然科学基础的理解，主要内容为：(1) 关于特殊事象的实验，如测定太阳高度及太阳光线与大气透过率的关系，观测太阳黑子等；(2) 关于自然环境课题的研究，如乡土地理调查、地下水的调查、气象灾害和地震灾害的研究等；(3) 关于科学史的研究，如从天动说到地动说——宇宙观的变迁等，以培养学生研究科学的方法和解决问题的能力。

现行的选修科地学Ⅰ和地学Ⅱ，改订后合并为地学，删去了过深、难学的数理地理和气象理论部分，而由以下三部分组成。(1) 地球的构成，讲作为行星的地球，包括地球的特征，地磁和重力；大气和海洋，包括大气的运动，海水的运动，大气和海水的相互作用；地球内部的能，包括地震、岩浆和火山活动。(2) 地球的历史，讲地层、地壳（最近的和地质时代的地壳变动）、地球的进化和日本列岛的地质。(3) 宇宙的构成，讲太阳、恒星、银河系和宇宙。

新修订的小学社会，低年级以直接观察身边的学校、家庭、社会为重点，不单纯偏重知识的学习。中年级不按行政区域的县市分年级学习，而是把县市结合起来，注意人和自然环境、产业、运输等方面的关系。五年级在三、四年级的基础上，理解地理环境的特色和资源的重要性，产业方面只精选了有关农业、水产、工业的基本内容，删去了纤维、食品、金属、机械、化工等工业，以及近代工业发展史。六年级将世界地理全部删去，只学日本历史。

初中社会课一、二年级史地并进，三年级学公民。地理部分把世界地理安排在前。世界地理中与日本关系较小的地区和国家大量删减。

高中一年级新设的现代社会课程，其中地理部分主要讲述现代社会基本问题中的“人类和环境、人口和资源、能源”，以及人类生活方式中的“世界诸地域的文化和文化交流”。选修科地理A和地理B，合并为“地理”。要求讲述的内容为：(1) 人类和地球，讲人类生活的自然环境和社会环境，以及地图的利用；(2) 人口和资源、产业，讲人口的分布、增减和构成，食料（农牧业和水产业）的生产和消费，能源和原料资源（矿产资源及林业资源），工业化和工业地区，地域开发和环境保护；(3) 生活和地域，讲地域的调查，聚落和都市，国家和民族，世界的地域区分及其特色；(4) 世界和日本，讲世界的交通、通信、贸易和国家间的结合，以及世界上的日本。

变革中的中小学地理课程和教材*

自20世纪50年代末期以来，随着社会生产力和科学技术的迅猛发展，人类面临着一个所谓“知识爆炸”的时代，不但知识数量增加，而且知识更新周期缩短，知识物化过程加快，因此传统的教育学已不能适应现代社会的需要，中小学各科都在探索、研究如何改革课程、教材和教法，提高教学质量和教学效率，以适应科技发展新形势对教育的要求。地理学科当然也不例外。

传统的学校地理教学，把传授地理知识作为首要目的，认为教学中要保持严格的逻辑顺序和连贯性，提出全面、系统掌握地理基本知识的要求。反映在地理教学大纲和教材结构上，自然地理、经济地理、区域地理都有固定的格式。大纲上要求学生掌握的地理基本知识，包括大量的地理事实材料、地理概念、分布、特征和原理等。学生的学习方法，主要靠死记硬背。当代教育革命的主导思想集中在如何提高教育效率上，教育目的从根本上应是培养学生不断学习的能力，发展其智力。美

* 选自中国教育学会地理教学研究会编：《地理教学研究》（第二辑），上海教育出版社1984年版。

国教育心理学家布鲁纳提出的课程结构学说，认为“教学与其说是使学生掌握学科的基本事实和技巧，不如说是教授和学习其基本结构”。学科的基本结构，是指学科知识的基本概念、原理和规律性。他的理由是：(1) 掌握了基本概念或原理可以理解许多特殊观象；(2) 可以更好地记忆科学知识；(3) 能促进知识和技能的迁移，即举一反三，触类旁通；(4) 能够缩小高级知识与初级知识之间的间隙。

在布鲁纳的指导思想下，1958 年，在美国地理学会和全美地理教育委员会的协助下，组成地理教育委员会，由大学及中学的地理教师、专家和教育心理学家组成的“中学地理设计”(H. S. G. P.) 开始工作，到 1969 年，提出研究成果，决定在中学生 14～16 岁时学习《城市时代的地理》，内容以问题为中心，如城市地理问题（城市地区的选定、成长、形态、构造、规模、空间的分布、具有特殊机能的城市等），工业和农业地理问题（工业地理类型、工业地区的选定、饥饿问题、主要农业地区、农业的竞赛、世界的粮食等），环境地理问题（人类居住的环境、两条河流的例子、洪水灾害、水的来源和使用、垃圾的管理等）。对于世界的国家，只以日本为例，讲了日本的概况，传统的日本，今日的日本和日本的现代化。这种以问题为中心的“中学地理设计”，跟传统的自然地理、人文地理、区域地理的知识结构大不相同。这一改革思潮，自美国发轫后，加拿大、英国、联邦德国、日本等国的中学地理教材都有类似的改革和试验，但据其结果与反馈，不同教材在不同国家所得到的效果却不一样。

由美国“中学地理设计”所编的《城市时代的地理》教材使用不久即停止。原因是这次改革以后，美国中小学学生的学习成绩不仅没有提高，反而更加下降。这种情况引起美国社会人士的深切忧虑和强烈不满。自20世纪60年代中期开始，美国社会上就出现一场自发的群众性的“回到基础上去”的运动，要求美国中小学回到重视知识、技能的传统教学中去。1971年，布鲁纳发表了《教育过程再探》一文，正式承认教学改革失败，究其失败的原因，主要是他不重视知识、技能的教学，而是混淆了科学与学科的界限，片面强调知识的理论化、现代化，把学生的智力发展寄托在知识水平要求过高的难度与深度之上。像《城市时代的地理》的内容，从一些专家、科学家的主观出发，不考虑学生能否接受和理解，并且新教材系统性不强，存在知识被割裂和片面性的问题。所以“中学地理设计”在美国试行很短时期以后，就没有继续试验下去。但是，这种改革的思潮和试验，在联邦德国、英国、日本等国却在继续进行，并取得较好成果。

联邦德国中学地理教材，我们看到的有两种。一种是按传统区域地理格式编写的，共有六册。第一册讲德国，第二册讲欧洲，第三册讲非洲、大西洋和美洲，第四册讲亚洲、澳大利亚、大洋洲和两极地区，第五册讲欧洲中部的德国，第六册讲世界的地带性和主要经济结构。另一种教材是以问题为中心编写的，也可称为系统地理。适用于5～6年级的一册为《我们发现世界》，从海岸、高山、寒带、干燥地带、热带雨林，讲到德国的土地利用、工矿业和城市。适用于7～8年级的一册为《地球的生存及其规律》，从地壳的变动、太阳系和地球的运动，讲到世界气候和植物带，进一步讲到观光旅游、民族和文化、地域的发展、自然环境的破坏等。适用于9～10年级的一册为《环境的组成》，从居民点的供应区，讲到工业区的位置，农业的合理化、建筑规划和土地利用规划、交通问题和交通规划、落后地区的发展、环境保护，进一步讲到政治性的地区和边界，发展中的穷国和富国等。这套教材 1965 年由 V. 阿布雷希特、L. 布克等开始设计，1977 年完成，在联邦德国斯图加特 Ernst Klett Stuttgart 书店出版，现在仍在使用。教材内容丰富，从自然到人文，实例生动，既注意基础知识教学和技能的培养，又密切联系现代地理学研究的实际。课堂讨论题和练习题编排新颖，具有启发性，有利于发展学生智力，引起学习兴趣。其中《环境的组成》一册已由我国文化教育出版社于 1983 年翻译出版。

英国高级中学用的一种本国地理教科书（*Geography of the British Isles*），在体系上和知识结构上也有很大突破。此书由 N. J. 格雷夫斯和 J. T. 怀特合著，1971 年初版，1980 年发行了更新的第 5 版，由英国伦敦 Morison and Gibb 书店出版，我国南京师范学院李旭旦教授，在《地理学报》1983 年第 38 卷第 3 期评介这一教科书时指出，本书“文字生动活泼，浅明通畅，叙述内容打破了‘地理八股’，采用论题方式，结合自然与人文两个方面，既深入浅出地阐明了英国地理的概念和事实，又传授了不少地理技术知识”。还指出：“怎样使地理学的自然与人文有机统一，增加对地理学科的学习兴趣，一直是区域地理教科书编者的老大难问题，而本书在这方面作了良好尝试。”全书以城市地理问题为中心，在有关地方融入自然地理的内容。第一篇讲“都市区的类型与问题”，叙述英国城市人口增长同工业发展的关系、各种类型的集镇与城市的结构和发展等；第二、第三篇讲“工业分布的变化”和“动力与原料”；第四篇讲“都市与工业区间的交通问题”；第五篇讲“为都市用的食物供应”，叙述了农业和渔业；第六篇讲“城市的娱乐园”，介绍了旅游胜地、国家公园、国家自然保护区等内容。全书图文并茂，引人入胜，每章之后，附有习题和启发性的提问。

英国初中和小学的地理教学，20世纪70年代以来改革的趋向如下。

（1）减少原有课堂教学内容的项目，安排适合进行专题教学的课程，使教师能够运用让学生亲自调查的方法授课。

（2）在课堂教学中由学生分析多种来源的材料。在学习过程中，由教师对学生提出建议，进行指导，最终让学生写出结论。

（3）课程设计要求多作实地调查。例如：要求7岁儿童记录一年中寒冷天气及下雨的季节有多长；9岁儿童用符号记录每日、每月的天气状况，作出气温和云量的估计；11岁要学会用自制的仪器测量并记录气温、降水量、湿度、风速和风向；有的学校让11～12岁学生在交叉路口计算交通流量，然后绘出简单的交通流图，再让他们根据学校附近街区的交通流图选择上学的道路，等等。

（4）为了培养学生分析问题和解决问题的能力，考试方法也配合这种学习方法作出相应设计。考生需要运用所给资料，自己分析地图、表格和照片，另外还要用到自己野外实习时所获得的知识来完成答案。例如，教师为学生提供一张河谷地区的等高线地形图，以及这个地区的气候、洪水、土地利用的资料，让学生分析建筑水坝的几个可能选点的利弊，然后“作决策”，选定最佳坝址。这样就可考查学生运用水电站布局原则和有关资料及地形图的能力。

（5）为实地考察创造条件。英国地方教育机关和一些学校，建立了200多个地理野外实习中心，大部分可以住宿。要求13～14岁儿童每学期最少野外实习一天，16岁以上高年级学生每学期不少于一星期。

有的实习还设在国外，不仅有自然地理考察，也有人文地理考察。

日本中小学地理课程属于社会学科，地学课程属于理科，小学、初中、高中均分别开设有“社会”和“理科”两门课程。社会课程中包括历史、地理和公民，理科中包括物理、化学、生物和地学。此外，高中还专门开设有“地理”和“地学”两门选修课程，供学生选读。

20世纪60年代，日本教学改革时，受美国教学改革思潮的影响，在地理、地学教材中，吸收了现代科学技术成果，内容的深度和广度大大提高，例如，对于地学教材中的数理地理和气象理论部分的内容，大部分学生不能很好接受，教学效果不好。

1977年，日本文部省对中小学学习指导要领重新作了修订，在继续强调教学现代化的基础上，提出了加强基础、精选教材、多给学生以独立活动时间的口号。特别对高中课程的设置和教材体系的变革更为显著。

日本高中课程实行学分制，原规定高中毕业生至少要读满85个学分，现在减少为80个学分。地理和地学在高中为选修课程，学生在地理A（系统地理）、地理B（区域地理）、日本史、世界史四门社会课程中，必须选读两门。在物理、化学、生物、地学四门理科课程中也必须选读两门。缺点是学生选读任何两门必然还缺少另外两门基础知识。修订后的高中课程，为了加强学生综合性的基础学力，在理科课程中设了必修的“理科Ⅰ”，在社会课程中新设立了必修的“现代社会”。

“理科Ⅰ”包括理、化、生、地四门学科的基础知识，但它又力求以自然界整体给予学生以综合性的知识。教学目的是要求学生“就自然界能见到的物体运动，物质的变化、进化与平衡，进行观察与实验，理解其原理与法则，认识自然与人类生活的关系”。其中有关地学的知识，在“自然界的平衡”一章中，讲了地球的运动、地球的热量收支、生态系统和物质循环等；在“人类与自然”一章中，讲了资源、太阳能、原子能的利用和环境保护等。

“现代社会”包括历史、地理、文化、政治经济、伦理、道德修养等方面的知识。目的是教育学生“以科学研究精神，深入理解有关人类与社会的基本问题，立足广泛的视野上，培养对现代社会判断力的基础，以及独立思考有关人类生活方式的能力”。实质是让学生了解资本主义现代社会的经济、政治、文化、社会生活等方面的问题，毕业后以适应资本主义现代社会的需要，为资本主义服务。其中有关地理的内容为“人类和环境、人口和资源、能源”，以及人类生活方式中的“世界诸地域的文化和文化交流”。

此外，“地理”和“地学”仍是高中学生的选修课程。修订后的“地理”，是将原“地理A”和“地理B”综合精选而成。要求讲述的内容主要为：（1）人类生活的自然环境和社会环境，地图的利用；（2）人口和资源、能源，工业化和工业地区，地域开发和环境保护；（3）地域的调查，聚落和都市，国家和民族，世界的地域区分及其特色；（4）世界和日本，世界的交通、通信、贸易和国家间的结合，以及世界上的日本。

修订后的“地学”，是将原“地学Ⅰ”和“地学Ⅱ”综合而成，删去了过深、过难的部分，主要讲：（1）地球的构成；（2）地球的历史；（3）宇宙的构成。

修订后的日本小学“社会”课程，低年级儿童以直接观察身边的学校、家庭、社会为重点。中年级儿童注意人和自然环境、产业、运输等方面的关系。五年级着重理解地理环境的特色和资源的重要性，以及农业、水产业、工业的基本内容。六年级将有关世界地理的内容全部删去，只讲日本历史。初中社会课程中，初一讲世界地理和日本史，初二讲日本地理和世界史，初三讲公民。

修订后的日本小学理科，重视学生的直接经验，例如，观察太阳和恒星的周日运动、气温的变化、水和空气的运动、地震的现象、地层的形状等。初中理科的地学部分改从观察和实验入手，使学生掌握基础知识，并进而能运用这些知识，如地球运动的规律、气压变化和天气、地震的震级和烈度等。

苏联十年制学校，1～4 年级小学阶段一般未单独开设地理课，20 世纪 50 年代小学四年级曾有单独的地理课，以后被精简。但是赞可夫在他所主持的实验学校中，从小学一年级开始，就把地理作为一门独立学科开设，广泛地把乡土地理、苏联地理、全球地理的知识引入小学。中学阶段地理课程的体系一直未变，五年级学自然地理，六年级学各洲自然地理，七年级学苏联自然地理，八年级学外国经济地理，九年级学苏联经济地理，但是教材内容有所更新。另外，十年级学天文学，九年级的选修科目中有地质学。

综上所述，目前中小学地理课程的体系和教材内容的改革，各国尚在研究和试验中，没有形成一定的模式，但是有以下一些共同趋向，可供我们参考。

（1）在加强基础知识的同时，重视培养学生的智力和发展学生的能力。

（2）在基础知识方面，重视基本概念、原理和规律性知识的讲授。对地理事实材料则注意精选，有的作为参考资料，提供给学生分析、研究，让其自己得出结论。

（3）突破自然地理、人文（经济）地理、区域地理的传统编写格式，多以人地关系为线索，使自然与人文实现有机的统一。有些世界地理教材也改变了传统分洲、分国罗列现象和事实材料的描述手法，着重讲世界区域性的特征，或选择一些典型国家进行分析。例如：日本新编高中地理教材的世界地理部分，将西亚和北非合成一章讲其共同特点；将美洲分为盎格鲁美洲（加拿大和美国）和拉丁美洲两部分；苏联则单独列为一章。联邦德国的区域地理教材，在讲述外国地理方面作了如下选择：日本——本国缺乏自然资源的工业国家；埃及——尼罗河的礼物；英国——典型的岛国等。

（4）教学内容随着地理科学的发展和人类社会面临的新问题而有所更新。如现代地理学的新理论（板块学说等）、新观点（生态系统等），人类面临的新问题（资源、能源、人口、环境等），地理学研究采用的新技术、新方法（计量、遥感等），在中小学地理教材中，均有不同程度的反映。

（5）在城市人口比重大、现代化程度高的发达国家，有以城市地理问题为中心设计教材的倾向。

（6）小学和中学低年级教材，注意从观察、实验、调查入手，让学生自己动手动脑，去认识客观世界中存在的地理事物和现象，以获得知识；中学高年级则加强理论和规律性知识的教学。

（7）教材中文字叙述部分减少，彩色照片、图片、启发性的问题和练习题增多。

我国中小学的地理课程和教材，也在探索和研究如何改革的过程中。例如，新编小学地理第一部分《认识自己的家乡》，就是让学生从认识自己周围的地理环境开始，然后进一步去认识祖国，认识世界。高中地理以人类与地理环境的关系为线索组织教材，从地球的宇宙环境，讲到人类赖以生存的地表自然环境，进一步讲到人类面临的资源、能源、粮食、工业布局、人口、城市化和环境等问题，既注意了基础知识、基本理论的讲述，也注意了培养学生的能力和发展学生的智力。教材内容密切结合我国社会主义建设的实际，有利于对学生进行爱国主义教育和辩证唯物主义教育。初中中国地理和世界地理教材也在研究如何改革。

总之，我们要认真总结国内外中小学地理教学的经验和教训，在马列主义和毛泽东思想的指导下，根据我国的教育方针和政策，从实际出发，做好地理课程和教材的研究、设计、实验工作，为编制出符合我国国情、具有中国特色、有利于学生掌握地理基础知识和技能、发展学生智力、提高学生思想和科学文化水平、培养社会主义一代新人的中小学地理课程和教材而共同努力。

高中重设地理课的时代意义*

一

自 1982 年秋季开始，根据教育部 1981 年颁发的中学教学计划修订意见，全国高中积极创造条件，先后重新开设了地理课。这是教育战线总结经验教训，全面贯彻党的教育方针，提高全民族科学文化水平，加强爱国主义和辩证唯物主义思想教育的具体措施之一。

地理知识是人类生活和从事生产活动所不可缺少的知识。我国古代的《禹贡》《山海经》《水经注》《汉书·地理志》《徐霞客游记》等典籍，就是向人们传授地理知识的论著。“上知天文，下知地理”，是古人评价博学多才、有识之士的标尺。在军事上、政治上要取得胜利，都必须考虑“天时、地利、人和”的条件。现在，我们从事祖国的社会主义建设，同地球打交道的深度和广度就更深更广了。没有一定的地理知识，不懂得自然界的客观规律，盲目瞎干，必然会给生产造成损失，给国家

* 原载《人民教育》1984 年第 3 期。

和人民带来灾难。

中小学教育是基础教育。地理是中小学教学的基本学科之一。西方学校，自17世纪捷克教育学家夸美纽斯主张把地理单独设科教学以来，至今已有三百多年历史。现在，世界上许多科学文化发达的国家，对中小学的地理教学都很重视。1980年，我参加“中国中小学课程教材考察团”去日本考察。日本不仅普通中学初、高中的理科中都有地学课，讲天文和自然地理知识；社会科中都有地理课，讲人文地理和区域地理知识；而且有些中等专科学校也把地理课列为学生的必修课。

我国自清政府1904年1月（光绪二十九年十一月）颁布《奏定学堂章程》、废科举、办学堂以来，地理也一直是小学、初中、高中的必修课程之一。新中国成立以后，20世纪50年代末期，在片面强调缩短学制、减少课程门类的指导思想下，将高中地理、生物等课程取消。现在看来，这是很大的失误。60年代以来，世界上的发达国家在中学通过地学和地理课，对学生加强空间科学，环境科学，资源、能源、城市和人口地理的教育，通过生物课加强生物科学的教育，以适应现代化社会的需要。而我们却削弱了这些方面科学知识的教学，使高中毕业生的知识面很狭窄，对现代化、对世界、对未来所知不多。高中取消了地理课，对学生进行爱国主义教育的机会少了，思想教育也受到损失。

1982年起，高中重新开设的地理课，它既不是新中国成立以前高中“中国地理”和“外国地理”的重现，也不是新中国成立后50年代“高中中国经济地理”和“外国经济地理”的恢复，而是根据“四化”建设的需要，按照中学教学计划修订说明的要求，着重讲“人类和地理环境”。新编高中地理教材，在重视传统地理基础知识和基本技能教学的同时，充分注意了地理科学的新理论、新观点，以及人类与地理环境打交道方面所出现的新问题和对策，所以具有很重要的时代意义。

二

为什么高中地理要着重讲解人类和地理环境的关系呢？因为地球表面是人类赖以生存和从事各种活动的环境。阳光、空气、水、土壤、森林等自然资源，缺少了哪个条件，人类都无法生存。而人类在其生产和生活活动中，又无时无刻不在作用于环境，改变了的环境反过来又对人类发生影响。在人类社会发展的进程中，随着生产力和生产关系的不断发展，科学技术的日益进步，人类在利用自然和改造自然方面取得了日新月异的巨大成就。但是，环境的客观属性同人类的主观要求之间，环境的客观发展过程同人类有目的的活动之间，往往存在着矛盾。

在过去相当长的年代里，地球上的人口不多，人类活动对自然环境的影响还不大。到了现代，人口大量增加，生产力高度发展，人类具备了巨大的建设和创造能力，对自然资源的开发规模日益扩大，特别是乱砍滥伐森林，造成水土流失；滥垦草原，引起土地沙漠化；煤、石油、天然气等不可再生能源无节制地开发使用，工业生产中的废气、废水、废渣不加处理，任意排放到大气、江河湖海中，造成环境污染。这样，就产生了影响人类生存的环境问题。这个问题是当今世界，特别是经济发达国家面临的重大问题之一，也是我国面临的重大问题之一。

长期以来，我们对环境问题的知识不多，认识不够，在学校中忽视对青少年进行这方面的教育。尽管近年来我国在环境保护方面做了不少工作，取得了一定成绩。但是环境污染和生态平衡的破坏还在继续扩大，像工业污染，已由污染城市和江河，发展到污染集镇和农村；各地毁林、盗林事件仍不断发生，加剧了某些地区的水土流失和水旱灾害。我们决不能让这种自毁家园、破坏生存环境的蠢事继续下去。在中小学要有计划、有目的地对青少年进行环境科学知识教育，使他们从小就懂得保护环境的重要意义。保护环境，是我国现代化建设中的一项战略任务，是一项重大国策，已写入中华人民共和国宪法之中。

当然，对中小学学生进行保护环境的教育，需要从多学科、多方面来贯彻，不是地理一门学科所能单独完成的，也不应只在高中地理课上讲述，小学和初中地理都应有这方面的内容。但是，通过高中地理课全面地、系统地阐述人类与地理环境的关系，一定能对学生起到很好的教育作用。

再从地理科学的发展情况看，不论是自然地理或是人文地理，都在从不同角度探索地理环境的客观属性及其发展规律，研究人类在利用自然和改造自然方面，如何趋利避害，获得最佳的经济效益和环境效益，促使环境向有利于人类生存的方向发展。所以，正确理解地理环境的结构及其变化、发展的基本规律，了解人类和地理环境的相互关系，懂得协调人类发展与环境关系的意义和途径，知道国家有关环境、资源、人口等方面的方针和政策，是现在我国高中学生必须具备的科学文化知识，也是他们今后继续学习和走向社会参加“四化”建设不可缺少的知识。

三

根据上述指导思想，高中地理教材以人类和地理环境的关系为线索，将有关地球的宇宙环境、构成地理环境各圈层（大气、水、地壳、生物圈）的基础知识，以及资源、能源、农业、工业、人口、城市等与环境有关的地理知识，按专题分章阐述。最后，以“人类与环境”作为整个教材的总结。目的是使学生从整体上系统地认识构成地理环境的自然、人文各要素，以及人类与环境互相联系、互相影响、互相制约的关系，对如何合理利用自然，保护环境，使地理环境向着更有利于人类生产和生活的方向发展，有一个基本的了解和认识。

高中地理教材的体系和知识结构，是总结我国中学地理课程和教材多年的经验，吸收国外中学地理课程的有益部分，从我国现行中学教学计划中地理课程设置的实际情况和培养社会主义一代新人的需要出发来确定的。过去，初中和高中都讲中国地理和世界地理，两次循环，虽然初、高中的深度、广度有所不同，但重复较多。20 世纪 50 年代，初中讲中国地理和世界地理，以区域自然地理为主，高中讲中外经济地理，将自然地理和经济地理割裂，对地理环境不易形成整体性和综合性的概念，也不符合当前地理科学发展的趋势。现在初、高中地理的分工是，初中中国地理和世界地理，以区域地理为主，着重讲空间分布知识和区域差异；高中地理以系统地理为主，侧重讲地理环境的基本理论和规律，以及当前人地关系方面所出现的问题和解决这些问题的途径等。两者的联系是，初中区域地理既自成体系，又为进一步学习高中地理打下一定的基础。高中地理学习的内容，是初中地理理论知识的系统化和进一步的加深与扩大。

高中地理教材的选择，除精选传统地理科学知识的基本理论外，充分注意了现代地理科学新理论、新观点、新资料的汲取。例如，第一章“地球在宇宙中”，从地球所处的环境，讲到地球运动的规律及其意义，既使学生知道地球表面的各种自然现象都同地球是太阳系的行星这一根本属性分不开，又可扩大学生眼界，获得一定的宇宙空间知识，以适应目前航天时代的需要。严格说来，这部分知识属于天文学或地球科学（简称地学）的范畴。但是，我国现行中学教学计划中，未单设天文学课程，也未单设地学课程，将必要的天文学和地学基础知识容纳到地理教学中，还是可取的。西欧联邦德国和法国的中学地理教材就是这样做的。否则，在人类活动向太空发展的时代，我们不向中学生介绍宇宙空间的基本知识，教学内容就太落后于时代的要求了。此外，像全球构造的新理论——板块学说，环境问题的新观点——生态系统和生态平衡都在教材中得到反映。在讲农业地理和工业地理知识时，注意了空间分布的时代演变，阐述了原始农业、传统农业到现代农业的变化；工业几次技术革命对生产发展和布局的影响；新中国成立三十多年来，我国工农业生产和布局所发生的巨大变化，目前第六个五年计划以发展能源和交通运输为中心的重点建设工程，以及到 20 世纪末我国社会主义建设的宏伟目标。这些内容都具有鲜明的时代特色，有助于学生认识世界，认识祖国，知道社会主义工农业生产和布局，以及对待环境问题同资本主义的根本区别和优越性所在。同时，也实事求是地指出我们在这些方面所存在的问题和缺点，以及同世界先进国家之间的差距和我们的奋斗目标。这样，可以有助于学生赶上时代步伐，而又不致迷失方向，坚定他们为社会主义现代化而学习和工作的信念。

四

在爱国主义教育方面，初中中国地理着重从祖国疆域辽阔，山川壮丽，气候多样，资源丰富，各族人民在共产党领导下改造自然、建设社会主义祖国所取得的伟大成就，以及名胜古迹所显示出来的祖国悠久文化历史和美好山河，以激发学生的民族自豪感，培养他们的爱国主义情操。高中地理在上述基础上，进一步阐明我国的国情和国策，帮助学生树立科学的资源观、人口观和环境观，把对祖国的认识从感性提高到理性，这样就能更自觉地把爱国主义热情化为力量，变为行动。

1980年，我们在日本考察时，发现日本中小学很重视对学生进行国情教育。日本的国情是国土狭窄，人口稠密，自然资源贫乏。它们的重要对策是大力兴办教育，开发智力资源，提高国民的文化科学素质，争取技术方面在世界领先。在教学和研究方面，密切注意世界动向，重视情报和信息。日本本国资源贫乏，就利用国外资源和便利的海运条件，运进中东的石油，澳大利亚、巴西的铁矿石，在沿海地带建立现代工业中心，制造出优质价廉的汽车、电子工业产品等，倾销国际市场，使日本成为今天世界上的经济大国。日本国情方面的弱点，在教育方面则成为推动国民勤奋向上的动力。

我国的国情从地理方面看，是地大物博，人口众多，地区差异显著。地大物博是国情的优势，特别是新中国成立以来，我们勘探出过去所不知道的许多宝藏，像石油就是一例。祖国这些丰富而又种类繁多的天然资源，是我们有条件自力更生、实现“四化”的物质基础。人口众多这一条件要一分为二，人是生产者，也是消费者。我国众多的勤劳智慧的人民，是建设祖国、保卫祖国的巨大力量。但是，人口增长的速度过快，同经济发展和环境的承载量不适应，就会影响“四化”建设的速度和国力的增长，也影响人民自身生活水平的提高。我国许多天然资源和工农业产品的绝对数字都居世界各国的前列，如棉花、棉纱的产量都居世界第一，煤居第三，钢居第五。但是，按人口平均，人均资源和产品数，则退居世界后列。所以，国家把实行计划生育、控制人口数量，提高人口素质，珍惜每一寸土地、保护环境定为基本国策。我国地区差异显著，因此制定政策，进行工作，必须因地制宜。学生懂得了国情，知道国家政策是根据国情制定的，就能自觉地成为国家方针、政策的宣传者和贯彻执行者，把爱国的热情化为“四化”建设的力量。

不久以前，邓小平同志在给景山学校的题词中指出：“教育要面向现代化，面向世界，面向未来。”高中重设地理课并革新其教学内容，这是符合“三个面向”的指示精神的。由于高中地理课程重新开设不久，教材正在试用和不断改进中，有的地方还缺少胜任这门课程的教师。因此，希望各地教育行政部门、学校领导重视这门课程的开设，大力帮助教师把地理教学工作搞好。这是全面贯彻党的教育方针、培养社会主义一代新人的时代的需要。

三十五年来的地理教学*

新中国成立三十五年来，我国中小学地理教学取得不少成绩，但是经过了一段曲折的道路，现在总结一下以往的经验教训，对今后开创地理教学改革的新局面可能是有益的。

（一）新中国成立初期，暂时沿用新中国成立以前中小学的地理课程体系，即从小学五年级开始至高中三年级，每个年级每周有 2 课时地理。小学五年级教本国地理，六年级教外国地理；初、高中第一、第二学年均教本国地理，第三学年均教外国地理。当时，没有统一的地理教学大纲和教科书。这是新的地理教学体系和教学大纲制定前的过渡时期。

（二）1952 年 3 月教育部颁发了《小学暂行规程（草案）》和《中学暂行规程（草案）》，其中教学计划部分的地理课程设置及课时安排，主要是学习苏联经验，结合我国实际制定的。中小学地理教学大纲（草案），1952 年开始编订，1956 年 6 月正式公布。与此同时，中小学地理

* 原载《课程·教材·教法》1984 年第 5 期。

新教材陆续由人民教育出版社出版，统一向全国供应（参见表1）。

表1　1956年前后中小学地理课程体系和各年级课时分配

阶段	小学		初中			高中	
年级	五	六	一	二	三	一	二
地理课程内容	地球及中国地理	中国地理 世界地理	自然地理	世界地理	中国地理	外国经济地理	中国经济地理
每周课时	2	2	3	2(上学期) 3(下学期)	3(上学期) 2(下学期)	2	2

这一新体系跟新中国成立前中小学教学计划中“中国地理”“外国地理”按圆周式、循环三次的排列方式有所不同，教材结构和内容也不一样。新编小学地理教科书，改变了旧教材中外地理分省、分国罗列地名和物产名称，流水账式的写法。“中国地理”把全国分为几个大自然区，用比较生动形象的文字和插画，使儿童对祖国不同地区的景观和人们的主要生产活动有一鲜明印象，并受到爱国主义思想教育。小学六年级下学期讲“世界地理”（苏联小学地理无此内容）。这是考虑到我国初中尚未普及，小学毕业生中不能升学的，需要一些世界地理常识。

当时初中地理以自然地理为主，“世界地理”和“中国地理”也以自然地理为重点。通过初一“自然地理”的教学，使学生了解到各种自然地理现象发生的原因，构成自然环境各要素相互影响、相互制约的关系，并学会定方向、测绘平面图、测定山丘高度、观测气象等技能。许多学校还建立了地理园，开展多种地理课外小组活动，培养了学生运用实际知识的能力。通过“世界地理”和“中国地理”的学习，扩大了学生的视野，获得对世界、对祖国地理的基本知识，了解中国人民在共产党领导下改造自然，进行社会主义建设所取得的巨大成就。

高中“外国经济地理”的教学要求学生认识在不同的社会经济制度下，生产配置是不相同的；认识一个国家的生产性质与居民生活条件的关系。这在发扬无产阶级爱国主义和国际主义精神方面，是有积极教育作用的。在“中国经济地理”教学中，通过新旧中国生产和生产配置的对比，使学生既掌握了中国经济地理基本知识，又受到热爱中国共产党、热爱新中国、热爱社会主义的思想教育。

1956 年以前，学校地理教学基本上能按照教学大纲的要求正常进行。教师、学生为社会主义教和学的热情很高，教师队伍也比较整齐，地理教学的效果一般是比较好的。

不足之处也有。第一，未能科学地、辩证地揭示人类与地理环境的关系，教材中只是强调社会制度对生产和生产配置的作用，不谈自然规律和经济规律对发展生产的影响。第二，讲社会主义国家利用自然，改造自然，发展工农业生产，只谈成绩，不谈存在的问题。讲资本主义国家的自然条件时，只讲资本家对自然资源的掠夺、破坏；在讲其工农业生产时，只揭露其腐朽、没落、矛盾的一面，不谈资本主义企业在生产技术、布局、经营管理方面的某些合理因素，也就是说对资本主义国家只能批判，未能有所借鉴。

（三）1957 年，在片面强调缩短学制、减少课程门类、减少授课时数的指导思想下，1958 年将初一自然地理取消；把高中两门经济地理先合并，1959 年又全取消，仅在初一设地理，每周 3 课时，初二设地理，每周 2 课时，讲授内容规定为地球、世界地理、中国地理和乡土地理。整个中学的地理教学的课时，由 432 课时削减到 180 课时，即减少了59%。小学地理的教学时间也由144课时，削减到72课时，即减少50%，只在小学五年级学一年，每周2课时。

由于中小学地理课时大量削减，并且决定的时间仓促，整个地理课程的教学体系和内容，缺乏系统研究和安排，教学内容只是将原来初中地理教材加以精简和压缩。因此，教学质量比1958年以前大大下降。

1963年，教育部颁发了《关于实行全日制中小学新教学计划（草案）的通知》，通知中说：“1957年以前，历史、地理有不必要的循环重复，这些课程的设置办法也过于分散。”新教学计划规定小学地理设置在五年级，每周2课时。中学地理采用直线式排列，将“中国地理”设在初一，每周3课时；“世界地理”设在高一，每周3课时。

1963年颁发的《全日制中学地理教学大纲》规定，在讲授“中国地理”之前，先讲“学习区域地理必需的关于地图、地形和大气的基础知识”，以弥补1958年取消初一自然地理后自然地理基础知识不足的缺陷。中国区域地理部分要求了解省级行政区地理环境的概况和特征，还要求对本省（自治区、直辖市）地理有比较详细的了解。

“世界地理”先讲地球概论，即有关普通自然地理基础知识，然后讲各洲自然地理和主要国家地理概况。这样就克服了1957年以前高中学生只了解经济地理，而缺少地球科学基础知识的缺陷。

1963年，人民教育出版社出版供全国使用的小学《地理》和初中《中国地理》教材，都体现了中小学地理教学大纲的要求。当时，中小学地理教学质量又有所提高。高中《世界地理》教材未及出版，“文化大革命”即行爆发。

（四）“文革”过后，教育战线逐步恢复了中小学正常教学秩序，

1977 年，教育部重新组织力量，制定教学计划和教学大纲，1978 年颁发的《全日制十年制学校中学教学计划试行草案》中，初一设置“中国地理”，每周 3 课时；初二设置“世界地理”，每周 2 课时（当时小学教学计划中未设地理）。同年颁发的《中学地理教学大纲（草案）》中，规定初一“中国地理”先讲“地球和地图”，然后讲中国地理概况、中国区域地理、本省和本县地理，最后讲中国的自然资源及其利用。中国区域地理的分区原则，“一般是把位置相邻，自然条件相近的省、直辖市、自治区分别组合，以便讲述共性，阐述区域特征”。初二“世界地理”，先讲“世界地理概况”，然后讲各大洲、各大洋和主要国家地理。

这两门课程的教学大纲规定的教学内容原则为：（1）以马克思列宁主义、毛泽东思想为指导；（2）以区域地理知识为基本内容；（3）以自然地理知识为重点；（4）适当讲点地理学的基本原理。1978 年，根据教学大纲编出的两种地理教科书，在科学性和思想性方面均有所提高。

1981 年，教育部颁发《全日制五年制小学教学计划试行草案的修订意见》，决定在小学四年级恢复地理课，每周 2 课时。同年，由人民教育出版社出版的小学地理课本，内容分四部分。（1）认识自己的家乡，从辨方向、测距离、认识平面图和地图开始，进一步认识自己周围的地理环境（自然的和人文的）。（2）地球和地球仪。（3）我们的祖国，从了解祖国的国土和人民开始，然后讲首都北京和各地区，最后以“壮丽的山川”“多样的气候”“丰富的资源”“联系各地的交通网”作为总结；各地区以认识自然景观为主，并突出某些特点，如“东北的林海”“杭州西湖和钱塘潮”“沙漠和绿洲”“草原牧场”等。（4）世界地理，概括地介绍了地球上五带的自然景观和人类活动概况，最后以“世界的居民和国家”“我国同世界的交往”作为结束。

1981年，教育部颁发的《全日制五年制中学教学计划试行草案的修订意见》和《全日制六年制重点中学教学计划（试行草案）》，规定高中重新设置地理课，五年制中学设在高一，六年制中学设在高二，均各为每周2课时，讲“人类和地理环境”。这是根据我国“四化”建设、培养共产主义一代新人的需要，也是按照现代地理学所研究的中心课题所确定的。这样，就初步形成了小学讲地理常识，初中讲区域地理，高中讲人类和地理环境的新体系，既克服了过去中外地理圆周式重复较多的缺点，也突破了把自然地理和经济地理分裂开来的模式（参见表2）。

表2　现行全日制五年制小学和六年制中学地理课程的设置

阶段	小学		初中			高中		
年级	四	五	一	二	三	一	二	三
地理课程	地理		地球和地图、中国地理	世界地理			地理（人类与地理环境）	（地理）
每周时数	2		3	2			2	(3)*

* 试行文理分科的班级的教学计划，高三每周还有3节地理课，以适当提高对人文地理的要求。但目前尚无试行这一教学计划的学校和班级，也未编出适应这一教学计划要求的地理教学大纲和教科书。

1982年，人民教育出版社出版、供应全国高中使用的地理课本，以人类与地理环境的关系为线索，将地球科学、环境科学的基本理论，天体系统、物质循环、能量转换、生态系统、生态平衡、板块构造等学说来充实和更新自然地理的教学内容；以资源、能源、农业生产和粮食问题、工业生产和工业分布、人口和城市等现代社会所突出的人类与环境问题，代替传统的经济地理的教学内容。教材以自然环境为基础，将人类与地理环境的关系辩证地统一起来，帮助学生形成科学的资源观、人口观和环境观。

教材注意用动态的、演化的观点来阐述人类生产发展和布局的变化及其趋向，如农业由原始农业、传统农业向现代农业发展；工业通过历史上的产业革命向新技术革命发展。教材既指出资本主义现代化大生产的社会性质，与生产资料私有制之间不可克服的矛盾；也指出资本主义企业家为了获取利润，在生产技术、布局和经营管理方面的先进经验，可供我们借鉴和学习。我国社会主义制度无比优越，但由于缺乏经验和工作中的失误，也存在不少问题，我们必须正视这些问题。目前实行对外开放、对内搞活经济的政策，我们要本着自力更生的方针，放眼世界，注意运用两种资源——国内资源和国际资源，开拓两个市场——国内市场和国际市场。

教材还注意密切联系我国社会主义建设实际，将我国的国情，基本国策，国家的建设计划，到20世纪末的奋斗目标等，有机地结合到有关章节中，对学生进行社会主义和爱国主义教育。

从1977年到现在，中小学地理教学经过调整、改革，体系逐步完善、合理，内容得到充实、提高。特别是党的十一届三中全会以来的路线、方针、政策，使我国的工农业生产、环境保护、计划生育、城市规划、国土整治、对外事务等方面，都取得了可喜的成绩，这就大大充实了地理教学的内容。现在地理教学在进行爱国主义、环境保护、人口政策教育等方面的作用，日益受到重视。高中重设地理课以来，不仅中学师生对地理教和学的积极性大大提高，高等师范学校地理系学生的专业思想问题也迎刃而解。目前，许多学校的地理课外小组活动非常活跃，暑假的地学夏令营、电视台开办的地理智力测验，深受青少年欢迎。配合教材用的地理教学参考书、地理教师手册、地图册、挂图等已陆续出版。全国定期出版发行的地理教学杂志已有五六种，有关地学和地理的学生课外读物也陆续出版。中国地理学会、中国教育学会、地理教学研究会、各省（自治区、直辖市）地理学会、教育学会、教学研究机构这几年都努力地为提高地理教师的业务水平，举办了各种讲座、训练班、经验交流会、暑期野外考察等活动，使经过“文革”大破坏的中小学地理教学园地，又重新出现了欣欣向荣的大好景象。

上述中小学地理教学调整、改革所取得的成绩还是初步的，今后如何进一步开创改革的新局面，还有待我们共同努力。根据三十五年的经验教训，需要很好解决以下几个问题。

（一）指导思想问题。新中国成立以来，凡是真正以马克思列宁主义、毛泽东思想为指导的时期，地理教学同其他工作一样，就都取得很大成绩。背离了这一正确指导思想，就遭受损失和破坏。今后，必须坚持以马克思列宁主义、毛泽东思想为指导。具体地说，就是要以小平同志指出的“教育要面向现代化、面向世界、面向未来”的战略思想，作为我们进行教学改革的努力方向。

（二）端正办学思想，克服在教学中重理轻文，在理科中重物理、化学，轻生物和地球科学的倾向。特别要克服单纯追求升学率，对高考不考的科目（如理科类目前不考地理）不认真教学，或任意停课，甚至停开这一课程的错误倾向。

（三）进一步调整教学计划，适当增加中小学地理必修课的课时，积极开设“人文地理”和“地球科学”的选修课。结合中小学学制和教学计划的调整，中小学地理课的课时有必要适当增加。为了不使学生学习负担过重，并有一定的自由活动时间，中小学的地理课时不一定都恢复到1957年以前的时数，但是小学四年级、初中二年级、高中二年级的地理课需要各增加一课时，以解决目前教学内容偏多，课时不足，难以开展地理实习、观察等实践活动的矛盾。

除了上好地理必修课以外，高中还应开设“人文地理”和“地球科学”（简称地学）两门选修课，前者供爱好社会学科的学生选修，后者供爱好理科的学生选修。

（四）中小学地理知识结构需进一步改革。目前小学地理与初中中国地理、世界地理的知识，基本是按圆周式安排的。初中地理原则上应在小学地理的基础上加深、提高、发展，但是目前有些部分处理得不够好，像大洲、大洋的分布，中国地理概况等知识，有简单重复的现象。从日本、英国小学地理教学改革的趋向来看，都着重引导儿童观察身边的地理环境，不单纯偏重知识的学习，而注意人和自然环境、工农业生产、运输等方面的关系。在我国已经普及初中的大中城市的小学，也可考虑朝这个方向作改革，将区域地理的知识集中到初中阶段学习。

初中中国地理的区域地理部分，有的时期按省级行政区讲授，有的时期按自然区讲授。在目前我国尚无统一的综合自然地理区划时，中学地理的区域如何划分？按省级行政区讲，还是按自然区讲？哪一种方式对学生学习和工作更有利？可以总结过去的经验，也可编写两种不同的教材进行试验。

高中地理讲“人类与地理环境”的关系，这一方向普遍认为是正确的，但现行教材的结构是否已很好体现这一要求，可在教学实践中进行检验，并研究如何进一步改进。

（五）教学方法的改进。传统的、习惯的教学方法，是教师讲、学生听，单纯以灌注知识为主。这几年，在运用地图、形成学生的空间分布概念，阐明各地理要素相互联系、相互制约的辩证观念等方面，已有不少好的教学经验。但是如何进一步改进教学方法，采用新的教学手段，调动学生学习地理的积极性，培养其能力，发展其智力，改变死记硬背的现象，还需要在教学实践中不断创造经验。

（六）开展地理教学的课外活动，培养自学能力，扩大学生的地理知识源泉和视野。在当前所谓“知识爆炸”的时代，各种地理信息日新月异，不是课堂教学和定期出版的教材所能跟得上的。参观、野外考察、社会调查也不是课堂教学时间内所能解决的，因此必须大力开展地理课外活动，以丰富学生的地理知识，提高学习地理的兴趣。

（七）积极开展地理教学的科研工作。地理课程、教材、教法的改革，必须建立在科学研究的基础上。过去这方面的工作开展不够，现在已有不少学校和研究机构在推进这一工作，但还需要进一步加强。

（八）努力提高教师的业务水平。地理教学改革的关键在教师。目前，中小学地理教师的队伍还不整齐，据北京、上海等大城市的统计，能够很好胜任中学地理教学的教师，只约占全市地理教师总人数的三分之一。边远地区受过地理专业训练的教师，人数就更少。因此，大力提高在职地理教师的业务水平，积极培养新师资，就成为师范院校、教育学院等教育机构刻不容缓的任务。

中学阶段的人文地理教育*

一、我国中学教学计划中的人文地理课程

我国自清政府于光绪二十九年十一月（1904 年 1 月）颁布《奏定学堂章程》，把地理作为中小学文化基础课程之一的必修课以来，我国中学就有了比较正规的地理教育。当中，我所见到的从清末到现在的八十多年各个时期的中学教学计划和教科书，人文地理的教学内容，大多安排在“地理总论”（或称“地理概论”）、“中国地理”和“外国地理”之中。但在 1912—1921 年的四年制中学教学计划中，第四学年上半年讲“自然地理概论”，下半年讲“人文地理概论”，每周各 2 课时。这是“人文地理”课程名称首次出现在中学教学计划中。1914 年，商务印书馆出版了由傅运森编的《人文地理》教科书一册。

1922—1930 年，中学实行新学制，初中三年，高中三年。初中地

---

* 选自陈尔寿著：《地理教育与地理国情》，人民教育出版社 1998 年版。本文原为 1984 年 7 月作者参加教育部和中国地理学会在北京师范大学举行的暑期人文地理研究班的讲稿，后收入李旭旦主编的《人文地理学论丛》（人民教育出版社 1985 年版）。作者对之作了删节。

理为必修，高中为选修。初中地理教材采用“混合编辑法”。1925 年，商务印书馆出版由张其昀编写、供新学制初中使用的《人生地理教科书》，分上、中、下三册。1929 年，国民政府颁布了《暂行课程标准》，初、高中地理均为必修。地理课程结构基本上是“中国地理”和“外国地理”，初、高中各循环一次，人文地理知识包容在区域地理之中。

新中国成立后，1953—1959 年，中学地理课程结构学习苏联的体系。初中以自然地理为主，包括自然地理基础知识、世界地理和中国地理。高中开设了“外国经济地理”和“中国经济地理”两门课程。这个时期人文地理遭到全盘否定。中学地理教育以经济地理取代了人文地理。1959 年以后，在片面强调减少课程门类和课时的指导思想下，高中两门经济地理，先遭合并，后被取消。

“文化大革命”期间，初中的“中国地理”和“世界地理”也基本停开，或被取消。粉碎“四人帮”以后，教育战线拨乱反正，1978 年先恢复了以自然地理为重点的“中国地理”和“世界地理”；1981 年高中重设地理课（五年制中学设在高一，六年制中学设在高二，每周均为 2 课时），讲“人类和地理环境”，并规定六年制重点中学试行文理分科的班级，侧重文科的学生，除高二学习“人类和地理环境”外，高三还安排了一学年地理课，每周 3 课时，规定要适当提高人文地理的要求。由于目前高考文科类地理科目的考试范围，以现行十年制学校的《中国地理》《世界地理》和高中《地理》教材为准，因此中学为升学作准备的文科班都着重复习这些教材，而没有在高三开设以“适当提高人文地理要求”为标准的地理课。这门课程的教学大纲和教材也没有编写出来。

二、1949年以前，中学人文地理的教学内容——从古典地方志的论述体，到近代“人地相关”的因果关系论

不管中学地理课程的体系如何，人文地理的教学内容总是存在的。有的以系统地理形式专门讲授，有的结合在区域地理之中讲授，但是，不同时期的政治经济形势不同，教育方针政策不同，地理学本身发展的水平也不一样。因此，中学阶段人文地理的教学内容就有很大差异。1949年以前，人文地理教材的结构，基本有两种形式：一种是古典地方志的论述体；另一种是近代“人地相关”的因果关系论。

（一）清末商务出版的中学中国地理教科书①分三部分：卷一“总论”（亚洲总论、地文地理）；卷二“人文地理”；卷三“地方志”。其中人文地理部分的纲目如下。

1. 人民：人口　人种　语言　文字　性质（讲民族性格）
2. 政教：官制　军备　财政　教育　宗教　刑法　外交
3. 物产：农业　森林　矿产　畜牧（附天产动物）　水产
   工业　商业（国内商务　国外商务）　货币
4. 交通：驿站军台②　塘汛③　铁路　航路
   电信　电话　邮政局

---

① 屠寄著：《中国地理学教科书》，商务印书馆1905年（光绪三十一年）初版。
② 自张家口到乌里雅苏台、科布多、库伦三路，不称驿站，而称军台。
③ 新疆改建行省后，有驿有台有塘。塘者，汛官所管理也。

当时中学地理教科书的体例，一方面学习西欧和日本的“百科全书”式的编辑法，另一方面采用我国古典地方志的论述体，以罗列各地的地理事物为主，资料堆砌，缺少分析。“政教”部分的内容，大多与地理无关。

在“人民”部分，讲中国国民的“性质”一段，教科书编者不敢触及清末封建统治者的腐败和帝国主义的对华侵略，而用“外国人观我性质”，列为六条，原文如下：

> 富于勤俭之性质，而颇吝啬也；
>
> 习于守旧，然苟之其利，则舍旧图新。亦甚急剧；
>
> 富于忍耐之性质；
>
> 富于空漠之理想，而远于事情；
>
> 经营商业颇敏捷；
>
> 人种骏杂，方言参差，无统一之宗教，无立宪之政礼，其他百般关系，各地不同，故无国民之性质。

编者本人也在书中说：“中国人所最缺乏者，全体之爱国心，非无个人之勇气也。”这就把当时国弱民贫，遭受帝国主义欺凌的责任，荒谬而无理地归咎于国民的性质。教科书在思想教育方面所起的作用，乃是形成学生的民族自卑感，以逆来顺受、忍耐为美德。这完全符合封建统治者的需要。从这里可以看出人文地理的阶级性、政治性非常鲜明。

（二）民国初年（1914—1925年），商务出版中学教科书《人文地理》[①]，

---

① 傅运森编：共和国教科书《人文地理》，商务印书馆1914年（民国三年）初版，1925年（民国十四年）第11版。

供中学四年级下半年之用。本书分为六章：（1）人类；（2）人类之区分；（3）文明之类别；（4）国家；（5）交通；（6）世界交通及贸易。主要取材于当时日本横山又次郎所编的《人文地理讲话》。从其内容来看，讲人类地理学和政治地理学的篇幅较多，可能受德国李特尔、拉采尔等近代地理学家的影响，以人类为中心，把地球看作人类生息教养的所在。从人类的起源、人种的分类和分布、人类文明的发生和分布，讲到国家的起源，政体种类，国家的等级、位置、国界、领地等。本书较前一时期的教科书有较大改进。一是将不属于地理学范围的国家行政管理、法律、财政、教育、国防等各个事实排除在地理教科书之外（过去都汇集在地理学和统计学手册中）。二是对西方帝国主义的侵略、征服殖民地，能揭露其暴行。如说："昔之西班牙人，其据墨西哥、秘鲁，纯以武力行之，所至横暴，土民悉为所歼焉。""白人发见美洲之后，务以剿绝土人为事，于南洋各岛亦然。"三是对人类文化发展与地理环境的关系有所阐述。如说："最古之文明，于旧世界有四中心，其地皆为冲积层，属于亚热带，能产多量的谷物，容多数之人口者也。"不足之处是内容比较简略，人类在地球表面的生产活动讲得很少，各章结合中国的实例也不多。

（三）20世纪20年代，西方近代地理学"人地相关"的因果关系论的思想，在我国中学地理教学书中的影响较为显著。1925年，商务出版的《人生地理教科书》[①]，在导言中说明："地理学之宗旨，在于研究地理与人生之关系；使吾人对于世界各地之风土人情，皆能解释其因果，说

① 张其昀编：新学制《人生地理教科书》，初级中学用，上、中、下册，商务印书馆1925年（民国十四年）1月初版。

明其系统，且能根据已知推考未知。”全书分十二章。人文地理七章：（1）地位与人生之关系；（2）地形与人生之关系；（3）水利与人生之关系；（4）土壤、矿产与人生之关系；（5）气候与人生之关系；（6）生物与人生之关系；（7）人类相互间之关系。区域地理五章：（8）热带生活；（9）温带生活；（10）极带生活及各大陆综括；（11）中国区域地理大纲；（12）中国与世界之关系。本书受当时美国地理学家亨廷顿所著《人生地理学原理》、法国地理学家白吕纳所著《人生地理学》的思想影响较大。

教科书的导言中，以日本为例说，“观察其人与地之关系，约有下列数端（∵＝前因，∴＝后果）”。

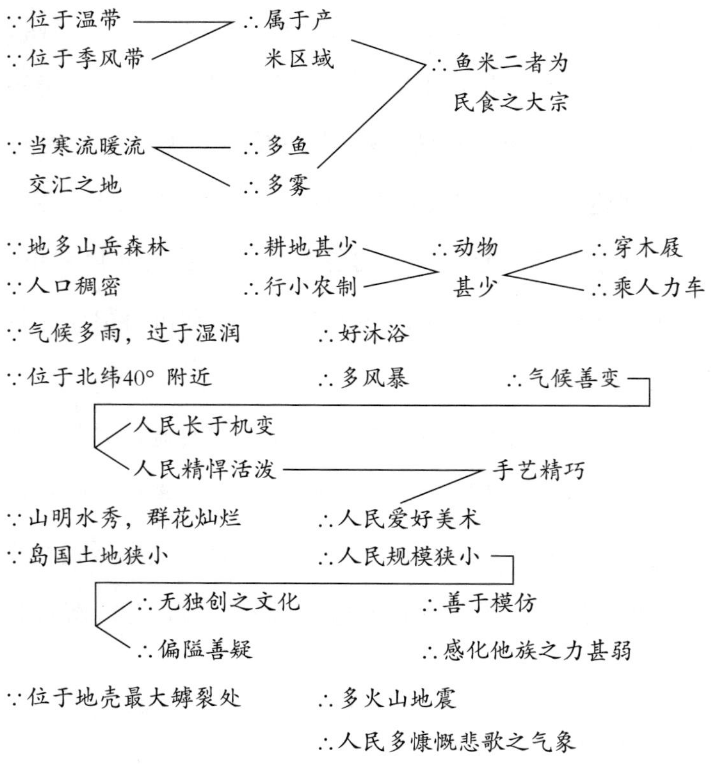

这种人地关系的解释法，比较旧方志式、罗列地理事物和现象，堆砌资料的教科书，有积极的进步的意义，并能引起学生学习兴趣。但是，地球上事物与事态间的相互联系，自然因素同人文因素间的相互影响、相互制约，要比当时所意识到的情况复杂得多。上述教科书中所列简单的因果关系，有些是不能成立的，有些是片面的。例如，因为位于温带季风区，所以属于产米区域，这样简单的因果关系，很不全面。中国淮河以北缺少充分灌溉条件的温带季风区就不是产米区；而内陆干旱地区、地中海地区有充足水源灌溉的地方，也能成为产米区域。由此可见，构成产米区的自然条件，是水热、土壤等因素；人文条件是劳动力多少、耕作习惯、耕作技术等因素。这需要综合分析，才能说明问题。至于说到由于日本人口稠密，所以就穿木屐，乘人力车，这种解释也有些牵强附会。穿木屐是日本人的传统习惯，其他人口稠密地区的人并不都穿木屐。日本成为现代化工业国家以后，人口更稠密，但穿皮鞋的却比穿木屐的人多了。人力车是东方封建社会的产物，贫苦农民破产进城当苦力，有的就拉人力车。当时西方人口稠密的城市却没有人力车，这可能同资产阶级人道主义的观点有关。用日本岛国土地狭小，来解释日本无独创之文化，善于模仿，也似是而非。像希腊、意大利半岛、英国土地也狭小，就不能说其无独创之文化。我认为解释日本的社会文化、民族性格形成，要从日本的历史、明治维新后的教育制度、培养人才的方法等多方面去研究；自然因素可以考虑，但不是决定性的因素。现在日本人在新技术革命方面，不仅善于模仿，创造发明也很多。

尽管当时人生地理教科书中对人地关系的解释，用我们现在的认识来看，不能完全满意，但是这种培养学生形成人地关系地理观念的努力方向，还是积极的、有意义的。我国近代地理学、气象学奠基人之一的竺可桢教授，1929年在他所著的《地理教学法》① 一文中曾指出："地理所授的材料，大体可分为两大类，即生活状况与环境是也。""两者不可偏废，须融会贯通，明其因果，述其关系。"大体上，从20世纪20年代以来，中学人文地理教学（包括区域地理中的有关内容）即注意人地关系的阐述。

三、新中国成立以来，我国中学人文地理教学的演变——从经济地理到人类和地理环境的关系

（一）1952—1958年的经济地理教学时期。从1952年开始，中学地理课程结构采用苏联模式，高一讲外国经济地理，高二讲中国经济地理。《外国经济地理》课本②基本上按维特威尔编写的苏联九年级《外国经济地理》课本改编而成，仅苏联一章系自编。《中国经济地理》课本③由中国人民大学经济地理教研室编写。

这两部经济地理教材，按其内容来讲，也可称为政治经济地理。教材编辑以马克思列宁主义和毛泽东思想为指导思想。外国经济地理一开始讲"世界政治地图概观"，突出"两个体系""两大阵营""中华人民共和国成立的世界意义"。在当时来讲，对反对帝国主义，特别是反对

---

① 竺可桢：《地理教学法》，《地理杂志》1929年卷二第二期。
② 颜逎卿、周光岐编：《外国经济地理》上下册，人民教育出版社1952年原版，1953年修订版。
③ 中国人民大学经济地理教研室编：《中国经济地理》上下册。人民教育出版社1953年4月第1版。

美帝国主义对我国的包围封锁，加强社会主义国家间的团结互助，热爱社会主义新中国，发扬无产阶级国际主义精神等方面，起到了一定的思想教育的效果。在地理知识方面，介绍了苏联有关生产配置的理论，揭露了资本主义世界的矛盾，帝国主义对殖民地、半殖民地的剥削和奴役等。在《中国经济地理》教材中，通过对新旧中国社会制度、生产情况的对比，较好地进行了爱国主义教育。

当时，初中以自然地理为重点的《中国地理》和《世界地理》课本中，均突出了中国人民和苏联人民在进行社会主义建设过程中，利用自然、改造自然所取得的巨大成就。

不足之处也有。(1) 不能科学地、辩证地看待人类与地理环境的关系。当时，苏联地理学界有人致力于把自然地理学与经济地理学分裂开来，认为统治物质世界的规律和统治人类经济活动的规律是完全不同的。自然地理学和经济地理学无论在逻辑甚至在实践上，都不能合为一门学科。[①] 人文地理学、人地关系论，在新中国成立初期均被当作资产阶级学术思想遭到批判。因此，中学经济地理课本中也把自然条件和人类的经济活动分裂开来，不谈两者互相联系、互相制约的关系。(2) 讲社会主义国家的经济发展特征、工业、农业、运输业、对外贸易时，只讲社会主义制度的优越性及其成就，不讲存在的问题。对社会主义国家的标准，不是按主要生产资料实现全民所有制的尺度来确定，而是以同苏联的关系为标准。例如，南斯拉夫当时就被排斥在社会主义国家之外。讲资本主义国家时，只讲资本主义制度的反动性、腐朽性，资本主

① (美) 普雷斯顿·詹姆斯著，李旭旦译：《地理学思想史》，商务印书馆 1982 年 7 月第 1 版。

义各国间的矛盾日益发展，日益尖锐化，它们之间的战争不可避免性仍然存在，不讲资本主义发达国家发展生产、进行技术改革的某些成就，也就是说，对资本主义社会只有批判，没有值得我们继承和学习的东西。这样，就容易使学生把复杂的世界经济问题、国际关系问题看得绝对化和简单化。(3) 经济地理的教材结构和编写形式，比较单调、枯燥。外国经济地理的格式，都是“概述、自然条件，居民、工业、农业、运输业和对外贸易”。中国经济地理总论的各章基本上也是如此。分区部分只是最后加了一节“区域差别和主要城市”，其他各节也如上，只是没有“对外贸易”部分。各章节的内容仍以罗列地理事实材料、统计数字为主，理论知识较少，分析问题的论说也少。

20 世纪 50 年代是我国社会主义政治、经济、文化教育稳步而健康发展的时代，学校对新开的两门经济地理课程比较重视，教师队伍也比较整齐，学生的社会主义政治热情很高，学习积极性也高。总的来说，这一时期，经济地理的教学成绩是比较好的。

（二）1958 年，中学两门地理课程先被合并，内容减少一半，只教一学年，每周 2 课时，1959 年又进一步完全取消。“文化大革命”期间，中学地理课差不多全部停开。这时，中学地理教育遭到前所未有的浩劫，学生对自然地理、人文地理、区域地理完全陷入无知状态。

（三）1978 年以来的现状。粉碎“四人帮”以后，中学先恢复了初一中国地理和初二世界地理。教育部 1978 年颁发的《全日制十年制学校中学地理教学大纲（试行草案）》中规定这两门课程以区域地理知识为基本内容，以自然地理知识为重点。

中国地理总论部分讲到有关人文地理的内容为：疆域和行政区划、

人口和民族、自然资源及其利用、铁路和工业分布。在分区地理部分打破了过去的固定格式，即不按位置、地形、气候、河流、土壤、植被、矿产、人口、民族、农业、工业、城市的顺序讲述，而是突出本区域的主要特征，将自然条件同人类生产及改造自然的事实结合在一起，分几个小标题论述。[①] 现将教材中 5 个区（共 8 个区）的小标题列表如表 1，供研究参考。

表 1　1978 年版《中国地理》教材中 5 个区的教学内容

东北三省	黄河中下游 五省二市	长江中下游 六省一市	南部沿海 三省一区	青海和西藏
山环水绕	黄土高原	长江中下游平原	丘陵山地 分布很广	世界屋脊
东北平原	华北平原	分布广泛的 丘陵和低山	桂林山水	独特的 高原气候
冬长夏短	山东省的 丘陵和低山	淮河及其治理	南海诸岛	湖泊众多 高原湖区
积雪和冻土	暖温带	钱塘江和钱塘潮	高温多雨的气候	丰富地热资源
土地资源 和开发	降水和灌溉 水源问题	亚热带	河流流量 大汛期长	湟水谷地 黄河谷地
西部平原 的防护林	根治海河	梅雨和伏旱	水稻和甘蔗	柴达木盆地
林海	重要的粮食产区	红壤	热带作物和水果	雅鲁藏 布江谷地
开发水利 消除水害	棉花生产和 棉纺织工业	重要的 农业区	港湾、铁路 和城市	西藏的江南

① 中小学通用教材地理编写组编：《中国地理》上下册，人民教育出版社，1978 年第 1 版，1984 年第 3 版。

续表

东北三省	黄河中下游五省二市	长江中下游六省一市	南部沿海三省一区	青海和西藏
石油和煤铁资源	煤炭资源和煤炭工业	发达的淡水渔业	台湾海峡	
工业发达形成体系	石油资源和主要油田	矿业资源	宝岛台湾	急待发展的交通
稠密的铁路网	铁路交通	工业由沿海向内地发展		
	天津和天津港	水陆交通和城市		
	首都北京	全国最大的城市——上海		

从表中各区的内容来看，大体上边疆地区自然地理比重较大；沿海经济发达地区，人文地理比重较大。人文地理侧重经济地理。城市地理的知识除突出三个直辖市外，一般结合在交通中讲授。

世界地理以自然地理为重点的特点更为突出。“世界地理概况”部分，3/4 的篇幅讲“大洲和大洋”及“世界的气候”，1/4 的篇幅概述了“世界的居民和国家”。在分论讲各大洲和各大洋时，基本上只讲自然地理特征。对主要国家地理的介绍，大体上位置、地形、气候等自然地理的内容约占一半；工农业、对外贸易和城市的内容约占一半。由于课时所限，每个国家地理的介绍都比较简单。例如，“日本”一课正文仅 1 300 字，首先讲位置、领土概况，然后讲“多山的地形”“季风气候”和“发达的资本主义经济（包括工业、工业分布、资源、对外贸易、首都东京）”。另有两段小字讲日本环境污染和对污染的治理。教科书对苏联、美国的地理知识介绍稍多一些，人文部分约占2/3，自然部分约占1/3。“苏联”一课的4个标题是：位置和居民，自然条件和自然资源，工业和农业，交通和城市。“美国”一课的5个标题是：位置和居民，自然条件，高度发达的资本主义经济，工业分布和主要城市，主要农作物带。

1978—1982年，初中两门地理课和历史、生物等课程的恢复，对建立学校正常教学秩序，使学生认识祖国，认识世界，认识自然环境和人类的生产活动，进行爱国主义和国际主义教育，起到了良好的作用。但当时，高中未恢复地理课，对提高全民族的科学文化水平，使高中毕业生所掌握的基础知识适应祖国社会主义建设和升学的需要，仍有不足之处，特别是知识面过窄，缺少现代地球科学及人类与地理环境关系的知识，很难适应祖国“四化”建设的需要。经过广大地理教师、地理学会，以及教育界有识之士的呼吁，1981年，教育部颁发的《全日制六年制重点中学教学计划试行草案》和《全日制五年制中学教学计划试行草案的修订意见》中，决定高中恢复设置地理课，要求讲“人和地理环境”一学年，每周2课时。1982年开始试用的新编高中《地理》教科书，即以“人类与地理环境”的关系为线索组织教材①，全书分为十一章。

第一章　地球在宇宙中　　第二章　地球上的大气

第三章　地球上的水　　第四章　地壳和地壳的变动

① 陈尔寿主编：高中《地理》上下册，人民教育出版社1981年初版。

第五章　地球上的生物、土壤和自然带　　第六章　自然资源和资源保护
第七章　能源和能源的利用　　第八章　农业生产和粮食问题
第九章　工业生产和工业布局　　第十章　人口和城市
第十一章　人类与环境

新编高中地理教材，在总结我国过去的地理教材编写经验的基础之上，吸取国外教学改革的有益之处，注意了以下几个问题。

(1) 以马克思列宁主义、毛泽东思想为指导，按辩证唯物主义和历史唯物主义的观点来正确看待人类和地理环境的关系。我们批判地理环境决定论，是指人类社会的发展不是由自然环境所决定，这在斯大林和毛泽东同志的著作中均有论述。但是不能把这个理论无限扩大，不能把自然环境对人类生活与生产的影响，同地理环境决定论混为一谈。过去，我们在生产上不按自然界的客观规律办事，滥伐森林，滥垦草原，盲目围湖造田，任意排放工业生产中的“三废”，所造成的后果已经看得很清楚。因此，我们讲人类与地理环境的关系，首先从认识地球的宇宙环境开始，讲到构成地理环境各圈层的结构、物理性状，自然界的生态系统和生态平衡等。然后讲到自然界为人类活动所提供的资源、能源等物质基础，人类利用从环境中所取得的物质和能量，创造了现代社会巨大的物质文明和精神文明。但是，也带来了环境污染、生态平衡失调等问题。这些问题又反过来影响到人类的生产和活动。解决这一矛盾的途径，乃是在生产和生活中，要注意协调人类与地理环境的关系，懂得尊重自然界的客观规律，趋利避害，引导环境向有利于人类生产和生活

的方向发展，而不是相反。在发展生产时，既要注意经济效益，更要注意环境效益，生产发展要与环境治理同步进行。

（2）从过去学习苏联，把自然地理和经济地理分开的模式中解脱出来，恢复了统一地理学的综合性特点。由于课程的目的要求和课时有限，人文地理部分只是围绕着人类与地理环境的关系，阐述了资源、能源、工农业、人口和城市、环境等几方面的问题，这些问题是当前世界人类普遍关心的问题，也是我国“四化”建设过程中需要很好解决的问题。但是没有全面系统地讲人文地理。像历史地理、社会文化地理、政治地理、交通运输地理、商业地理、旅游地理等都没有涉及。这是需要进一步研究解决的问题。

（3）注意在阐明地理环境各要素的空间关系时，指出随着时间的推移，条件的变化，地理环境也随之改变，人文地理的变化更为显著。这就是把分布与过程结合起来，用动态的观点，使学生从过程的演化中了解变化发展的趋势，总结过去，立足现实，面向未来。例如，农业生产经过原始农业、传统农业、现代化农业三个阶段。我国目前正在从传统农业向现代农业过渡，从自给半自给农业向商品性经济过渡。工业经过历史上的技术革命正向新技术革命方向发展，传统工业正向新兴工业发展，工业布局由集中趋向分散，在煤铁资源复合型、临海型的格局上，出现了“临空型”的布局形式。我国也正在注意引用新技术加速工业现代化的进程。

（4）注意面向世界。人类共同生活在一个地球上，在目前科学技术日新月异，国际间政治、经济息息相关，人员交往、通信联系日益频繁的时代，特别是我国实行对外开放、对内搞活经济的政策以来，在利用国际资源、开拓国际市场、开展对外经济贸易等方面，都需要了解世界情况。保护环境，也需要国际间的协作。在教学中，我们一方面要向学生指出资本主义社会现代化大生产的社会性质与生产资料私有制之间的矛盾无法解决，从总体上看，生产的无政府状态，分布的不合理，公害的产生，经济的周期性危机，失业队伍庞大等问题，无法从根本上得到解决。一方面也要指出资本主义国家的企业主，为了获得高额利润，各个企业在生产技术、经营管理、布局和治理污染等方面，有不少先进经验值得我们学习和借鉴。我国社会主义制度是优越的，但是由于我们的基础差、底子薄，加上缺乏经验和工作中的失误，也出现不少问题。不过，这些问题通过总结经验教训，纠正错误，就可以健康地向前发展。党的十一届三中全会以来的路线、方针、政策使我国各条战线所发生的巨大变化，就有力地说明了我国社会主义制度的无比优越性。

（5）注意联系我国实际。人文地理教学的内容，能否作为中学地理教学的基础知识，是否为学生、为社会所欢迎，关键在于学习是否有用，是否能为学生进一步深造打基础，或走上社会，解决在从事祖国社会主义建设中所遇到的问题。因此，教学内容必须同我国的实际密切结合，使学生通过学习，了解我国的国情和基本国策。我国的国情从地理角度看，是地大、物博、人口众多，人均资源并不丰饶，地区差异显著。基本国策是：珍惜每一寸土地，节约和合理使用资源、能源；实行计划生育，控制人口增长，提高人口素质；保护环境；因地制宜发展多种经营；实行对外开放、对内搞活经济的政策。到 20 世纪末我国经济建设总的奋斗目标是：在不断提高经济效益的前提下，力争使全国工农业的年总产值翻两番，逐步实现“四化”，把我国建设成为高度文明、高度民主的社会主义国家。上述我国国情和基本国策的内容，在现行高中地理教材中均有反映，这样就可使高中学生懂得国家制定基本国策的依据，也就是从国情出发，实事求是地总结了过去的经验教训，因而是切实可行的。不管高中毕业生今后学理还是学文，或走向社会，都需要懂得国情和基本国策，因而高中地理知识是必不可少的基础知识。

（6）注意结合教学内容，有目的地对学生进行思想教育，培养学生辩证唯物主义、历史唯物主义、爱国主义的观念。例如讲述人类与环境的对立统一，新的资源观、人口观、环境观，新旧中国工农业生产发展的对比，资本主义生产同社会主义生产的本质差别，世界粮食问题的根本原因，世界南北经济的差距等问题，都有助于达到上述思想教育的目的。我们认为，进行爱国主义教育，不仅要从祖国地大物博、山河壮丽、资源丰富、许多工农业产品数量居世界前列等方面培养学生的民族自豪感，还应说明我国人口众多、人均资源并不多、我国还是发展中的社会主义国家，在现代化生产方面，同世界先进国家相比，差距还很大，国土整治、环境保护的任务也很重，以此来勉励学生自力更生、发愤图强，为振兴中华而奋斗，这是更现实而具体的爱国主义教育。

（7）注意发展智力和培养能力。一是通过讲述教材中的基本理论，培养学生的地理思维能力。例如，通过对“工业布局的分析”，可形成对工业分布的“空间差异”的思维能力。地理分析就是要对各种分布类型进行描述和解释，探索其形成的自然及人文原因，以及这些原因是什么时候发生影响的。像美国传统工业集中在五大湖—宾夕法尼亚州，而新兴工业则向西部、西南部“阳光地带”移动，这就要分析其自然的和人文的原因。二是适当介绍学术界对某些重要问题的不同论点，引导学生思考。对于对这些问题有兴趣的学生，可以培养他们向这方面进行探索和研究。例如，大气中的CO_2的增多，是否会使世界气候变暖，对人类生活有无影响？三是通过问题和练习，在可能条件下，组织参观调查，分析当地资源、能源的利用状况与环境的关系，等等。

学校地理教学改革中的几个问题*

中共中央在《关于教育体制改革的决定》中对目前教育存在的主要问题，中肯地指出："在教育思想、教育内容、教育方法上，从小培养学生独立生活和思考的能力很不够，发扬立志为祖国富强而献身的精神很不够，不少课程内容陈旧，教学方法死板，实践环节不被重视，专业设置过于狭窄，不同程度地脱离了经济和社会发展的需要，落后于当代科学文化的发展。"

对照中央的指示，下面谈一谈我个人对学校地理课程的地位和作用、地理课程的设置、教材改革等问题的感受和看法。

一、正确认识地理课程在中小学教育中的作用和地位问题

自 17 世纪中叶捷克著名教育学家夸美纽斯倡导学校教育实行班级教学以来，地理、历史、物理等课程实行分科教学，至今已有 300 多年

---

* 原载《中学地理教学参考》1986 年第 1 期。

历史。我国自清末光绪二十九年十一月（1904 年 1 月）实施《奏定学堂章程》以来，中小学地理课程的设置和教学也有 80 多年历史，只是“文化大革命”时期，中小学地理教学受到严重破坏。长期教育实践的经验证明：地理课是中小学不可缺少的基本文化课程之一，地理基本知识是作为一个有文化的公民应该具备的文化素养。随着现代科学技术的发展，地理教学的内容又具有新的时代意义，日益受到许多国家的重视。究其原因，主要有两个：一是社会生产和人们生活的需要；二是政治和思想建设的需要。

从社会生产方面来看，农业生产同自然条件的关系十分密切，所谓因地制宜，发挥地区优势，就是要懂得当地自然的、经济的、社会的各种特征，按照客观规律办事。万里副总理在 1985 年召开的“全国农村工作会议”上的讲话中指出：“随着农村商品生产的发展，许多县和省对农业资源进行了调查和区域规划，对本地区自然地理、经济地理、人文地理的了解有很大进步，因而在经济工作的指导和改革的领导上也有了很大进步。”这就是说，掌握一定的地理知识，是搞好农村经济工作的一个很重要的条件。工业生产除了需要资金、设备、技术条件外，还需要考虑原料、动力、市场、水源、厂址等因素，这些都是同地理有关的知识。17 世纪至 19 世纪，欧洲学校把地理单独设科教学，这也是适应资本主义上升时期对外扩张、通商贸易的需要。

从人们生活方面的需要来看，人们的衣、食、住、行、工作、学习、听广播、看电视，经常都会接触到有关地理方面的问题。在旅游业蓬勃发展的今天，人们对旅游地理的知识饶有兴趣，地图在人们的日常生活中已成为不可缺少的工具。特别是我们面临的是一个现代信息社会，国内、国际交往日益频繁，如果没有全国的、全球的空间观念——空间结构、空间布局、空间联系的观念，就会成为一个时代的落伍者。

从政治思想教育方面来看，地理教学对培养学生的爱国主义、国际主义、辩证唯物主义思想具有重要作用。当然，不同历史时期、不同社会制度的国家，通过地理课对学生进行思想政治教育的内容是不同的，所要求达到的目的也不一样。例如，德国法西斯曾利用所谓“人种优劣”“生存空间”等谬论，向德国青少年灌输对外扩张、侵略的毒素，为希特勒发动第二次世界大战制造舆论。过去日本帝国主义者用所谓“大东亚共荣圈”的谎言去欺骗在日本军国主义统治下的青少年。旧中国的许多有志之士，在学习了中国地理和中国历史以后，激发了爱国热情，投身挽救国家于危亡、振兴中华的革命洪流。新中国成立以后，地理教学在教育学生抗美援朝、保家卫国、开发边疆、建设社会主义新中国等方面都曾起到积极作用。“文革”期间，教育战线是重灾区，中小学的地理、历史教学几乎全被取消，也就是把对学生进行爱国主义教育的重要阵地予以摧毁。粉碎“四人帮”以后，学校正常的教学秩序逐步得到恢复。五届人大四次会议《政府工作报告》指出：“各级学校都要加强中国历史和地理的教学，这是对学生进行爱国主义教育的一个重要内容。”因为爱国主义教育都是同祖国的地理事物、历史人物、历史事件、文化传统、社会制度、经济建设成就等具体事实联系在一起的。人们把滔滔黄河、滚滚长江、蜿蜒雄伟的万里长城作为祖国的象征，这种思想感情的寄托是很自然的。

20世纪60年代以来，地理教学又有了新的时代意义。自从现代工业迅猛发展后，大量的地下资源被发掘利用，特别是作为动力资源的煤炭、石油、天然气的大量燃烧，废气、废水、废渣无休止地向空中、陆地、水体排放，造成环境污染，威胁着人类的生存。不可更新的资源越用越少，出现了某些资源日益短缺的危机。地球上人口的增长速度愈来愈快，在亚非拉许多不发达国家，人口增长的速度同经济发展的速度不适应，这就出现了世界性的人口问题。在工业发达的国家中，城市人口日益膨胀，出现人口城市化问题以及随之而来的若干城市问题。因此，资源问题、人口问题、环境问题成为全世界人类普遍关心的问题，如何协调好人类与环境的关系已成为现代地理学研究的中心课题，也是许多国家学校地理教学的重要内容。这些问题不仅发达国家存在，发展中国家也不同程度存在。现在我国在进行“四化”建设，资源问题、人口问题、环境问题也日益突出。为了使我们的子孙后代能够具有科学的资源观、人口观和环境观，懂得人类生态系统的基本知识，在从事生产建设时，把经济效益、社会效益和环境效益统一起来考虑，不去干那种杀鸡取卵、自毁家园、贻害子孙后代的蠢事。这是时代赋予地理教学新的历史使命。

我国中小学地理教学自从1978年初中先恢复了中国地理和世界地理的教学，1981年又在小学和高中重新设置了地理课，并且规定高中地理主要讲人类与地理环境的关系。几年来，在中央和地方领导同志的重视下，在广大地理教师的努力下，学校地理教学已取得不少成绩，但是地理课在学校教育中所应起的作用，特别是这门课程新的时代意义，它在贯彻“教育要面向现代化、面向世界、面向未来”的方针中所能发挥的重要作用，并不为广大教育领导部门和学校领导所理解，很多地理教师经常由于地理课要遵命为主科“让路”，无法完成教学大纲所规定的任务而苦恼。地理教师在学校也得不到应有的尊重。为此，1983 年教育部专门发了一个《关于改进加强中学历史和地理教学的通知》，文中指出，由于一些学校不重视历史、地理二门课，任意砍掉或削减学时，压缩内容，不进行考试、考查，教师年年换人……，造成学生地理、历史知识贫乏，智力片面发展，严重地影响学生思想政治觉悟的提高及革命人生观和共产主义信念的树立。文件中强调今后必须充分认识开设史地两门课程的重要性，严格按照教学计划开课，教师队伍要稳定；并指出在评级、调薪、分房、奖励先进时，对地理、历史教师不应歧视，同时还要努力改进教学。这个文件已下达了两年，有的地区、有的学校的地理教学情况有所改善，但是文件的精神并未普遍为教育领导部门和学校领导所理解和接受，地理教师的苦恼依然存在，地理教学的改革和研究也就困难很多。究其原因有两方面。

一是对现代地理学科的内容和在学校教育中所起的作用缺乏认识。长期以来，人们习惯上把地理看作文科，我国古代以记述山川、郡县、物产、道路、关隘等内容为主的地理志多附在历史书籍中，因而史地并称，同属文科。至于以自然地理为基础、以区域地理为中心的近代地理科学，一般人则不很熟悉。现代地理学研究人类生态系统和空间关系，一般人就更陌生。高等学校地理系属理科，高考科目中文科考地理，理科不考地理。地理学科的属性究竟是什么？大家很模糊。我们认为，地理学的内容既有理科的属性，如自然地理，也有社会科学的属性，如人文地理。它是跨学科的综合性学科。地理学科是研究地球表面各种地理事物和现象（自然的和人文的）相互联系、相互制约的关系，以及这些地理事象在不同区域的差异性和相似性，其中人地关系问题是地理学科研究的中心课题。爱国主义、辩证唯物主义和全球观点的教育是地理学科思想教育的精髓。有的同志认为学习地理就是记住一些山川、城市、交通线路和物产的名称，没有什么高深理论，多学、少学、不学关系不大，这是很大的误解。作为现代社会有理想、有道德、有文化、有纪律的一代新人，不论是学文、学理或走向社会，都应该具有一定的地理知识。学文的，如果当记者，不懂自然地理，就无法报道像南极考察、青藏高原考察所见到的各种自然现象的来龙去脉；搞理工的，不懂人文地理，就不会综合考虑生产建设中的经济效益、社会效益和环境效益，好事可能会办坏。

在教育思想上，我们要改变长期以来，重理轻文的倾向；在理科教学中要改变只重视数理化，而忽视地球科学和生物科学的偏向，因为这不符合现代社会和现代科学技术及生产力发展的需要。

二是片面追求升学率的思想作祟。不少地区、不少学校自行规定，初中升高中不考试的科目，高中升大学不考试的科目，就不开课或减少上课时数，美其名曰“让路”。这样初中史地课就不被重视，高中学生准备升学理科的班级，地理、历史课也形同虚设，或是根本不上，而所谓的文科班级，史地课的课时又增加了很多，国家的教育方针和教学计划根本无法贯彻执行。目前高中毕业生能够升入大学的只是一小部分，大部分学生成为陪读的牺牲品。学校领导要史地课“让路”，就是要爱国主义给功利主义让路，要学生的德智体全面发展给某些学科知识的片面发展让路，其后果正如教育部 1983 年通知中所说的那样，是非常严重和不容忽视的。

怎样才能使学校地理教学发挥其应有的作用和获得国家颁发的教学

计划中的应有地位？我想，随着中央《关于教育体制改革的决定》的学习和贯彻执行，只要端正教育思想，改变中等学校的教育结构，改革升学考试办法，改革教学内容和教学方法，现在出现的地理教学中的一些不合理现象，是会逐步得到解决的。

我们的任务一是向不了解学校现代地理教学内容和意义的同志作必要的宣传、解释，争取领导和社会的理解与支持；二是在地理教学改革方面作出成绩，使学生爱学这门课程，在知识、能力、思想觉悟方面都得到显著提高，以取得学校、社会的承认。据我所知，有不少高中学生学了地理以后，认为开阔了眼界和心胸，知道了许多在数理化课程中所无法知道的广阔自然界的事象，以及人类同地理环境的相互作用。有些学生积极参加课外的天文、气象、环境监测、野外考察等小组活动，撰写出很有水平的科学小论文，立志要为建设祖国边疆、合理开发和利用各种资源、美化祖国环境等社会主义建设事业而奋斗。这就是地理教学近期的成果和收获。

教育的周期比较长，今天我们辛勤播下的种子，要在十年、二十年或更长时间才能看到它的丰硕成果。现在我们呼吁要发挥学校地理教学的应有作用和地位，乃是为了面向现代化、面向世界、面向未来的需要。

二、关于中小学地理课程的设置问题

从国内、国外中小学教学计划中地理课程设置演变的情况来看，有以下一些趋向。

（一）多数国家从小学三、四年级起，到高中毕业班，各年级都连续设置有地理课，一般每周 2 课时左右。有的国家在小学阶段地理课不单独设置，而是将有关地理的教学内容综合到自然课中，如苏联。也有将自然地理知识综合到理科，人文地理知识综合到社会科中，如日本。初中阶段一般设置自然地理基础知识、世界地理和本国地理。高中阶段，西欧各国侧重讲人文地理为主的区域地理，近年有向专题地理问题研究发展的趋向，如联邦德国九、十年级地理课讲环境的组成。苏联高中阶段，两年讲经济地理，一年讲天文学。日本高中地理课程集中开设在高一，一门是地学，一门是地理。

近几年，若干国家新公布的教学改革计划，总的精神是减少课程门类和周时数，但是在日本、苏联新的教学计划中，地理课程的内容和教学时数，却是增加而不是减少。例如日本高中实行学分制，原来规定要选读 85 个学分才能毕业，现在减为 80 个学分。地理和地学原来各 3 学分，现在这两门课程各增加到 4 学分。1984 年 4 月苏共中央和苏联部长会议《关于进一步完善青年的普通中等教育和改善普通学校工作条件的决议》中，要把现行十年制学制延长到十一年，并指出“在学生的经济学和生态学的教育中，要充分利用学习地理学的可能性”。苏联教育科学院对十一年制学校地理课程设置的课程方案，除保留传统的自然地理、各洲自然地理、苏联自然地理、外国经济地理、苏联经济地理五门课程外，还新增加“人与自然的相互作用”和“经济生态问题”。

（二）在必修的地理课外，增加选修课。如苏联普通学校教学计划与地理有关的选修课程有：社会主义的工业基础、社会主义农业的经济基础、地质学、地形学和地图学等。日本高中除将基础地理知识综合到

“现代社会”“理科Ⅰ”两门必修课中外，地理和地学都是选修，只不过学生必须在地理、日本史、世界史三门课程中选读两门，在地学、生物、物理、化学四门课程中选读两门。

（三）课程的综合化趋向。由于现代科学日新月异的发展，自然科学与社会科学既在纵向继续深入，分科日益精细，又在横向延伸，经历着综合化的过程，各门学科相互渗透，趋于结合。这种结合有利于揭示客观世界整体运动规律，解决当代重大的科学和社会问题。现代地理学重新将自然地理和人文地理结合在一起，就是这种综合化的趋向之一。日本在教学改革中，更进一步作了多学科综合的尝试。例如：将物理、化学、生物、地理综合为“理科Ⅰ”，使学生从整体方面来认识自然界的物质结构、物质运动和变化、能量转换、生态系统和生态平衡；将历史、地理、政治、经济、伦理、道德观念综合为“现代社会”，使学生了解资本主义现代社会的结构和问题。

1984年11月，中国教育学会地理教学研究会与课程教材研究所曾在太原召开学术会议，专门研讨了我国中小学地理课程设置与教材结构问题，多数意见认为今后普及初中后，小学与初中的地理课程可以不再分段搞两个循环。鉴于小学自然将理化生地的知识综合化，从观察、实习、实验入手，认识自然界。小学地理也可同历史、思想品德课综合为“社会”课，以认识人类社会为主。初中以自然地理为基础，区域地理为主要内容，使学生认识乡土、认识祖国、认识世界的地理环境。高中讲人类与地理环境关系的方向是正确的，但需要适当增加课时。此外，高中还应开设天文学、地质学、人文地理、区域地理、地图学等选修课，以适应不同爱好和不同才智学生的学习需要。

三、关于中小学地理教材的改革问题

今天，人类处在一个所谓“知识爆炸”的时代，不但知识数量增加，而且知识更新周期缩短，知识物化过程加快，因此传统的教育学、传统的学校地理教学已不能适应现代社会的需要。当代教育革命的主导思想集中在如何提高教育效率上，教育目的从根本上应是培养学生不断学习的能力，发展其智力。美国教育心理学家布鲁纳提出的课程结构学说认为：“教学与其说是使学生掌握学科的基本知识和技巧，不如说是教授和学习其基本结构。”学科的基本结构，是指学科知识的基本概念、原理和规律性。他的理由是：（1）掌握了基本概念或原理可以理解许多特殊现象；（2）可以更好地记忆科学知识；（3）能促进知识和技能的迁移，即举一反三，触类旁通；（4）能够缩小高级知识与初级知识之间的间隙。

目前，我所见到的一些发达国家新出版的地理教材有以下特点。

（一）在加强基础知识的同时，重视培养学生智力和发展学生能力。

（二）在基础知识方面，重视基本概念、原理和规律性知识的讲授。对地理事实材料则注意精选，有的作为参考资料提供给学生分析、研究，让其自己得出结论。

（三）突破自然地理、人文（经济）地理、区域地理的传统编写模式，多以人地关系为线索，使自然与人文实现有机的统一。有些世界地理教材也改变了传统分洲、分国罗列现象和事实材料的描述手法，着重讲世界性问题的研究和分析，如世界经济的现状、发展与趋势，国际经济发展的不平衡性，走向世界性的市场经济以及国际贸易中作为矛盾焦点的小麦、石油等。在世界区域地理方面则选择一些典型国家进行分析。例如：日本新编高中地理教材的世界地理部分，将西亚和北非合成一章讲其共同特点；将美洲分为盎格鲁美洲（加拿大和美国）和拉丁美洲两部分；苏联单独列为一章。联邦德国的区域地理教材，在讲述外国地理方面作了如下选择：日本——本国缺乏自然资源的工业国家，埃及——尼罗河的礼物，英国——典型的岛国等。

（四）教学内容随着地理科学的发展和人类社会面临的新问题而有所更新。如现代地理学的新理论（板块学说等）、新观点（生态系统等）、人类面临的新问题（资源、能源、人口、环境等），地理学研究采用的新技术、新方法（计量、遥感等），在中学地理教材中，均有不同程度的反映。

（五）在城市人口比重大、现代化程度高的发达国家，有以城市地理问题为中心设计教材的倾向。如英国高中使用的一种“英国地理”课本，就是以城市地理问题为中心编写的，而在有关部分融入自然地理的内容。

（六）小学和中学低年级教材，注意从观察、实验、调查入手，让学生自己动手动脑，去认识客观世界中存在的地理事物和现象，以获得知识，中学高年级则加强理论和规律性知识的教学。

（七）教材中文字叙述部分减少，彩色照片、图片、启发性的问题和练习题增多。

我国中小学的地理教材，这几年也在不断探索和研究改革中。例如，新编的小学地理第一部分“认识我们的家乡”，就是让学生从认识自己周围的地理环境开始，然后进一步去认识祖国，认识世界。高中地理以人类与地理环境的关系为线索组织教材，从地球的宇宙讲到人类赖以生存的地表自然环境，用系统论的观点将天体系统、地表的物质循环、能量转换、生态平衡、板块构造学说等新的地学理论融入其中，然后进一步讲到人类社会面临的资源、能源、粮食、工业布局、人口、城市化、环境等问题，既注意了基础知识、基本理论的阐述，也注意到启迪学生的智能。教材内容既注意结合我国社会主义建设实际，也注意研究和分析世界性的问题，有利于对学生进行爱国主义教育和“三个面向”的教育。

初中地理教材也处在研究如何改革中，1985 年开始使用的中国地理和世界地理教材，除了将原来的通用教材，删繁就简，适当补充了一些新内容外，并改写了中国地理下册第十四章，将这一章分为第十四、第十五、第十六章。第十四章讲“区域特征和区域差异”，第十五章讲“交通运输和贸易”，第十六章讲“利用资源，保护环境”。编写这几章教材时遵循了以下一些原则。

第一，改变传统的偏重知识传授的编写法，适当讲述一些学习地理的方法。如第十四章第一节在学生已掌握全国分区地理事实材料的基础上，帮助他们懂得用综合法认识地理区域的整体性，用比较法认识区域之间的差异性和相似性。

第二，增强与地理有关的国情和国策的基本知识，深入进行爱国主义思想教育。如“沿海与内地”这一节教材在阐明我国沿海与内地的范围、区域差异、对外开放的 4 个经济特区、14 个海港城市、海南岛、长江三角洲、珠江三角洲、闽南三角地带等地理事实材料的基础上，进一步讲述“发挥沿海优势”和积极开发与建设内地的意义和关系，使学生懂得对外实行开放的方针，充分发挥沿海地区的优势以后，我们就可以有更多的力量，开发内地资源，帮助内地进行建设。沿海与内地是互相支援，共同协作，都得到更好发展的关系，而不是对立的关系。

又如，在“平原与山区”这一节教材中，在阐明平原是我国重要农业生产基地的同时，指出我国人均耕地面积在逐年减少，让学生自己解答为什么国家要把“珍惜每一寸土地”“计划生育”作为基本国策。过去的地理教材对山区在全国的重要地位、开发山区的深远意义强调不够。新编教材，将山区在全国所占的面积，分布在山区的人口、耕地、县城数量占全国的比例，山区资源、能源的开发潜力，山区的旅游资源等，扼要向学生作了介绍。目的在于使学生了解我国是一个多山国家的国情，开发山区和建设山区既有现实意义又有长远战略意义。

第三，注意联系社会生产和生活实际，适当增加了有关人文地理的知识。过去的地理教材，联系社会生产和经济建设方面的内容较多，联系社会生活方面的人文地理内容较少，这次改编时，两者兼顾。例如：在“农村、牧区与城市”一节中，既讲了农村人民的生产情况，南方与北方如何因地制宜，种植不同的作物，采用不同的耕作制度等；也讲了同南方、北方地理环境相适应的人民生活风俗习惯。像北方农村房屋的建筑材料，原来多就地取材，以土坯垒墙，屋内有土炕，可以生火取暖；南方则以石块、竹木、砖瓦为主，屋顶斜坡大，便于排水。北方人的主食多为面食，逢年过节有吃饺子的习惯，冬天下雪后，堆雪人、打雪仗是孩子们最有趣的游戏。南方人的主食多为大米，生长在江河湖海边的孩子们多爱游泳，端午节的龙舟竞赛，是南方水乡传统的娱乐和运动项目。

在讲城市的主要特征时，指出城市里不种庄稼，也不饲养禽畜，主要是制造货物，从事服务业。课文中特别对服务业的部门、服务范围作了比较详细的说明。这样可使学生获得有关第三产业的初步知识，也为他们今后积极参加第三产业的工作做好思想准备。

第十五章“交通运输和贸易”各节所讲的内容都是人文地理方面的基本知识，在当前城乡经济体制改革，对内搞活经济、对外实行开放的方针下，这些知识同生产发展和人民生活的关系非常密切，所以教材中以一定篇幅来使学生了解这些问题。

第四，改变过去课文从概念出发，单一的说明文式的表达方式，注意从感性到理性，用多种表达形式，来激发学生的学习兴趣。

首先，从分析课文里彩色照片上的图像，或是阅读《中国地图》册上的各种地理要素分布图入手，再引入课文。

其次，阅读选自报纸杂志上的新闻报道，增强其感性认识，以便更好理解比较抽象的概念。如在“保护环境”一节课文中，插入了选自《中国环境报》的两段报道，一段是关于广西石山地区生态环境遭到破坏和好转以后的对比，另一段是大连港治理污染、美化环境的成果。用这些事实材料来说明保护环境的必要性和可能性。在“农村、牧区与城市”一节课文中，从《人民画报》上选了一篇《蒙古包内外》的访问材料，比较详细而生动地介绍了牧区人民生产和生活的情况，让学生课外阅读。

最后，适当采用一些地理性强的又为学生所熟悉的歌词，来引起学生的学习兴趣。如讲“牧区的广阔天地”时，开头是这样写的：“蓝蓝的天上白云飘，白云下面马儿跑，挥动鞭儿向四方，百鸟齐歌唱。”这是牧区的人们在歌唱自己的家乡。这样写的目的是使教材表达形式生动活泼一些，以便引起学生的学习兴趣。

第五，注意启迪学生的地理思维，培养学生的能力。过去每节课文的问题和练习，都安排在课文之后，目的是复习巩固所学知识。这是必要的。新编教材增加了一些问题和练习，把它们插入课文之中，这样可使讲练结合，便于教师进行启发式教学。

上述对中国地理教材的初步改革是否可行，尚有待通过教学实践来检验，希望大家多提意见，为进一步全面改革教材积累经验。

高中地理教学改革的理论与实践*

一、1981年在我国高中重新设置地理课的时代背景

新中国成立以前，在我国初中和高中两阶段的地理教学，大多以中国地理和世界地理为主，采取两个循环的方式组织教学。从初一到高三，每个年级的地理课，大体上均为每周2课时，虽然初、高中所讲区域地理知识的详略有所不同，但不可避免地有若干重复之处。教材按西方百科全书式和我国传统地方志的编写方式，往往罗列现象，对各种地理要素相互联系、相互制约的关系缺少科学分析。对人地关系的认识，受当时西方地理环境决定论思想的影响，有不少错误观点。教师的教学方法为单纯灌输知识，学生的学习方法为死记硬背。

新中国成立以后，20世纪50年代前期，学习苏联经验，初中以自然地理为主：初一讲自然地理基础知识，初二讲世界地理，初三讲中国地理。高中以经济地理为主：高一讲外国经济地理，高二讲中国经济地

---

* 原载中国教育学会秘书处编：《新时期教育改革的探索——中国教育学会第二次全国学术讨论会论文选集》（第六分册　外语、物理等七科教改），中国盲文出版社1986年版。

理，高三未设地理课，也未设天文课（苏联十年级设天文学）。这一时期，初、高中地理均加强了地理基础知识和基本技能教学，重视对学生进行辩证唯物主义、爱国主义和国际主义思想教育，地理教学质量显著提高。不足之处是初、高中阶段的自然地理与经济地理割裂，高中阶段缺少地球科学基础知识的教学。对人地关系的认识，在批评了地理环境决定论的错误以后，高中经济地理教学，片面强调生产方式中生产关系在社会发展中的作用，回避人与自然关系的研究，因而出现了“生产关系决定论”的偏向。

20 世纪 50 年代至 60 年代初期，教育战线在“左”的和实用主义思想的影响下，将历史、地理、生物等中学基本文化课程的教学内容和课时大量削减。在地理方面，取消了初一自然地理和高中两门经济地理课程，使学生对地球表面的自然现象和对人类社会经济活动的认识大大削弱，地理学科的科学性、思想性、教育性均受到损害。

“文革”期间，教育战线是重灾区，中学地理教育更进一步受到破坏，各校初中的中国地理和世界地理也几乎全都停开。这样就使我国青少年对地理完全沦入无知状态，学校的爱国主义教育往往成为一句空话。①

与此同时，特别是 20 世纪 70 年代以来，世界各国面临新技术革命的挑战，人类活动的领域由地球表面扩展到宇宙空间和海洋深部，地球上的人口剧增，环境质量日趋恶化，非再生性能源（石油、煤、天然气）供应紧张和自然灾害频繁出现，使日本、美国、西欧各国都在高中

---

① 陈尔寿、吴履平著：《中小学地理教育的回顾与前瞻》，《教育研究》1979 年第 1 期。

地理课程中，加强了地球科学（有的单独设课）和有关资源、能源、人口、城市化和环境问题的教育。1977 年美国 A. C. 奥恩斯坦在其所著《美国教育学基础》一书中论及“现时课程的趋向”时写道：“对环境污染、人口过剩、食物和自然资源耗竭等问题高度重视。人们日益需要更多的有关生态学和环境教育的新知识，以及新教学计划。有关这些方面的内容，长期以来包括在传统的地球科学、生物学、地理学和资源保护方案中。这些新的要求更有实际意义，需要更协调的方案去解决危机问题，去解决全世界生态系统在危机中再不能供应增长的世界人口问题。”①

1976 年，粉碎“四人帮”以后，教育战线拨乱反正，1977 年教育部颁发的《全日制十年制学校教学计划（试行草案）》中，先在初一和初二恢复了中国地理和世界地理的教学。以后，经过全国地理、地质、天文、气象、海洋等 11 个学会以及教育界有识人士的呼吁，1981 年教育部在修订中学教学计划时，决定在五年制中学的高一、六年制中学的高二设置一学年的地理课，每周 2 课时，要求讲“人与地理环境”。②这就是 1981 年我国高中重设地理课的时代背景。

---

① （美）A. C. 奥恩斯坦著，刘付忱等译：《美国教育学基础》，人民教育出版社 1984 年第 1 版，第 232 页。

② 1981 年教育部颁发的《全日制六年制重点中学教学计划试行草案》《全日制五年制中学教学计划试行草案的修订草案的意见》。

二、建立以“人类与地理环境关系”为中心线索的高中地理教学新体系

对高中重新设置的一个学年的地理课，按什么体系和内容进行教学，当时是有不同意见的。有的主张按地球科学的体系组织教学，理由是数、理、化、天、地、生是六大基础科学，为了增进学生地球科学的基础知识，高中地理课程可改名为地学；有的主张仍按传统的自然地理和经济地理的体系组织教学。我们认为应建立具有我国社会主义特点的“人类与地理环境关系”的新教学体系。理由如下。

第一，我们要摆脱 20 世纪 50 年代学习苏联时，将自然地理与经济地理割裂的思想影响。实际上 1960 年苏联地理学家 V. A. 阿努钦在其所著的《地理学的理论问题》一书中，既抨击了“非人生”的自然地理学，也抨击了“非自然”的经济地理学。他抨击地理决定论的思想，认为那是资产阶级地理学，但也抨击非决定论的另一极端。① 我们应按照人与自然对立统一的辩证观点来正确认识这一问题。恩格斯在《劳动在从猿到人转变过程中的作用》一文中指出：“动物仅仅利用外部自然界，单纯地以自己的存在来使自然界改变；而人则通过他所作出的改变来使自然界为自己的目的服务，来支配自然界。”他接着指出：“但是我们不要过分陶醉于我们对自然界的胜利。对于每一次这样的胜利，自然界都报复了我们。”② 在人类社会发展的进程中，随着生产力和生产关系的不断发展，科学技术的日益进步，人类在利用自然和改造自然、创造现

---

① （美）普雷斯顿·詹姆斯著，李旭旦译：《地理学思想史》，商务印书馆 1982 年第 1 版。

② 恩格斯：《自然辩证法》，人民出版社 1971 年第 1 版，第 186 页。

代社会的物质文明方面，取得了日新月异的巨大成就，但是，也要看到环境的客观属性同人类的主观要求之间，环境的客观发展过程同人类有目的的活动之间，往往存在着矛盾。现代社会所出现的资源、人口、环境等问题，就是这类矛盾的具体反映。重新设置的高中地理课应该以地球科学的基础知识和基本理论为基础，使学生正确理解地理环境的结构及其发展、变化的基本规律，了解人类与地理环境的相互作用，懂得协调人类发展与环境关系的意义和途径。这是现代地理学研究的核心问题①，也是我国四个现代化建设过程中需要很好解决的问题。它不仅有现实意义，还具有长远的战略意义。

第二，我们认为新建立的高中地理课程的教学体系和内容，既要反映现代地理科学发展的方向，也要符合学生学习的需要和社会的需要。1980 年，我有机会参加中国中小学教材考察团去日本考察，深感日本举国上下对教育工作的重视，值得我们学习。在日本中学的教学计划中，地学属理科，地理属社会科，分别设置。理科中理、化、生、地并重；社会科中，史、地、公民并重。初一讲日本地理；初二讲世界地理；初三第一学期讲生物，第二学期讲地学。日本高中为学分制，1980 年的教学计划中，地学与地理都设在高一，各为 3 学分。据日本文部省 1979 年的统计，高一学生选修“地理”的占该年级学生总数的 96.9%，选修“地学”的仅占 34.5%。原因是日本高中学生毕业后，考大学报考文科的多，就业的多从事第三产业，因而学生认为属于社会学科的地理知识就比属于理科的地球科学知识对他们更为需要。1977 年日本修

① 高泳源：《二十世纪地理学的发展》，《世界地理集刊》第三集，商务印书馆 1982 年版。

订中学教学计划时，为了弥补以往高一学生只选地理或只选地学，知识不全面的缺陷，对1982年实施的高中新教学计划，在高一增设了两门必修的综合课，各为4学分。一为“现代社会”，其中有“人类和环境、人口和资源”的地理内容；一为“理科Ⅰ”，其中“自然界的平衡”和“人类与资源”属于地学的内容。原来地理和地学两门选修课仍保留，各增加到4学分。① 从日本多年来的教学实践证明，在高中只开地学课，不讲现实社会中存在的人文（经济）地理问题，是不能满足学生需要和社会需要的。这一点对我们很有启发。

第三，地理学科既有理科的属性，如自然地理的内容，也有社会学科的属性，如人文地理的内容。世界上绝大多数国家的中学教学计划中仍沿用传统的“地理”学科的名称，而将地球科学的内容纳入其中，只有日本将“地学”与“地理”分列。美国有些中学的高中选修课中，也有单开“地球科学”的。我国高中在不能同时开设“地理”与“地学”两门课程的情况下，就没有必要取消高中地理的名称，另开新的“地学”课，而应将地学与地理的基础知识结合在地理课中进行教学。

1981年，教育部修订全日制中学教学计划时，规定高中地理讲“人与地理环境”，是考虑了这些意见的。

三、高中地理教材改革的指导思想和编写原则

邓小平同志1978年《在全国教育工作会议上的讲话》中指出：“我

① 陈尔寿：《日本中小学的地学和地理课程》，《课程·教材·教法》1983年第2期。

们要在科学技术上赶超世界先进水平，不但要提高高等教育的质量，而且首先要提高中小学教育的质量，按照中小学生所能接受的程度，用先进的科学知识来充实中小学的教育内容。”① 这是指导我们编写适合我国社会主义现代化建设需要的中小学教材的重要方针，当然也是改革和编写地理教材所应遵循的方针。

（一）关于如何衡量高中一、二年级学生的接受程度，我们在编写1982年开始试用的高中地理教材时，是从以下几方面考虑的。

1. 参考1981年北京、上海、天津部分高中试教“地学”或“地理”的经验，以及20世纪50年代和新中国成立以前，我国高中地理教材的程度。

2. 新编教材有关地学的内容应不超过同年级数学、物理、化学教材的程度，有关人文地理的内容应不超过同年级语文、政治、历史的程度。

3. 同国外学校同年级的地理和地学教材相比，应大体接近。但又应从我国实际出发，使教材便于教和学，并有一定的选择性和灵活性。

（二）关于如何用先进的科学知识来充实高中地理教材时，我们考虑了以下两方面的问题。

1. 必须反映现代地理科学的发展状况，用新的地理科学理论、新发现的地理材料、新的科学观点和方法、新的研究问题来代替传统的已陈旧的教材内容。例如，关于全球构造的新理论——板块构造学说，生态系统和生态平衡的理论，人地协调论的观点，用系统论的方法研究空

---

①《邓小平文选》（1975—1982年），人民出版社1983年版，第101页。

间系统、人类——生态系统的结构、活动和演变，以及资源、能源、人口、环境等新的研究问题，都应在教材中得到反映。当然，传统的有用的地理基础知识、基本理论、基本技能仍是我们应继承的教学内容。

2. 必须反映心理学、教育学和教学论的新成果。我国心理学家潘菽在其所著《心理学简札》中指出："智育的主要内容，应该是对思维能力的培养。""过去的教育强调死记硬背的书本知识，强调填鸭式的教学方法，这都是忽视思维教育的明显表现。"① 在课程设计方面，由于现代科学技术的迅猛发展，培养人的目标在变化，于是出现了许多新理论，像布鲁纳的"知识结构"、赞可夫的"理论课程"和根舍因的"范例教学"等。其总的趋向是："既要研究学科的知识结构，选择最基本的东西进行教学，使之能够迁移，收到举一反三的功效；又要充分调动学生的积极性，发掘其潜力，培养其能力。"②

我们在编写高中地理教材时，改变过去自然地理、经济地理罗列事实材料的传统方式，着重选择本学科最基本的概念和理论，以"人类与地理环境的关系"为中心线索组织教材。例如，以物质循环、能量转换、生态平衡的基本理论，来阐述天体系统、地球运动、大气环流、水循环、地壳运动、自然带的地域分异，使学生对地理环境的综合性、整体性和区域差异性有规律可循。在人类与地理环境的相互作用方面，通过人类对资源、能源的开发利用，现代化工农业生产的发展，人类自身繁衍和聚居，所出现的人口膨胀、城市化问题、粮食问题、环境污染问题，来阐述人类与环境对立统一的关系，以及协调人类与环境关系的途

---

① 潘菽著：《心理学简札》下册，人民教育出版社 1984 年 3 月第 1 版，第 339 页。

② 吴杰、乔晓东：《课程论的历史发展所揭示的问题》，《课程·教材·教法》1985 年第 2 期。

径。我们认为学生掌握了这些基本理论和概念，就能够触类旁通，举一反三，自行理解许多特殊现象和具体问题。在作业方面，也改变过去以复习巩固所学知识为主的命题方式，增加了观察、判断、推理、分析、图解等形式的练习。总的目的，是要发展学生的地理思维、启迪学生的智能。

（三）在增强教材的思想教育性方面，除了以辩证唯物主义的观点贯穿整个教材以外，还注意了以下几点。

1. 深入进行爱国主义思想教育，增强学生对国情和基本国策的理解。初中中国地理对学生进行爱国主义教育，以祖国山河壮丽、物产丰富等感性知识为主，帮助学生树立民族自豪感。高中地理应以理性知识为主，使学生理解我国的国情是地大、物博、人口众多，人均资源并不富饶，地区差异显著，地理环境既有其优越性，也有其不足之处。基本国策有“珍惜和合理利用每一寸土地”“实行计划生育”“保护环境”等，帮助学生树立科学的资源观、人口观和环境观，以及遵纪守法观念，这既是爱国主义思想教育生动而具体的内容，也是培养学生共产主义道德品质的重要内容。

2. 以历史唯物主义发展变化的观点、实是求是的态度，论述世界和我国工农业生产及其布局的发展变化、社会主义国家和资本主义国家在生产上的本质区别及存在的问题。过去经济地理讲工农业生产，多半是静态地讲述分布现状，强调生产关系变化所产生的影响，很少谈技术革命生产力发展对工农业生产结构和布局所产生的影响。对资本主义国家的工农业生产只揭露其本质上的腐朽性，而不谈其在生产技术、企业布局和管理方面的某些可取之处。对社会主义国家的经济建设只谈成就，不指出存在的问题等。这样的片面性已经改变。

3. 帮助学生面向世界，树立全球观念。教材的结构，本着从宏观到微观、从整体到部分、从世界到中国的体系，先讲地球的宇宙环境，再讲构成地表自然环境的圈层结构，然后讲资源、能源、农业生产和粮食问题、工业生产和工业布局、人口与城市、人类和环境等问题。讲这些问题时都是先世界、后中国，把中国同世界联系起来认识，在目前处于信息社会、我国实行对外开放政策的时代，这对开阔学生视野，了解现代社会中人地关系所存在的主要问题是有好处的。

（四）为了便于教和学，教材注意了图文并茂。凡能用图像、表格表达的，尽量用它们表达，以减少文字叙述。高中地理上下册（试用本）共有彩色照片 23 幅，黑白照片 9 幅，示意图、分布图、素描图共 180 幅。① 目的在加强教材的直观性，发展学生的形象思维，提高教学效果。

四、三年来高中地理教学实践的初步收获

（一）改变了传统陈旧的以记述为主的地理教学内容，提高了地理学科的科学性、思想性和教育性，特别在“教育要面向现代化、面向世界、面向未来”方面，高中地理较好地体现了这一精神。

人类与地理环境的关系问题是现代化工农业生产迅速发展后所突出的矛盾，也是目前我国社会主义建设中存在的问题。解决这个问题，一

① 陈尔寿等编：高级中学课本《地理》（试用本）上下册，人民教育出版社 1984 年第 3 版。

方面要加强思想教育，一方面要在发展生产的过程中，用防止污染的现代科学技术和管理措施来解决。环境问题是一个世界性的问题，也是关系人类和地球未来的问题。从1982年起，我们在高中地理课中，系统地进行有关这方面问题的教育，是比较及时的。1982年，日本新出版的高中“理科Ⅰ”“现代社会”“地学”“地理”课程的课本中都突出了这方面的内容。1984年，苏共中央和苏联部长会议作出《关于进一步完善青年的普通中等教育和改善普通学校工作条件》的决议中，特别指出：“在学生的经济学和生态学的教育中，要充分利用学习地理学的可能。”① 苏联教育科学院在为苏联新的十一年制学校所设计的地理课程方案中，中学阶段在保留传统的五门地理课程的基础上，建议增加“人与自然相互作用”的地理教学内容。② 这说明我国高中地理教学改革的方向同世界发达国家地理教学改革的趋向是一致的。

（二）激发了高中学生学习地理的兴趣和积极性，促进了地理课外活动的开展，发展了学生的智力，培养了学生的能力。

广大高中（包括师范学校）学生学习了高中地理以后，开阔了眼界，思想驰骋到宇宙空间、海洋、森林、田野、工厂之间，认识到人类与环境相互作用的许多问题，因而对这门学科的学习产生浓厚兴趣。四川省德阳县孝泉师范一个学生谈道：“以前认为地理课枯燥难学，现在才知道地理学是一门趣味性很强的科学，它把我们带进了一个广大的生机勃勃的神奇世界。我们生活在地球上的人，要是上不知天文，下不知

---

①《教育工作情报》第29期，1984年7月5日中央教育科学研究所教育情报研究室编。

② 刁传芳：《苏联中小学地理教材简介》，《课程·教材·教法》1984年第6期。

地理，将是一生的憾事。”①

由于高中地理要求教师结合教学内容积极开展星空观察、气象观测、地震测报、环境监测、野外考察、城乡经济建设调查等课外活动，这就为学校实行课内外结合，开阔“第二课堂”指出了活动渠道，为发展学生智力和培养学生能力创造了条件。例如 1984 年暑假，参加全国各种科技夏令营的青少年有五万多人，其中地学夏令营（包括地理、天文、地质、气象、海洋、环保等）共达一万多人，居第一位。②

又如 1984 年，上海市教育局教学处等单位联合举办中小学“可爱的祖国”地理竞赛活动，高中学生竞赛的项目为撰写科学小论文。论文作者能把书本上所学的地理知识灵活运用，还参考了很多资料，进行多次观测、考察、调查等活动，取得第一手实践资料和数据，写出了有一定质量的小论文。各区县选送上来的有 66 篇，经过专家评定选中的有 30 篇，其中《未来不久的上海城》《长兴岛自然资源的合理开发和利用》《川沙县农村的生活能源问题》等论文都得到专家的好评。松江三中张金明同学说：“通过这次有意义的竞赛活动，激发了我对家乡的热爱之情，对高中地理课本上所学到的地理知识有进一步理解和掌握，并学会在实践中去使用它。”③

全国许多中学生在开展课外地理小组活动方面取得成绩的例子很多，像广州市执信中学开展课外地震测报小组活动，他们创制的《地声

---

① 陈笃行：《中学地理教学中大小课结合问题》（地理课外活动经验选集稿），人民教育出版社。

② 北京市二中地理组：《地学活动促进了青少年的全面成长》（地理课外活动经验选集稿），人民教育出版社。

③《上海市中小学“可爱的祖国”地理竞赛活动小结》（地理课外活动经验选集稿），人民教育出版社。

探测自动记录仪》曾获得全国青少年科技制作展品二等奖。① 上海华东师大二附中气象小组根据实地调查、观测资料写的《城市热岛与市政建设》论文，获得上海青少年五届科学论文二等奖。② 常州戚墅堰机车车辆工厂中学几年来配合地理教学，坚持进行气象观测、天气预报，开展大气污染方面的环境监测，所写《厂矿中学气象与环境保护》论文，在1983年铁道部工厂中学地理教学经验交流会上被评为优秀论文，该校气象小组为附近工农业生产积累了三万多个有价值的气象科学数据。③

由于高中地理教学和课外活动的积极开展，大大激发了青少年的爱科学、爱祖国的热情。近两年，高中毕业生中，第一志愿报考地质、地理、海洋、石油、天文、气象、环保等系科的人数均有所增加。

（三）促进了地理教师的知识更新和教学方法的改进。

为了帮助新担任高中地理教学的教师熟悉教材，掌握地理学科的新知识，我们在《人民教育》《课程·教材·教法》《地理知识》等杂志，分别写了介绍高中地理课程设置与教材编写指导思想与内容要点的文章。全国大部分省（直辖市、自治区）的教育厅（局）教研室、教育学院、地理学会、地理教学研究会都为高中地理教师举办了专题讲座或开办了培训班，帮助教师更新知识，提高业务水平。例如，1982—1983年北

① 广州市执信中学廖觉娴：《开展学校地理科技活动，促进学生能力发展》（地理课外活动经验选集稿），人民教育出版社。

② 华东师大二附中曹康缓：《开展地理科技活动，培养学生科技素质》（地理课外活动经验选集稿），人民教育出版社。

③ 潘芸：《充分发挥小气象站的作用，为教学和生产服务》（地理课外活动经验选集稿），人民教育出版社。

京市地理学会和北京教育学院，在全国地理学会、天文学会、气象学会、海洋学会、环境学会等单位的协助下，举办了32次专题讲座，请专家讲课，每周一个半天，领听讲证的教师有280多人。以后又陆续举办了8个大专程度的地理师资培训班，受训学员有300多人；并为新疆、宁夏以及农牧渔业部所属农场中学办班代培地理教师，共130多人。

广大地理教师通过努力自学，或经过培训，原先感到高中地理内容深、新问题多、教学困难的同志，现在也认为高中地理教起来有味道，学生学起来有劲头。由于高中地理第1～5章讲地球科学的基本理论和规律，教师无法用老一套照本宣科的方法上课，因而也就促进了教学方法的改进，比较普遍地注意用图表分析，幻灯片教学，组织学生进行星空观察、野外考察等，前面所讲的开展地理课外活动的收获，也是改革教学方法所取得的成果之一。

（四）巩固了高等师范院校地理系的教学阵地，并推动了高师地理系课程的改革。

“文革”期间，我国大部分高等师范院校的地理系虽然受到冲击，接近瘫痪，但还是比较幸运地保存了下来。不过，在高中没有地理课的情况下，高校地理系四年制本科有无办下去的必要就成了问题，因为只培养初中地理教师，办二年制专科就行了，于是地理系本科学生的专业思想很不稳固。从1982年起，全国高中陆续开设地理课以后，这个问题就基本得到解决。

自从20世纪50年代以来，高师地理系的课程设置，一直仿效苏联高等学校的模式，将自然地理同经济地理分开，并且向综合大学地理系看齐，部门地理课程越开越多，越分越细。例如，自然地理方面，就开设有地球概论、地质、地貌、气象和气候、水文地理、土壤地理、动植物地理等。由于 1982 年高中地理的课程体系改变以后，高师地理系的课程设置也提出了一些改革方案。1984 年 10 月教育部高教一司在上海召开的高等学校地理教学大纲编审委员会组长扩大会议上，许多师院地理系主任都主张积极创造条件，设法开设综合性的普通自然课程，减少部门自然地理课的门类，以适合中学地理教学的需要。还提出将“中国自然地理”与“中国经济地理”合为“中国地理”；将“各洲自然地理”与“外国经济地理”合为“世界地理”；并注意培养学生自学和组织课外活动的能力。

五、存在的问题

高中地理教学改革虽然有上述一些初步收获，但还存在以下主要问题。

（一）中学地理课的地位和作用，还未得到应有的认识和重视，不少同志仍把地理看成是单纯记述性的文科课程。特别是在片面追求升学率的思想影响下，由于目前高考理科类不考地理，有些学校为升学而划分出来的理科班就不上地理课，使学生受不到现代地理科学知识和爱国主义思想教育。因此，端正教育思想非常必要。

（二）地理师资严重不足，业务水平急需提高。据 1984 年教育部计划司的统计，全国高中在职地理教师共 16 586 人，其中大学本科毕业的仅 6 484 人，占 39％；专科毕业的 4 667 人，占 28％；没有达到专科毕业水平的有 5 435 人，占 33%。有些县城高中或边远地区的高中，往往因缺乏地理教师而开不了课。因此，积极培养地理师资，帮助在职地理教师提高业务水平，改进教学方法，就成了提高地理教学质量的关键。

（三）高中地理课的课时过少，难以很好发挥本学科在地球科学、生态学和环境科学、人文地理学方面对学生进行“三个面向”教育的作用。目前苏联、欧洲各国的高中阶段，基本各个年级都连续设有地理课，一般为每周 2 课时。日本集中设在高一，地理、地学、理科Ⅰ、现代社会每周都各为 4 课时。我国的台湾、香港、澳门的高中，各个年级也都有地理课，每周 2～3 课时（参考附表）。现在我国六年制中学只有高二每周有地理 2 课时，不少教师认为现行地理教材中的内容，都是学生应该掌握的基础知识，但课时太少，难以完成任务，并且实践环节无法在课内进行。上海市不少学校将高中地理改为每周 3 课时，教学效果较好。因此，在进一步修订中学教学计划时，要改变过去重理轻文、在理科中又忽视地学和生物学的偏向，通盘作出合理安排。

（四）教材需要进一步修订，使其完善。目前的地理教材，各方面反映，基本方向是正确的。但如何更便于教和学，尚有不少问题需要在实践中总结经验，加以改进。一是内容较多，跟课时不适应；二是程度深浅要求不一，有些重点学校认为较浅，一般学校认为较深，在我国各地区、各学校教育发展不平衡的情况下，一种程度的教材看来是难以适应多层次的需要的；三是教材的知识结构和表达形式如何能更好发展学生的智力、培养学生的能力也有待进一步探索。

（五）地理教学设备和现代化教学手段还很落后，除了少数重点学校以外，进行地球科学教育所需的仪器、标本、模型、图片等都很缺，现代电化教育手段的使用也不多。这是我国地理教学同发达国家之间存在的明显差距。

我们相信，在全国认真贯彻中央关于教育体制改革的决定以后，地理教学中所存在的问题，当会逐步得到解决。

【附表】

表 1　我国现行全日制六年制中学地理课程的设置

年级	初一	初二	初三	高一	高二	高三
地理课程	中国地理	世界地理			地理（人与地理环境）	
每周课时	3	2			2	

表 2　我国台湾省高中地理及地球科学课程标准（1971 年公布）

年级	高一	高二	高三
地理课程	地学通论 世界地理	世界地理 中国地理	地球科学 人文地理①
每周课时	2	2	2

（初中阶段，初一、初二为中国地理，初三为世界地理，每周大约各为 2 课时）

①适合文科班学生。

表 3　我国香港和澳门地区中学地理课程的设置

年级	一	二	三	四	五	六
地理课程	香港地理 中国地理	外国地理	外国地理	人文地理	自然地理	新地理概念
每周课时	2	2	2	2～3	2～3	2～3

表 4　苏联现行十年制学校地理及天文学课程的设置

年级	五	六	七	八	九	十
地理课程	自然地理	各洲自然地理	苏联自然地理	外国经济地理	苏联经济地理	天文学
每周课时	2	3	2	2	2	1

表 5　日本六年制中学的地理与地学课程（初中 1981 年实施，高中 1982 年实施）

年级	初一	初二	初三	高一	
地理课程	世界地理	日本地理	地学（下学期）	地理②	地学③
每周学时①	2	2	4	4	4

①高中为学分制。

②高一学生在地理、日本史、世界史三门中必须选两门。

③高一学生在物理、化学、生物、地学中必须选两门。此外，必修的“现代社会”含地理，必修的“理科Ⅱ”含地学。

表 6　联邦德国九年制完全中学专题类的地理课程

年级	五	六	七	八	九	十	十一	十二	十三
地理课程	我们发现世界		地球的生存及其共同规律		环境的组成		特定的地理问题		
每周学时	2	2	2	2	1	2	1	2	

表 7　联邦德国九年制完全中学区域地理类的地理课程

年级	五	六	七	八	九	十	十一	十二	十三
地理课程	德国地理	欧洲地理	欧洲和美洲地理	亚洲和大洋洲地理	德国地理	德国地理	以世界全局观考察自然地理和经济地理		
每周课时	2	2	2	2	1	2	1	2	

稳定和充实高中地理课程*

一、高中地理课程的变化

中华人民共和国成立四十年来，我国高中地理课程很不稳定，时兴时废，变化曲折。20 世纪 50 年代初期，中学教学计划中高中地理课程的设置，沿袭传统办法：高一、高二为本国地理，高三为世界地理，每周均各为 2 课时。教学内容，本国地理暂用商务出版、王成组编的教材，分全国总论和区域分论两部分，全国地理区划分为六大地带 31 区。世界地理暂用上海联合出版社出版、卢村禾和陈尔寿合编的教材，分世界总论、各洲地理两部分。中外地理都含有自然地理和人文地理的内容。

1954—1958 年，学习苏联，高一改设外国经济地理，讲各洲社会主义国家和主要资本主义国家的政治经济地理。高二改设中国经济地理，讲全国经济地理总论和六大行政区的经济地理。每周各为 2 课时。高三未设地理课。苏联学校十年级设天文学，每周 1 课时，我国高中未

---

* 原载《课程·教材·教法》1989 年第 11 期，署名“陈尔寿、吴履平”。

开设这门课。

1958年，在“教育大革命”“课程砍一半”的思想指导下，高中两门经济地理课均被取消。1963年，认识到高中不设地理课的缺陷，这一年教育部颁发的全日制中学教学计划和中学地理教学大纲，规定初一设中国地理，每周3课时，学习中国地理总论和各省级行政区地理。高一设世界地理，每周3课时，学习全球概述和分洲分国地理。1966“文化大革命”后，高中地理课程未能按教学计划开设。1976年粉碎“四人帮”后，1978年，教育部颁发的《全日制十年制中学教学计划》中，初一、初二设中国地理和世界地理，高中未设地理课。

1979年，中国地理学会教育工作委员会在无锡开会，向教育部呼吁在高中恢复地理课；并建议在高一设自然地理（或地学），高二设经济地理，每周各2课时。教育部1982年在修订全日制中学教学计划时，决定在五年制中学的高一、六年制中学的高二设置一学年的地理课，每周2课时。1982年9月，教育部办公厅和中国地理学会在厦门联合召开了一次关于中小学地理教学大纲的讨论会。人民教育出版社受教育部委托，草拟了一份高中地理教学大纲（初稿），在规定的有限课时内，以地球科学的知识为基础，人地协调论的观点为指导思想，按系统地理的组织形式，将自然环境、资源和能源、人类生产活动的主要部门——工业和农业，以及人口、城市、人类与环境的基础知识，组成高中地理的教学内容。与会代表基本上同意了这一方案。同年，人民教育出版社按这一教学大纲（草案）① 编了试用教材。教材在试用过程中曾不断修

① 教育部未颁发这个教学大纲（草案）。

改。1987年年初，国家教委颁发的《全日制中学地理教学大纲》的高中地理部分，是在不改变现行高中地理教材体系的基础上，增加了对基本训练的要求，经中小学教材审定委员会地理学科审查委员会讨论，由审定委员会审定通过。

回顾四十年来高中地理课程的历程，20世纪50年代初期是过渡时期；中期服从当时政治经济的需要，突出学习政治经济地理，忽视地球科学基础的学习。1958年至1981年的二十四年中，我国高中完全中断了地理教学。这是极不正常的状态。1982年至今，高中恢复了地理课，按人地协调论的观点和新的教学体系进行教学，受到广大师生、地理学界、国家有关部门（如环境保护、建设、林业、计划生育委员会等）的普遍欢迎。在高中受到地理教育的学生，对增进地理科学知识、树立正确的环境观、资源观和人口观，增强爱国主义思想和环境意识等方面，均有不同程度的收获，并在社会实践中产生了一定效益。例如，不少高中学生在课外活动中，运用所学地理知识进行乡土地理调查，所写小论文和提出的建议，对当地社会主义建设起到良好作用。

现行中学教学计划中高中地理的课程设置和教学内容也有某些不足之处，我们认为主要有四方面。

（一）课时较少，教学内容比较狭窄，不能适应现代社会和我国社会主义建设对地理知识的需要。因为进行国情教育需要较多有关环境、资源、人口的知识；对外开放，发展有计划的商品经济，需要一定的世界地理和本国区域地理的知识；向太空、海洋进军，需要一定的天文、气象、海洋等知识。同苏联、日本和欧洲许多国家的高中相比，我国高中地理的课时偏少，学习的年限也短。

（二）只有必修课，没有选修课，不利于因材施教，也不能适应学生分流的不同需要。从为理科培养人才的角度看，现行教学大纲中有关地球科学的知识较浅，一般只有定性的论述，缺少定量分析的方法，基本上没有实习和实验；从文科培养人才的角度和就业的需要看，人文地理、经济地理的内容也较少，特别是中国和外国区域地理的知识较为单薄，只有初中的中外地理知识是不够的。因此，现在有些综合大学开设了“世界地理”公共课程，为一些科系的大学生补课。这本来是高中阶段应完成的教学任务。

（三）高中地理在有些中学和有些班级未得到应有的重视。这主要是教育思想问题，特别是高考时理科类不考地理，有些学校便自行改变教学计划，把高中分为理科班和文科班，理科班不开设地理课。也有些教育行政部门和学校领导不了解现行高中地理教学的内容与现代社会生产和生活的密切关系，仍停留在把地理看作是地志式单纯记述地理事物的学科，因此认为这门学科开设与否无关紧要。

目前我国高中课程设置方面需要整体研究改进的问题是：语文、数学所占的课时太多，并且不分层次，一刀切；在理科中重视物理、化学，轻视生物和地学；在社会学科中，轻视历史、地理。英国科学家指出，下一个世纪人类面临的最大危机是生态危机，我国社会主义建设面临的严峻形势是人口剧增、环境污染、自然退化，如不及时重视对学生进行环境、生态、人口等国情知识的教育，后果不堪设想。看看日本现行高中的教学计划，必修课的“理科Ⅰ”中，物理、化学、生物、地学并重；在必修的“现代社会”课中包含了公民、史、地知识。在理科类设理、化、生、地四门选修课，各为 4 学分，必选两门；社会科设世界史、日本史、地理三门，也各为 4 学分，必选两门，没有偏科现象。

（四）高中地理的教学内容，在正确阐明人地关系方面，有些部分还论述分析不够；有些部分又与生物、政治等科的内容重复。如高二地理、高三生物都讲有关生态的基础知识，今年高二政治课改讲“经济常识”，与地理课的农业、工业部分有某些重复。这需要加强横向联系，统筹安排。

二、对高中地理课改革的设想

（一）高中地理应开设必修和选修两类课程

1. 地理必修课必须稳定。所学内容应该是高中学生毕业后，升学的不论学理、学文，就业的不论从事何种工作，都应具备的、能符合“面向现代化，面向世界，面向未来”的地理知识。我们认为现行《全日制中学地理教学大纲》高中地理的指导思想、知识体系和结构基本上是可取的，已为全国大多数教师所接受，并创造了不少宝贵教学经验，应在稳定这一成果的基础上加以调整、改进。从全国来讲，没有必要为改革而另起炉灶，这跟 1982 年重新建设时不同。至于个别地区、个别学校搞改革实验，可以创新大改，成功后再推广。必修课以设在高一为宜，这样可为以后学习选修课奠定一定基础。教学时间以学习一学年，每周 3 课时较为合理。目前教学改革的总趋势是减少必修课的课时，为什么高中地理要求比现行教学计划增加 1 课时，原因是高中地理的教学内容包括地球科学、环境科学、经济地理、人文地理最基本的知识，并需联系乡土实际来教学，它们是现代社会中有一定文化素养的人应该具有的知识，加上实践活动，目前每周2课时太少。四十年来，我国高中地理的课时减少太多，只有20世纪50年代初期的三分之一，中期的二分之一，可是有些学科的课时则增加很多，比例失调。我们认为，各学科课时的安排，应该根据培养目标和社会发展的需要，全面合理调整。即使高中地理必修课调整为一学年每周3课时，也比苏联和欧洲许多国家以及我国台湾省高中地理必修课的课时少。

2. 选修课还可再分为两类：一类是有志文科的学生必选的“人文地理”，教学内容应包括人文地理概论（含经济地理）和区域地理（将世界分为若干单元，含中国在内，以中国为主），学习时间为一学年，每周3课时，设在高二；有志理科的学生必选的“地球科学”，学习内容以天文、气象、地质、海洋、环境科学的基础理论和自然灾害的实际，以及观察实验为主，在高一地理的基础上，再提高一步。学习时间也为一学年，每周3课时，设在高中三年级。

另一类选修课，可由各地区和学校根据需要和条件，自定选修科目，如可开设天文学、地质学、人口学、环境保护、测量绘图等。

（二）高考的科目要与高中地理课程对应

普通高中不是公民教育，也不是职业技术教育，尽管普通高中近期的毕业生，只有三分之一左右能升入大专院校，但是为高一级学校输送优秀人才乃是普通高中的任务之一。高中必修的地理课的教学内容，可作为毕业考试或会考的科目。文科必选的人文地理应作为地理系经济地理、人文地理等专业和文科有关院校科系的高考科目；地球科学应作为地理系自然地理专业和理科有关院校科系的高考科目。

（三）教材建设

今后教学大纲统一，教材有多种。不同教材可以有不同的风格和特色，由教师选择使用。广义的教材，不仅指教科书，还应包括教师用书、地图册、挂图、图片、幻灯片、模型及其他教具等，要有步骤地成套建设。

（四）师资培训

教改成败的关键在有无能适应改革需要的师资队伍。1982 年高中地理刚恢复，在试用新教材时，由于时间紧迫，来不及事先培训教师，因此在教学中对自然地理部分感到困难较大。这几年经过多方面培训，教师大多数已能适应。今后，高中如开设新的选修课，师范院校、教育学院、教科所、教研室的地理科系和部门要大力做好这方面的培训工作，否则，设了课没有教师能教，还是要落空的。

地理课程发展与社会进步*

一、地理知识的传授与学校地理课程的设置

地球是人类之家。人类的生活与生产活动都同地理环境息息相关。人类之间的交往、旅行、商业活动、信息传递，以及国际关系都是在一定地域空间进行的，因此地理知识是人们经常的和必要的知识。远在有文字记载以前，人类为了了解生存环境，就注意考察周围的地理事物，区别一个地方同另一个地方的差异，并将自己的见闻和臆测告诉别人。自从有了文字以后，地理资料就被陆续记载下来传诸后世。

在西方和东方的古代学校中，地理知识是结合在有关学科中传授的。例如，古代埃及人为了预测尼罗河的泛滥时间，就产生了天文学，要测量和计算被尼罗河水淹没的土地，就产生了算术和几何学，这样，地理就与天文学、数学相结合。希腊人认为公元前8世纪荷马所写的史诗《奥德赛》，是西方最早的地理著作，这是地理与文学的结合。中国

* 原载《课程·教材·教法》1990年第11期。

封建社会的学校，地理知识的传授多与历史相结合，如中国历代的史书中，大多有地理志的专门篇章，如《汉书·地理志》等。

在近代学校中，地理作为一门学科在中小学单独教学，是17世纪中叶捷克教育家夸美纽斯所主张，并逐渐为西方学校普遍接受。这是西方进入资本主义社会以后，随着生产的发展，科学的进步，资产阶级民族国家的建立，航海事业的兴起，殖民主义对外扩张和掠夺的需要，地理就被认可为普通学校必要的基础课程之一。20世纪初期，中国清朝政府于1905年宣布废除科举取士制度，改用现代学校制度，引进西方科学文化，地理也就成为中国中小学的必修课程之一，一直延续至今。但是，在不同社会发展时期，不同国家、不同学校中，地理课程的设置、教学目的、教学内容、教材结构、教学方法并不一样。特别是近十年来，许多国家为了适应现代社会进步的需要，都在研究探索教育改革的途径，作为基础教育组成部分的地理学科也在不断发展变化之中。

二、地理教学目的和教学内容的变化

传统学校地理教学的目的，是把历代人们已知的地理知识传授给后代。早期的地理教学内容属于“百科知识”性质，以地志形式出现的描述为主，着重讲述世界各地“有什么”地理事物，“在什么地方”和“是什么样”的。

19世纪中叶以后，随着地理考察和科学研究的进步，西方以德国亚历山大·冯·洪堡为代表的地理学家，开创了近代地理科学的新时期，地理学科逐渐形成以自然地理为基础，以区域地理为中心的教学体系。

教学内容在讲述地理事物特征和分布时，进一步试图说明“为什么”。当时，对人地关系的解释，主要是受“地理环境决定论”的影响。

20世纪30年代“环境决定论”衰落以后，由于科学技术的发展，人类的生产和社会活动给自然带来巨大变化，生产力迅速发展。这样，就使一些学者产生人类通过高级与发达的科学技术就可以控制自然、征服自然、改造自然等思想。在这种过分夸大科学技术力量和人的主观意志的情况下，不少地方出现了不顾客观规律，盲目发展生产，破坏生态平衡，无节制地大量消耗能源和资源，造成环境污染和资源短缺。加上世界人口剧增，城市人口膨胀，环境质量恶化，环境问题、资源问题、人口问题已成为当代全人类面临的严峻问题。这些问题也就成为学校地理教学的主要课题。

1980年，国际地理联合会主席、英国伦敦大学教授M.J.怀斯在东京举行的第24届大会上致开幕词时指出：“在今日世界人口日增，环境变化急剧、资源匮乏和自然灾害频仍的处境中，如何去协调自然环境与人类文化生活的关系，已成为国际地理学界面临的主要课题。”这种人地关系协调论的提出，也为地理教育的理论思维开辟了新途径。我们既要教育学生懂得“为什么”会在地球上出现这些问题，还要指导学生不断去探索这些问题，研究“怎么办”的对策，在人们生活和生产活动的实践中，如何保护环境、合理利用资源、控制人口增长、参与社会进步决策，协调好人类活动与自然环境的关系，使社会进步与良好的生态环境能够伴生与共存。

在思想品德教育方面，所有国家都在地理教学中，进行热爱自己祖国的教育。在科学技术突飞猛进，人类接触日益频繁，经济文化互相渗透的信息时代，许多国家在地理教学中都把本国地理作为世界的整体部分来认识，教育学生要保卫世界和平，保护生态环境，尊重别的国家和其他民族。在平等互利、互不干涉别国内政的原则下，加强国际间的友好合作，设法消除发达国家与发展中国家存在的政治上、经济上的不平等，以求得全人类的共同进步和发展。中国现行的学校地理教材，在进行爱国主义教育的同时，加强了培养学生的全球观念和国际意识。

三、地理课程结构的变革

近十年来，许多国家的教育改革，都在注意培养德、智、体、美、劳全面发展适应现代社会进步需要的后代，研究如何改进学校课程结构，减轻学生学习负担，以利于学生身心发展和进取开拓精神的培养。

地理学科所学的内容，既有属于理科性质的自然地理，也有属于社会学科性质的人文地理。在日本中小学教学指导书中，明确规定“地学”为理科课程，“地理”为社会科课程；多数国家的课程表中统称“地理”，一般属于社会科，中国也是这样。但是，有的年级专讲自然地理，有的年级专讲人文（或经济）地理。在讲国家地理或区域地理时，则多为自然与人文地理的综述。

目前，日本、美、苏等国在小学阶段，地理已不单科教学，而将必要的知识综合至“自然”和“社会”课中。中国新制定的九年制义务教育小学阶段的课程也是如此。

中学阶段，地理课程结构改革的趋向是：在综合化方面做了研究试验；适当安排地理必修课和选修课的科目和时数；精简地理学科过于烦琐和学生不易接受的知识，突出与现代社会进步有关的重点内容。

（一）地理学科内容的综合化

1. 跨学科的综合

为了使学生从整体上认识自然界和现代社会，克服分科教学各成体系、既少联系又有重复的缺陷，许多国家都在设计和试验综合课程。20 世纪 80 年代，日本在高中开设了必修的“理科”和“现代社会”。1989 年，在总结这两门综合课教学经验的基础上，制定了高中新的“综合理科”和“现代社会”课的学习指导要领，1994 年开始实行。“综合理科”的教学要领为：（1）自然的探究；（2）自然界的变化；（3）人和自然；（4）课题研究（如就自然环境进行调查等）。“现代社会”的教学要领为：（1）人类和文化；（2）环境与人类生活；（3）现代的政治经济和人类。

英国 1988 年开始实行的国家课程中的“科学课”（适用于 5～16 岁的学生），也是一种跨学科的综合课。它将整个科学教育内容纳入 22 个题目之中，其中有丰富多彩的生活、生命过程、遗传与进化、人类对地球的影响、物质的类型和应用、制取新物质、物质性能的解释、大地和大气、力、电和磁、信息传递、能量的转换、能源、声和音乐、光的应用、宇宙中的地球，以及有关探索和研究、交流，科学的应用等课题。

1989 年，苏联国家教育委员会普通教育总局也在建议苏联普通中学开设“自然科学与技术”和“社会科学”的综合课，主要目的是在整体地对待形成统一的世界科学图景基础上，加强教育的社会文化的明确方向。

近年，中国在上海、长春的少数学校中也在进行综合课的研究与实验。

综合课是科学技术发展对教育改革提出的要求，但是它不能完全代替分科教学的内容，所以日本高中仍有选修的“地理”和“地学”课，英国的国家课程中仍有“地理”。

2. 地理学科内的综合

20 世纪 50 年代，中国中学地理课程在初中阶段讲普通自然地理和以自然地理为主的区域地理，高中阶段讲中国经济地理和外国经济地理，将统一的地理学分割为二，在教学中难以阐明人类经济活动与自然的相互作用。60 年代以后，中国在高中阶段取消了上述两门经济地理课程。80 年代初期，我们在高中重新设置地理课时，考虑到人类在地球上现在所面临的主要问题和社会进步的需要，决定以环境、资源、人类活动的相互关系为线索，将自然地理与人文地理的教学内容，综合为以下体系（图 1）。

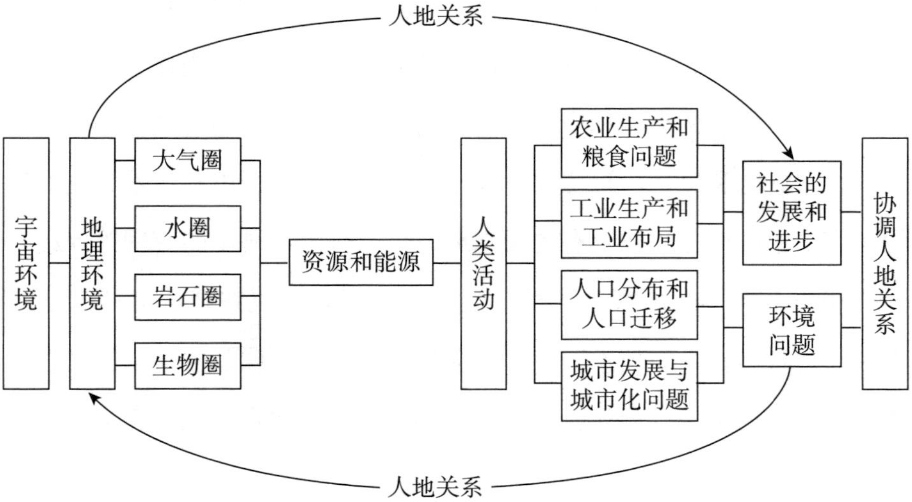

图 1　20 世纪 80 年代以后高中地理课程的知识体系和结构

在这个体系中，认识地球所处的宇宙环境，是认识地理环境的开端。地理环境是人类活动的场所，它为人类社会的存在和发展提供了必要条件，了解地理环境的结构，各圈层的性质、特点、分布、相互联系和相互制约，是人类认识自然界的基础。资源和能源也是地理环境的组成部分，但它存在于各圈层之中。人类活动与地理环境的关系，主要是通过人类对资源和能源的利用而产生的。所以，资源和能源是人类活动与地理环境之间的纽带。

人类利用资源和能源从事各种活动的结果，一方面使社会生产不断发展，促进了社会的进步，创造了现代社会文明；另一方面由于对自然规律认识不足和对环境保护不力，出现了人口膨胀、环境污染、生态平衡失调、资源匮乏等环境问题。解决这一问题的途径，就是协调好人地关系。

经过八年来的教学实践，广大教师反映，现行高中地理的知识结构，能使学生从整体上获得有关地理学科的基础知识和基本理论，并能应用于社会实际，有助于形成学生正确的环境观、资源观和人口观。

（二）适当安排地理必修课与选修课的科目和时数

为了发展学生个性，减轻学生过重的学习负担，以及有利于因材施教，一般原来对分科教学统一性要求过多的国家，多在减少必修课的科目和学习时数，而增加选修科目。例如，苏联十一年制普通学校现行教学计划中的地理课，分别设在 6、7、8、9、10 五个年级，每周共 10.5 课时。1988 年，苏联教育委员会公布的普通中学试验性教学计划，地理仅设在 7、8、9、10 四个年级，每周课时减为 9。日本高中的新教学计划，“地理”和“地学”，分别是社会科和理科组的选修科目，并且内容灵活多样。例如，高中社会科中除必修世界史以外，可在地理A、地理B、日本史A、日本史B四门中选修两门。

原来课程设置比较分散，对分科教学缺少统一要求的英、美等国，不利于为培养合格人才打下必要的基础，普通学校学生的质量不高。为此，英国议会通过了《1988年教育改革法》，规定义务教育阶段（5～16岁）的学生都应学习包括地理在内的十门基础课程。1983年美国高质量教育委员会给美国政府的报告中，认为不仅要加强几乎处于危险境地的数学和科学教学工作，还更需要加强英语、历史、地理、经济和各种外国语的教学。近年来，美国有34个州开设有“全球教育”课，旨在将世界是一个互相依存的实体思想传播给学生。

中国中学地理原来全是统一的必修课，分设在初一至高二的五个年级，每周共12课时。1958年，强调减少课程门类，简单地将初一自然地理、高一外国经济地理、高二中国经济地理取消，仅在初一设中国地理，初二设世界地理，每周共5课时，使地理基础知识质量下降。1982年，高中恢复以人地关系为主要内容的地理课，现在设在高一，每周3课时。1990年调整后的高中教学计划，在高三设有学习区域地理的选修课，每周4～6课时，供爱好文科的学生选修。新的高中教学计划的改革方案，正在研究制定中。

四、地理教学大纲和教材结构的改革

目前，许多国家地理教学大纲和教材，都在突破传统的“百科知识”“地志式”或是自然地理与经济地理分裂的旧模式，而在精选教材，从以下几方面进行改革。

（一）加强地理基础知识教学，重视基本概念、原理和规律性知识的传授，便于学生举一反三，触类旁通，促进知识迁移。

（二）注意发展学生智力和培养学生能力，特别是运用地图、各种图像和统计图表研究地理事物、分析地理问题的能力，以及进行实地观察、调查和探究问题能力的培养。

（三）在世界区域地理和国家地理方面，改革过去“分洲列国志”罗列地理事实材料的叙述法。突出人类与自然、人类与社会在区域方面的特点和主要问题，选择有代表性的国家加以介绍。例如，我们新编初中世界地理教材时，在区域地理部分，将世界分为东亚—日本，东南亚—新加坡，南亚—印度，西亚和北非—埃及，撒哈拉以南的非洲—科特迪瓦，欧洲—英、法、苏联，北美洲—加拿大和美国，拉丁美洲—巴西，大洋洲—澳大利亚，南极洲。这样，突出重点，就大大减轻了学生的学习负担。

在中国地理方面，加强总论和国情教育，减少对各地区的详细叙述，留出一定课时（约 10 课时），由各省（自治区）和市、县编写省（自治区）地理和县市地理教材，进行本省区地理和乡土地理教育。这样，既便于联系实际，增进对地理知识的实际感受和认识，又能为学生毕业后参加当地社会主义建设提供必要的乡土知识，培养学生调查研究的能力。这一要求，深受教师、学生和社会的欢迎。目前全国已有近千个县编出本县的乡土地理教材。武汉市从 1988 年以来建立了课内课外相结合的乡土地理教学体系和制度，全市有 300 多个班、2 万余师生参加了地理野外观察、社会调查等活动，学生写出了 8 000 多篇调查报告和小论文，制作、收集的地理模型、图表、实物约4 000多件，使学生的知识、能力、思想品德得到全面锻炼和发展。

综上所述，地理课程随着科学技术发展和社会进步的要求，正在不断改革和探索之中，由于人类与自然环境的相互作用日益密切，人类既从利用自然中获得社会进步，又因破坏生态环境而出现令人忧虑的问题。人类社会也因交通、通信的进步，交往频繁，经济文化生活互相渗透，世界已成为一个互相依存的整体，因此，地理知识就成为作为现代社会公民必不可少的基础知识。至于地理课程如何改革，各国可根据本国具体情况，进行探索研究。国际间可广泛交流经验，互相学习，取长补短。因为教育的周期比较长，各学科分科教学体系的建立，经过上百年的历史，现在各学科观点、内容、结构的更新，以及各学科的综合，也需要经过一定时间的探索、实验过程，方能总结出较好的经验，找出某些共同规律。

1949年以前的我国中小学地理教育*

地理知识是人类生活和生产方面经常的、必要的知识。远古时期，人类获得地理知识，主要靠口头传授；文字发明以后，则由文字记载下来，世代相传。我国古代学校中没有单独设置的地理课，地理知识多分散在经、史、子、集等书籍中。特别是中国历代的史书内，大多有地理志的专门篇章，如《汉书·地理志》等。

清朝末年，我国沿海城市，出现了少数教会办的近代学校，如1839年美国传教士在澳门办的马礼逊学堂，1850年法国天主教在上海建立的徐汇女中，1864年美国传教士在北京创设的贝满女校和在山东登州开办的文会馆，1892年美国女传教士在上海建立的中西女塾等。这些学校的课程表中，均设有分科分年级教学的地理或地学。中西女塾则把地理、天文、动植物、物理、化学总称为格致课。

当时，我国有识之士所办的新式书院和清政府所办的少数学堂，如

* 选自陈尔寿著：《地理教育与地理国情》，人民教育出版社1998年版。本文主要内容原为《中学地理教育概论》（江苏教育出版社1992年版）第二章《我国中学地理教育的演变》中的第一、二部分。作者后对之作了补充和修订。

上海正蒙书院（1878 年）、天津中西学堂（1895 年）、上海南洋公学（1897 年）等均设有舆地课。至于地理课成为全国中小学必修的基础课程，是在清政府废除科举取士制度，改用近代学校制度，引进西方科学文化，于 1902 年（光绪二十八年）颁布的《钦定学堂章程》中所规定。这个章程次年修订为《奏定学堂章程》，于光绪二十九年十一月十六日（1904 年 1 月 13 日）公布施行。从这时开始，全国的中小学课程中就开设有必修的地理课。

新中国成立前，在不同时期，中小学的学制、教学计划、教学要求不尽相同，学校地理课程的设置和教学内容也有所不同。现分述如下。

一、1904—1911 年

这个时期中小学共 14 年，其中初小 5 年，每个年级每周有地理 1 课时；高小 4 年，每个年级每周有地理 2 课时。小学地理课时占小学总课时的 4.8%；中学 5 年，每年都有地理课，地理课时占中学总课时的 6.1%。当时，小学地理课程各年级的安排如表 1 所示。

表 1　清末小学堂各年级地理课程

阶段	初等小学堂					高等小学堂			
年级	一	二	三	四	五	一	二	三	四
地理科目	本乡地理	本乡地理	本县本府本省地理	本国地理	本国及邻国地理	本国地理	外国地理	外国地理	本国地理
每周课时	1	1	1	1	1	2	2	2	2

1909 年以后，初等小学地理不再单独设科，有关史地知识安排到国文课中，高小地理仍单独设置。

当时，中学地理课程各年级的安排如表 2 所示。

表 2　清末中学堂各年级地理课程

年级	一	二	三	四	五
地理科目	地理总论 亚洲地理 中国地理	中国地理	外国地理	外国地理	地文学
每周课时	2	3	2	2	2

我国最早自编的新式地理教科书，为 1901 年在上海南洋公学执教地理的张相文所编《初等地理教科书》和 1902 年所编《中等地理教科书》（高小适用），两书均由南洋公学发行。中学地理教科书，有 1903 年谢洪赉编的《瀛寰全志》，1905 年屠寄编的《中国地理学教科书》，1908 年张相文编的《地文学》，以上三书均由商务印书馆出版。

当时中国地理教材，是以我国封建时代记述地理学——地理志和地方志的观点和方法编辑的，主要叙述我国的疆域、山川、各省所辖州县、城市、道路、名胜古迹以及特产等。地理总论和外国地理的教材，主要是根据印度广学会刊行的《地理精要》一书翻译改编而成，以记述世界各洲和各国的山河、城市、物产为主；但也根据当时的科学水平，讲述地球运动，地球的气界、水界、陆界的情况。有些不属于地理知识范围的政体、官制、教育、军备、外交、财政、邮电等也夹杂在内。这种教科书编写方式，称为“百科全书”式的编写法，内容多为地理事象的记述，基本上是有“地”少“理”。但是这些教材，对开阔当时学生的眼界，初步知道世界的大洲、大洋和主要国家，知道中国的山川、物产和各地情况，还是有益的。

1908年，张相文编著了我国第一本自然地理教科书——《地文学》。书中有不少中国实例，除讲星界、陆界、水界、气界外，并将生物界（包括人类）也包括在地文学之中，颇有创见。但是，当时自然地理师资缺乏，中学实际开设地文学的并不多，所以1909—1912年的教学计划中，便取消了地文学课程，改授外国地理，而在外国地理开头部分讲自然地理和人文地理概论。

二、1912—1921年

这个时期中小学学制为11年。初小4年未单独设地理课；高小3年，每个年级每周有史地课3课时，高小地理课时约占高小总课时的4.4%。高小一、二年级讲“本国地理之要略”，要求养成爱国之精神；高小三年级讲“外国地理之要略”，要求略知地球表面及人类生活之状态。中学4年，每个年级每周有地理2课时。中学地理课时占中学总课时的5.4%。中学地理课程的安排如表3所示。

表3　民国初年1912—1921年中学地理课程

年级	第一学年	第二学年	第三学年	第四学年
地理科目	地理概论 本国地理	本国地理 外国地理	外国地理	自然地理概论 人文地理概论
每周课时	2	2	2	2

民国初年的地理课程设置，小学阶段精简了初小地理课程，减少了重复。中学地理课程的安排，侧重地理通论和本国地理，也较合理。

1914年，教育部成立了教科书编纂处，拟订教科书编纂纲要。这一时期商务、中华出版的教科书，都有教育部审定字样。教材中不属于地理知识的内容，如官制、财政、教育等删除了不少。但限于当时地理科学水平和认识，教材仍以记述地理事物为主。自然地理着重介绍自然现象，对概念和成因的论述，今日看来有不少错误。例如，1919年中华书局出版的杨文洵所编《新制地理概论教本》，解释“季候风”为“一年之间，时向赤道，时向南北两极，更迭而吹，故以为名，其部分常往南北纬30°～60°之内”。教科书对人地关系的论述不多。由于教材多从西方地理课本转译而来，因而存在地理环境决定论和种族优劣论的错误论点。

三、1922—1948年

20世纪20年代，西方近代地理学思想在我国中学地理教育中开始有所反映。我国近代地理学和气象学的奠基人竺可桢教授，1918年自美国学成回国后，在南京高等师范学堂（后改称东南大学、中央大学）任教。1922年，他在中国科学社编辑出版的《科学》杂志第七卷十一期“科学教育专刊”上发表了《地理教学法之商榷》一文。1929年，此文经过修订，重新发表于南京中央大学地学系主编的《地理杂志》第二卷第二期，这是指导当时中学地理教学的重要文献。

竺可桢教授在文中阐明地理教学的主旨有二：（1）使学生能以世界眼光，推论时事；（2）陶冶学生，使能以科学的眼光观察事物，而其目的，皆在于养成健全的国民。对于地理教学的内容，他主张“应慎择教材，限制地理之范围，组织各种地理上之要素成为系统，以人类为前提，而使之贯成一气”，并认为“地理所授的材料，大抵可分为二大类，即生活状况与环境是也”“二者不可偏废，须融会贯通，明其因果，述其关系”。这一地理教育思想，对今天的地理教学也是有益的。

1922 年，我国中小学学制仿效美国，改为小学 6 年，初中 3 年，高中 3 年。中学把学科分为选修和必修，采用学分制（每周上课 1 学时为 1 学分）。在初中必修科目中，公民、历史、地理合为社会科，地理定为 8 学分，未作年级安排，由各校自定，高中必修课中无地理。高二选修课中有地理，每周 3 课时，作为升大学文科、商科所需的选科。

1922 年以后，初中地理教材要求打破自然地理、人文地理、中国地理、外国地理的界限，综合编写。1925 年，商务出版的新学制《人生地理教科书》（张其昀编），可为代表。作者在导言中说：“地理学之宗旨，在于研究地理与人生之关系；使吾人对于世界各地之风土人情，皆能解释其因果，说明其系统，且能根据已知推考未知。”全书分十二章。人文地理七章：（1）地位与人生之关系；（2）地形与人生之关系；（3）水利与人生之关系；（4）土壤、矿产与人生之关系；（5）气候与人生之关系；（6）生物与人生之关系；（7）人类相互间之关系。区域地理五章：（8）热带生活；（9）温带生活；（10）极带生活及各大陆综括；（11）中国区域地理大纲；（12）中国与世界之关系。本书受当时美国地理学家亨廷顿所著《人生地理学原理》、法国地理学家白吕纳所著《人生地理学》的影响较大。这种用人地关系解释地理事象的教材，比较旧方志式地罗列地理事物和现象、堆砌资料的教科书，有积极的进步的意义，并能引起学生的学习兴趣。但是，地球上的事物与事态间的相互联系，自然因素同人文因素间的相互影响、相互制约，不是用简单的因果关系可以说清楚的。特别是以自然环境为因，以政治社会经济现象为果，往往会陷入地理环境决定论的泥坑。

1929 年 8 月，国民政府颁布的《初中地理课程暂行标准》，规定初中各年级都设地理课，每周各 2 课时，初中第一、第二学年讲本国地理，第三学年讲外国地理。同年 11 月，颁布的《高级中学普通科地理暂行标准》，规定本国地理和外国地理共讲 1 学年，每周 3 课时。1932 年，高中改为三年都设地理课，初、高中各年级的地理课的每周课时和教学内容如表 4 所示。

表 4　1932 年中学地理课程安排

年级	初一	初二	初三	高一	高二	高三
教学内容	中国地理	中国地理	外国地理	本国地理	本国地理 外国地理	外国地理 自然地理
每周课时	2	2	2	2	2	2

这一中学地理课程标准，基本上用到 1949 年中华人民共和国成立前夕。但各校实际执行时，高三下学期的自然地理多未开设，仍以授外国地理为主。

当时，初、高中的中外地理教材，除详略有所不同外，初中中国地理以讲省区地理为主，高中中国地理以讲自然地理区域为主，但是全国自然地理的区划，几种教科书并不一致。例如，1937 年张其昀编的《高中本国地理》（南京钟山书局出版），以竺可桢的全国 8 大气候区为第一级区划，再按地形分为 23 个区。8 大区是华南、华中、华北、云贵、东北、草原、蒙新、西藏。而在 1936 年王成组编的《复兴高级中学教科书本国地理》中，则将全国分为6大地带，即华南（包括云贵）、华中、华北、东北、蒙新（包括草原）、康藏，以下再分为31个区。总论部分，这两种教科书的详略也不同，前者仅在全书23章中占2章，后者占全书三分之一。外国地理除各洲概述外，初、高中均以讲分国地理为主，初中较为简略，高中略为详细。自然地理的内容，包括数理地理、陆界、海洋、气界和生物界。

这一时期的地理教材比清末民初的教材有以下几点变化：（1）对地理教材的选择范围有所限制，剔除了一些不属于地理内容的官制、财政、军备、教育等项目，增强了教材的地理性和系统性；（2）教材的科学性有明显提高，如中国的地形、气候、人口等都能采用新的研究成果，用数据和分布图来说明；（3）注意自然地理现象的解释和人地关系的分析；（4）增加了地图、照片和插图。缺点是：初中地理与高中地理重复之处较多；省区地理和国家地理的结构千篇一律，都是位置、疆域、地形、气候、水文、物产、交通、城市，罗列大量地名和物产名称，单调枯燥，难以引起学生学习兴趣。

中国中学地理课程中的环境教育*

近年，中国中小学许多学科都很重视对学生进行环境教育。其中，中学地理课程教学大纲的制定、教材内容的选择、课外活动的开展，都是以环境教育为重点的。

一、义务教育初中地理中的环境教育

1992年，国家教委颁发的《九年义务教育初级中学地理教学大纲（试用）》的教学目的中，要求培养学生“初步树立正确的资源观、环境观、人口观，懂得要协调人类发展与环境的关系”；在教学内容的确定和安排中，要求以环境—资源—人类活动为线索，正确阐明人地关系。在世界地理和中国地理有关资源、人口、工农业生产部分，都明确规定要讲授环境保护问题。

---

* 选自陈尔寿著：《地理教育与地理国情》，人民教育出版社1998年版。本文是作者1994年9月为参加国家教委基础教育课程教材研究中心和德国乔治·埃克特国际教科书研究所在北京联合召开的“第二次中德教科书会议”所提交的论文。

按照教学大纲的要求，新编初中地理教科书根据学生的年龄特征，选用世界和中国有关环境问题的生动事例，除文字以外，配置有照片、地图、素描图、漫画等多种形象教材，使学生从感性上认识世界人口激增、现代工业迅速发展后，由于乱占耕地、滥伐森林、滥垦草地、滥捕野生动物，以及无节制地消耗资源，工业生产过程中产生的废气、废水、废渣未加处理，任意排放，造成生态环境恶化、资源紧张，危及人类赖以生存和持续发展的物质基础，因此必须认真保护环境、珍惜和合理利用各种资源，同时要有计划地控制人口数量的增长，减轻对地球的压力。许多学生通过地理课受到环境教育以后，能够自觉地节约用水、节约用电、保护绿地、参加植树活动，并影响家长，产生了广泛的社会效益。

二、高中地理必修课的教学指导思想和教材结构

从1982年开始，中国高中地理教学改革，即明确以环境、资源、人类活动的人地关系为线索，将自然地理与人文地理的主要学习内容，综合为以下知识体系和结构（图1），从理性上提高学生对人地关系的正确认识。

经过十多年来的教学实践，证明这一教学指导思想和教学内容，对教育学生获得有关地理环境的基础知识，正确认识人类活动与地理环境的关系，树立全球观念，保护环境、合理利用资源，控制人口增长数量，使人类社会的持续发展与环境、资源和人口相适应的观念方面，起到了良好作用。

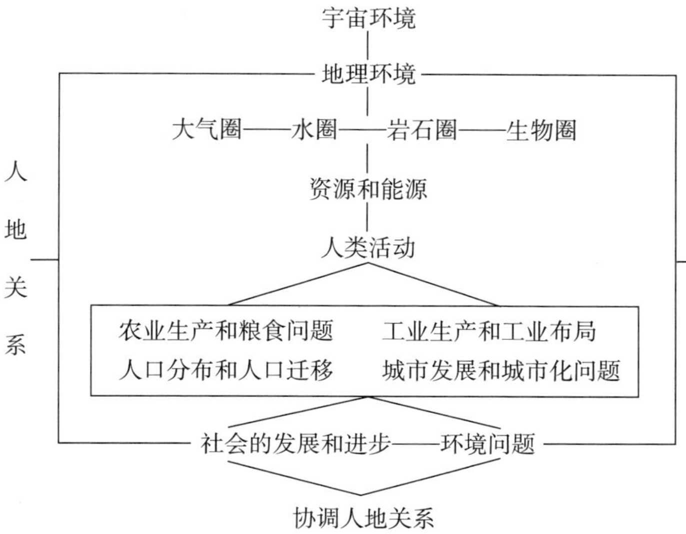

图1　20世纪80年代以后高中地理课程的知识体系和结构

三、大力开展乡土地理教育，组织编写乡土地理教材

1978年，中华人民共和国教育部颁发的《全日制十年制学校中学地理教学大纲（试行草案）》中，即规定“乡土地理是中国地理教学内容的重要组成部分。一般可包括本省（直辖市、自治区）地理和本县地理。讲述本县地理可以使学生进一步认识自然，了解改造自然的规律”。1992年，国家教委颁发的义务教育初中地理大纲中，还要求在中国地理教学中，必须安排10～15课时讲授乡土地理。乡土地理教材由各地编写。目的是使学生认识当地具体的地理环境，懂得如何因地制宜合理利用当地的各种资源和保护生态环境。因为我国国土辽阔，区域差异显著，不同地区各有不同的环境问题。例如：黄土高原主要是防止水土流

失，改善生态环境问题；长江中下游平原是如何防止汛期的洪涝灾害；北方缺水地区是如何开辟水源和节约用水；西北干旱地区是如何防止沙漠扩大；南方红壤地区，是如何改良土壤，提高土壤肥力的问题，西南地区在发展工业生产中出现的酸雨问题；等等。在全国乡镇企业蓬勃发展的今天，乡土地理可教育学生懂得如何合理利用当地自然资源和劳动力优势，发展污染少、耗能少、效益高的企业，把经济效益、社会效益、环境效益统一起来考虑，不做只顾眼前利益、破坏环境、贻害子孙后代的错事和蠢事。

目前，全国各省、自治区、直辖市都编出了本省、自治区、直辖市的地理教材；全国有几百个县编出了本县的地理教材。国家教委还专门召开了乡土地理教育会议，对乡土地理教材进行了交流和评比，对优秀乡土地理教材进行了奖励。

四、积极组织地理课外活动，进行环境监测、环境调查等活动，提高学生的实践能力

由于中学课堂教学时间有限，初中一、二年级，每周 2～3 课时，高中一年级每周 3 课时，难以组织学生进行观测、实习、调查活动。不少学校根据学校教师的条件组织了不同类型、多种形式的课外地理活动小组，如天象观测、气象观测、地震监测、环境监测和社会调查等，由学生自愿报名参加。许多学校还组织学生参加联合国发起的“地球日”“环境日”等活动。学生通过这些实践活动，增长了才智，提高了能力，撰写出不少有一定水平的调查报告和小论文，获得全国、省、自治区、

直辖市的优秀青少年科学论文奖；有些对保护环境、治理污染、合理布局工业的有益建议，曾为当地市政部门所采纳。不少教师放弃星期日和节日的休息时间，带领学生作野外或社会调查，受到学生的敬爱。

五、开设“环境科学”选修课

在北京、上海、江苏、广东等省、直辖市，有些学校在高中开设了“环境科学”的选修课。这门选修课由学校自定，学生自选。一般以地理教师为主，组织化学、物理、生物等有关学科的教师，共同编写教材，进行教学。除课堂教学外，还有实习、调查等活动，对进一步提高学生的环境科学知识和实践能力，有着积极意义。

综上所述，十多年来，中国中学地理课程在对学生进行环境教育方面起到了积极作用，但是，发展是不平衡的。有些地区、有些学校不重视地理教育的情况也还存在。许多地区发展乡镇企业，重视眼前经济利益，忽视社会效益和环境效益的现象也不少。因此，提高全民族的环境意识，教育好青少年一代还是一项艰巨而长期的任务。中国地理教育工作者对此都有共识，愿为协调环境、资源、人口与社会持续发展的关系，在教育工作方面作出努力。

在曲折道路上前进的学校地理教育*

一、教育是人类生存和社会发展的需要

地球是人类之家。人类的生活与生产活动都同地理环境息息相关。人类之间的交往、商业活动、信息传递，以及国际关系，都是在一定地域空间进行的，因此地理知识是人们经常的和必要的知识。远在有文字记载以前，人类为了了解生存环境，就注意考察周围的地理事物，区别一个地方同另一个地方的差异，并将自己的见闻和臆测告诉后代和别人。自从有了文字以后，地理资料就被陆续记载下来传诸后世。

在西方和东方的古代学校中，地理知识是结合在有关学科中传授的，例如：在古代埃及，地理与天文学、数学相结合；在希腊，地理与文学结合；中国封建社会的学校，地理多与历史相结合。

在近代学校中，地理作为一门学科在中小学单独教学，是 17 世纪中叶捷克教育家夸美纽斯所主张，并逐渐为西方学校普遍接受。西方进

---

* 原载《中学地理教学参考》1994 年第 11 期。

入资本主义社会以后，随着生产的发展，科学的进步，资产阶级民主国家的建立，航海事业的兴起，殖民主义对外扩张和掠夺的需要，地理被认可为普通学校必要的基础课程之一。20 世纪初期，中国清朝政府于 1905 年宣布废除科举取士制度，改用现代学校制度，引进西方科学文化，地理也就成为中国中小学的必修课程之一。

20 世纪 50 年代以来，现代工业迅速发展，资源和能源被大量消耗，造成日益加剧的环境污染、资源短缺，生态环境遭受破坏，自然灾害频繁出现，加上世界人口剧增，人口、环境与发展的问题，已成为当代和 21 世纪全人类面临的严峻问题。这个问题是现代地理学研究的中心，也是地理教育的重要内容。1992 年联合国在巴西里约热内卢召开“环境与发展”大会，通过了《21 世纪议程》。我国政府根据联合国环发大会的精神，制定了《中国 21 世纪议程——中国 21 世纪人口、环境与发展白皮书》。[①] 这个白皮书共分 20 章，各章的题目如下。

1. 序言
2. 中国可持续发展的战略与对策
3. 与可持续发展有关的立法与实施
4. 可持续发展经济政策
5. 费用与资金机制
6. 教育与可持续发展能力建设
7. 人口、居民消费和社会服务

① 见《中国 21 世纪议程》，中国环境科学出版社，1994 年版。

8. 消除贫困

9. 卫生与健康

10. 人类住区可持续发展

11. 农业与农村可持续发展

12. 工业与交通、通信业的可持续发展

13. 可持续的能源生产与消费

14. 自然资源保护与可持续发展

15. 生物多样性保护

16. 荒漠化防治

17. 防灾减灾

18. 保护大气层

19. 固体废物的无害化处理

20. 团体及公众参与可持续发展

这个议程是从我国具体国情和人口、环境与发展总体联系出发，提出人口、经济、社会、资源和环境相互协调、可持续发展的总体战略、对策和方案。实现我国21世纪议程，需要培养人才，需要对全民族特别是青少年进行“人口、环境与发展”的教育。各级学校、各门学科都应该贯彻议程精神，在教育和培养人才方面发挥作用，其中地理学科对此更有其他学科所无法取代的优势。白皮书各章中大多数都与地理有关，并且需要用地理学科综合性和区域性的特点来进行总体认识和区别对待。时至今日，社会发展对地理教育的需要是更迫切、更深入了，而不是可有可无的问题。

社会发展对地理教育另一方面的需要，是进行爱国主义教育。爱国主义是一个国家民族教育工作永恒的主题。地理课程是学校对青少年进行爱国主义教育的主渠道之一。祖国大地上的巍巍昆仑、滔滔黄河、雄伟蜿蜒的长城等地理事物，是具体生动的爱国主义教材，是凝聚全民族力量的象征。爱家乡、爱祖国，就要教育学生热爱生我养我并供子孙后代生存和发展的这块土地。

不同历史时期，不同国家、不同社会发展阶段，爱国主义教育的目的、内容有相同之处，也有不同的地方。新中国成立前，地理教学中的爱国主义教育，主要是反对帝国主义对我国领土的蚕食鲸吞、对我国人民的奴役和资源的掠夺，动员全民族奋发图强，为保卫国家领土主权的完整、挽救危亡而献身。

半个多世纪过去了。新中国成立 40 多年来社会主义建设的光辉成就和我国国际地位的空前提高，极大地丰富了地理教学中的爱国主义内容。今天，我们在小平同志建设中国特色社会主义理论和党的基本路线指引下，大力发展社会主义市场经济，努力建设富强、民主、文明的社会主义国家。时代的使命，需要地理教育把学生的爱国热情引导和凝聚到为祖国的统一、繁荣和富强作贡献上来。最近，国家制定和公布的《爱国主义教育实施纲要》① 是我们进行爱国主义教育的指导文件。纲要中的爱国主义教育的主要内容有："要进行党的基本路线和社会主义现代化建设成就的教育""要进行中国国情的教育""要进行国防教育和国家安全教育""要进行民族团结教育""要进行和平统一、'一国两制'

① 见 1994 年 9 月 6 日《人民日报》。

的方针的教育”等，这些内容的贯彻都需要发挥地理课的教育作用。地理课也因为有了这些爱国主义教育的内容，从而增强了这门课程的生命力和时代意义。

二、我国学校地理教育的曲折起伏

在学校地理教育方面，我认为课程是前提，教材是基础，教法是关键。在国家制定的课程计划中，有了地理课程的设置，才有编写这门学科教材的需要和对教法的研究，所以课程是前提；教材是教学活动的依据，是教学的基础；能否有效地、创造性地运用教材，调动学生学习的积极性和主动性，关键在于教师的教法。同样的教材，不同学校、不同班级的教学效果不一样，原因即在此。

前面谈到，地理教育是人类生存和社会发展的需要，在近现代学校中，也都设有地理课。但是，在不同时期，由于政治形势、教育思想和决策者观点的不同，地理学科在学校的地位是不一样的。新中国成立40多年来，中小学地理课程、教材的变化很大。现将初、高中地理课程设置和课时变化的情况，图示如下（图1）。

1. 1950年以前的约半个世纪，中学地理课程设置的年级和周课时基本稳定，大体上是初高中各个年级每周2课时，具有较好的连续性。教学内容是初、高中各学2年中国地理、1年世界地理。教材按圆周式排列，从初中到高中逐步扩展，螺旋上升，有利巩固加深，但重复较多。

2. 1952—1957年，这是我国中小学地理教育有较大突破和进步的

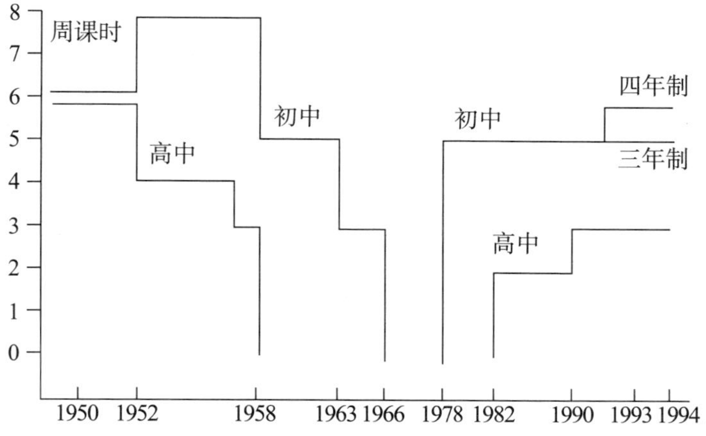

图 1　新中国成立后高中地理课程设置和课时变化

时期。这时学习苏联，小学五、六年级设地理，每周各 2 课时，初一自然地理上、下学期各为 3 课时，初二世界地理为上 2 下 3，初三中国地理为上 3 下 2。在教学内容方面，加强了自然地理基础知识和基本技能的训练，不少学校为配合教学，建立了地理园。高中阶段，在高一设外国经济地理，高二设中国经济地理，每周各为 2 课时。高中经济地理的开设，使学生获得有关生产配置的基本理论和经济地理知识。新编的初、高中地理教材，密切联系我国社会主义建设成就，并结合当时的国际形势，对巩固社会主义阵营、反对帝国主义国家对我国的封锁，进行自力更生、艰苦奋斗、保家卫国的爱国主义教育方面，起了积极作用。不足之处，是在批判了环境决定论以后，又出现了夸大“人定胜天”的唯意志论的偏向。高中阶段只讲经济地理，不讲自然地理，并将统一的地理学割裂开来，这是有其片面性的。

3. 1958—1968 年，这是地理教育大滑坡的萎缩时期。1957 年初，在片面强调缩短学制年限、减少课程门类、减少授课时数、要求减轻学生学习负担和速成的指导思想下，实行教育大革命，并指责中学地理为什么分为五门，进而取消了初一自然地理和高中两门经济地理课程。将初三中国地理改设在初一，每周3课时；初二世界地理改为2课时。小学地理也由4课时（两年），减为2课时。

1963年，总结教育大革命经验教训时，认为高中不设地理课不妥，决定将初二世界地理移至高一，增加自然地理和人文地理概述内容，每周3课时，初中只在初一学习中国地理，每周3课时。这个课程计划中的高中地理，由于1966年“文化大革命”的开始，未能实施。

4. 1966—1976年，“文化大革命”使整个学校教育陷入混乱状态，中小学地理教育完全停顿。

5. 1977—1994年，是中学地理教育恢复发展并有重大改革的新时期。1976年“文化大革命”结束以后，1977年，决定恢复小学地理，每周2课时；初一设中国地理，每周3课时；初二设世界地理，每周2课时。制定了《十年制学校小学和中学地理教学大纲》，编写出版了新教材，1978年开始施行。

1982年，教育部采纳了中国地理学会的建议，在高中重新设置地理课，安排在高二，每周2课时；1990年改在高一，每周3课时。新编高中地理教材以环境、资源、人类活动的内容为主，以人地关系为线索，采取系统地理的形式，增强了辩证唯物主义、爱国主义、全球观念和国际意识的教育，既符合时代精神，适应现代社会发展的需要，又解决了多年来初、高中地理教学内容重复过多的问题。高中地理课的恢复和教材的改革，不仅使中学地理教育出现了欣欣向荣的新局面，也使高等师范院校地理系增强了活力。与此同时，在初中大力开展乡土地理教育，各省（自治区）、市、县在编写乡土地理教材方面取得很大成绩。

1992 年，国家教委颁发了《九年义务教育中小学课程计划》和《初中地理教学大纲》，每周地理课时，三年制初一为 3，初二为 2；四年制初一、初二均为 3。教材实行一纲多本，已编出并经过试教的几种新教材，从形式到内容都进行了改革，普遍面目一新，受到师生喜爱。过去，80%以上的学生不喜欢上地理课，不爱看地理课本。根据人教社试教过程中抽样调查的统计，现在 80%以上的师生，甚至学生家长都喜欢新教材，因为课本中彩色照片和图像比较多，文字叙述生动，引起了学习兴趣。这是初中地理教学改革的重要收获。1994 年，因实行新工时制，三年制初一地理第二学期减少 1 课时，影响不大。

此外，近十多年来，我国地理教育的理论建设、教学方法的改进、教师的培养、课外活动的开展、选修课的开设，也都取得了可喜成果。

综上所述，我国学校地理教育所走过的道路是曲折的。但是，在受到挫折以后再度前进时，经过总结经验教训，努力改革，大胆创新，地理教育又焕发了青春，充满了生命力。

三、坚持信念，继续改革，开拓前进

目前，地理教育又受到高考不考地理的冲击。在学校中特别是高中出现了学校领导对地理不重视、学生无心学习、教师队伍流失、高师地理系招生困难等令人忧虑的现象。我认为这种情况只是暂时的。众多科学院院士、广大地理教育工作者、人大代表、政协委员呼吁恢复地理高考，最近考试中心向全国 20 所大学 40 多个系征询意见，有 17 所大学的有关院系表示招生时应考地理。国家教委领导人曾口头表示：今后的高考，要将地理、生物列入考试科目之中，至于怎样考，需要研究。由于初中地理教学曾中断了10年，高中地理教学中断了25年，现在社会上许多四五十岁的国家干部、家长等，过去未曾有机会学地理，对目前高中地理以环境、资源、人口为主的教学内容也不了解。因此，要求高考改革设计者和决策人与我们取得共识，需要有一个过程和时间。

国家教委制定的与义务教育衔接的高中课程计划中，仍有地理课程的地位。新的高中地理教学大纲和教材，也将开始设计，并要求在1997年秋季试用。如何使高中地理新课程、新教材能更好地符合社会发展的需要，为在我国实现有中国特色的社会主义伟大事业作出贡献，对我们地理教育工作者的要求是更高了，而不是无足轻重。

高考指挥棒对高中地理教学的影响，不能忽视。但是，也不应把地理教育的命运和前途，都维系在高考上。目前，中学师生摆脱了地理教学的高考压力和束缚以后，可以不必死记硬背课文和图表，也无须再淹没在猜题、押题的题海之中，可以用更多的时间来进行教学改革，结合教材内容，以探索的方法，把学生引导到追求地理新知识和研讨有关人地关系的热点上来。例如：1994年宇宙环境中发生的彗星与木星相撞问题；地球以外有无存在“外星人”的条件；地球是否在变暖及其影响；当地有无大气污染和水源污染现象，原因及对策如何；如何解决发展当地经济与保护环境的矛盾；人口问题中出现的“民工潮”问题；等等。有些教师反映，现行高中地理下册教材的内容，学生自己能看得懂，没有什么可讲的。我认为，学生看得懂的部分，可以少讲或不讲，而把课堂时间用来组织讨论问题。这需要事先把问题告诉学生，让他们搜集资料作准备，允许有不同意见，鼓励辩论。一时不易得出结论的问题，可归纳分歧点，继续探索。我想，这样就能把地理课教活，引起学生学习兴趣。当然，教师为此在备课、设计研讨题、搜集资料、指导学生方面，要付出更多的辛勤劳动。据我所知，上海复旦大学附中陈国新老师开了一门“现代海洋”选修课，选修的学生非常踊跃，人数超过其他选修课。这门选修课的内容与高考无关，但是由于学生有追求现代科学知识的欲望，所以爱学。

提高民族的地理科学文化素质，改进高中地理教育的现状，只是问题的一个方面。更重要的工作，是搞好义务教育中初中地理教学工作，协助小学自然和小学社会课教好有关地理的内容，努力促进地理教育事业的发展。这是受教育人数最多、范围最广、影响也最深远的教育天地。社会的发展、人类的命运、祖国的富强都需地理教育发挥作用。我们应该满怀信心，为开创地理教育更美好的明天而贡献力量。

高中地理课程和教材改革构想*

我国自1982年高中重设地理课，并进行课程体系、教学内容的改革以来，1990年，地理课必修课又作了修订，并在高三增设了选修课。十多年来，高中地理以地球科学的内容为基础，以环境、资源、人类生产活动与环境的关系为线索，以人地协调论的辩证唯物主义观点为指导，帮助学生树立科学的环境观、资源观、人口观，在增强学生的爱国主义思想、国情观念、全球意识、国际意识等方面，均取得良好效果，受到广大师生、地理学界、国家有关部门（如环保、林业、城市建设、计生委、地矿部）的普遍欢迎，不少高中学生在地理课外活动中，运用所学知识，进行乡土地理调查，对当地生产、环保、城市建设等方面，写小论文，提出建设性建议，受到当地有关部门的欢迎。

十多年来，各省市、各学校经过艰苦努力，终于培养起一支较好的地理教师队伍，高中地理教学逐渐走上了正轨。

但是，社会上包括教育界还有些人对地理课的性质和内容不了解，

---

* 选自国家教委基础教育司、课程教材研究所编：《普通高中课程改革研究与实验》，人民教育出版社1997年版。本文写于1995年，署名“陈尔寿、徐岩”。

认为地理只是记述各地山川、道路、物产、城市的学科，是常识性的知识，是可有可无的“副科”，不予重视。特别是自从高考不考地理以来，地理课的地位更是一落千丈。课时得不到保证，很多学校不开设选修课，教师队伍严重流失。在重新调整高中地理课程计划、制定新的高中地理大纲之际，我们应该对高中地理课的地位、性质和任务，以及高中地理课的设备和教学内容进行深入的研究。

一、高中地理课程的地位和作用

地理课是高中学生必修的一门基础课，它与其他学科一样，也是通过向学生传授知识、培养学生的能力、对学生进行思想教育等手段来提高学生的素质。但是地理课还有着其他学科不可替代的作用。

第一，高中地理课以环境、资源、人类活动为教学内容，是兼有文理两科性质的综合课程。高中地理讲述的环境、资源、人口和可持续发展等内容都是当今世界和人类面临的重大问题。国家最近批准公布的《中国21世纪议程——中国人口、环境与发展白皮书》是关系21世纪我国发展的重要文件。该文件一共分4大部分、20章。第一部分涉及的可持续发展战略和对策，第二部分涉及的社会可持续发展内容，第三部分涉及的经济可持续发展内容，第四部分涉及的环境的合理利用和保护，都是在一定的地域空间进行的，需要通过地理学科综合性和区域性的特点，从中国总体的地理环境和区域差异来认识并贯彻执行。现行高中地理中有关这方面的内容应该加强，而不应削弱。这是培养我国21世纪人才的社会需要，其他学科也应贯彻，但无法代替地理学科的作用。

第二，国家最近颁布的《爱国主义教育实施纲要》，要求对学生“要进行党的基本路线和现代化建设成就的教育”“要进行中国国情的教育”“要进行国防教育和国家安全教育”“要进行民族团结教育”“要进行和平统一、‘一国两制’的方针的教育”等。这些爱国主义教育的内容，都应该发挥高中地理课程的作用。今天的爱国主义教育的内容应该是教育如何为祖国社会主义现代化建设而献身。社会主义现代化建设是在祖国大地上进行的，所以只有掌握了地理科学基础知识，了解国情，才能避免或减少在经济建设中瞎指挥、只讲短期经济效益、破坏生态环境、贻害子孙后代的错误。我们在这方面已经有了许多惨痛的教训。

第三，建立社会主义市场经济，也需要地理知识，国内外市场在哪里，各地市场有哪些商品，同该地自然环境、经济发展的关系；商品流通、信息传播的渠道；国际政治、经济的形势都离不开地理。过去，美国基础教育中忽视地理教育，在国际市场竞争中敌不过日本，所以“美国 2000 年教育发展计划”把地理列为核心课程之一。美国的经验教训，值得我们借鉴。

二、高中地理课程设置和内容的构想

我国自清末光绪二十九年十一月（1904 年 1 月）公布实施《奏定学堂章程》以来，地理一直是中学的基础课程之一。在中学分为初中和高中两个阶段，初中地理课程相对比较稳定，主要学习“中国地理”和“世界地理”；高中地理时兴时废，变化较大。现将我国不同历史时期，中学地理课程设置的情况列表说明如下。

（一）清末（1904—1911 年），中学五年制时期（表 1）

表 1　清末中学地理课程设置情况

年级	一	二	三	四	五
地理科目	地理总论 亚洲总论 中国地理	中国地理	外国地理	外国地理	地文学*
每周课时	2	3	2	2	2

* 当时缺少地文学师资，大多数学校五年级仍讲外国地理。

（二）民国初年（1912—1921 年），中学四年制时期（表 2）

表 2　民国初年中学地理设置情况

年级	一	二	三	四
地理科目	地理概论 本国地理	本国地理 外国地理	外国地理	自然地理概论 人文地理概论
每周课时	2	2	2	2

（三）国民政府（1922—1948 年），初、高中三年制时期

1922—1931 年，中学实行学分制，初中地理为必修，高中地理为选修，课程变化多，不稳定。1932—1948 年，中学地理课程的设置如表 3。

表 3　1932—1948 年中学地理课程设置情况

年级	初一	初二	初三	高一	高二	高三
地理科目	本国地理	本国地理	外国地理	本国地理	本国地理 外国地理	外国地理 自然地理
每周课时	2	2	2	2	2	2

（四）中华人民共和国成立以后（1949—1993 年）

1. 1949—1952 年的过渡时期，初、高中地理课程暂时沿用 1948 年

的课程计划（参见表 3）。1952 年高三未设地理课。

2. 1953—1957 年，学习苏联，中学地理课程如表 4。

表 4　1953—1957 年中学地理课程设置情况

年级	初一	初二	初三	高一	高二	高三
地理科目	自然地理	世界地理	中国地理	外国经济地理	中国经济地理	
每周课时	3	2/3	3/2	2	2	

3. 1958—1993 年，初、高中地理课程的设置变化如表 5。

表 5　1958—1993 年初、高中地理课程设置情况

年份	初一	初二	初三	高一	高二	高三
1958	地理（3）	地理（2）			经济地理（3）	
1959/1962	地理（3）	地理（2）				
1963/1965	中国地理（3）			世界地理（3）		
1966/1976	地理（0～2）					
1977/1980	中国地理（3）	世界地理（2）				
1981/1990	中国地理（3）	世界地理（2）			地理（2）	
1991/1993	中国地理（3）	世界地理（2）		地理（必修）（3）		地理（选修）（4～6）

1958 年，在“教育大革命”“课程砍一半”的指导思想下，将高一和高二的中外经济地理课程先合并为“经济地理”，设在高二，1959 年则取消。1963 年认识到高中不设地理课的缺陷，这一年教育部颁发的

全日制中学教学计划，初一设中国地理，高一设世界地理。由于1966年发生“文化大革命”，高一世界地理课程未能衔接初一中国地理开设，即停止实施。

1982年，高中重新设置地理课，安排在高中二年级，每周2课时。1990年国家教育委员会修订全日制中学教学计划，高中地理（必修）改设在高一，每周3课时；高中地理（选修）设在高三，每周4～6课时。

1982年，高中重设地理课，教学内容和体系作了重大改革。一是改变了传统地理课程，在高、初中都讲中国地理和外国地理，内容重复较多的缺点；改变了20世纪50年代学习苏联，初中以自然地理为主，高中讲经济地理，把自然地理和经济地理割裂开来的缺点。二是创建了以地球科学的知识为基础、人地关系协调论的观点为指导思想，按系统地理的体系，将自然环境、资源和能源，人类生产活动的主要部分——工业和农业，以及人口、城市、人类与环境的辩证关系，组成高中地理教学的新体系、新内容。这符合社会进步与我国社会主义建设，发展生产力，面临环境、资源、人口严峻形势挑战的需要。

1990年，高三增设选修课，主要是适应高考文科类应试者的需要。

（五）目前我国台湾省中学地理课程设置情况（1983年公布实施）

初中三年为国民教育。初一、初二地理每周各2课时，讲中国地理和外国地理。初三每周1课时，讲普通自然地理。高中地理必修课和选修课，科目和每周课时如表6。

表 6　台湾省 1983 年公布实施的高中地理课程设置情况

	高一		高二		高三
	第一学期	第二学期	第一学期	第二学期	
必修部分	地理学的性质 自然地理通论 （2）	人文地理通论 外国地理 （2） 地球科学基础 （3）	外国地理 本国地理 总论 （2）	本国区域地理 （2）	
选修部分			地球科学（一） （3）		人文地理 （2～4） 经济地理 （2～4） 地球科学 （二）（3）

括号内为每周课时。选修课程，高二每周为 3～6 课时，除地球科学（一）外，自然科学类尚有物理（一）、化学（一）、生物（一），每周均各为 3 课时。高三选修课程，每周可选 14～19 节。选修课程各校按实际情况酌予设置，指导学生选修。

三、日本、德国、法国、苏联等国地理课程设置情况

（一）日本初中阶段，史、地、公民合称“社会”，在社会课中，历史、地理安排在初一和初二，每周各 2 课时；初三为公民，3 课时。初三还设置有“理科”，每周 4 课时，包含物理、化学、生物、地学的基础知识。地学安排在初三第二学期，约占理科教学时间的 1/4。

日本高中同时实行学分制和学年制。必修课中含地理内容的为“现代社会”，其中有“人类与环境”“人口和资源”“世界诸地域的文化”

等。必修课中含“地球科学”内容的为“理科Ⅰ”，包括物理、化学、生物、地学四部分，约各占1/4。选修课中，社会课类有地理、世界史、日本史等，理科类有理、化、生、地等。各科目的学分如表7。

表7　日本高中含地理内容的科目及学分设置

理科		社会科	
课程	学分	课程	学分
理科Ⅰ	4　必修	现代社会	4　必修
理科Ⅱ	2	世界史	4
地学	4　选修，必	地理	4　选修，必
物理	4　选2门	日本史	4　选2门
化学	4	伦理	2　必选
生物	4	政治、经济	2　1门

在社会科中，选学“地理”的学生在90%以上，因为日本重视市场经济和国际贸易，需要地理知识。理科中选学“地学”的学生不多，有一半高中未开设这门选修课。

（二）联邦德国中小学的课程计划和教学大纲由各州自行制定，部分以升学为主的完全中学的地理课程设置如表8。

表8　联邦德国部分中学的地理课程设置情况

年级	五	六	七	八	九	十	十一	十二	十三
周课时	2	2	2	2	1	2	1	2	0

表8中5～10年级相当初中，11～13年级相当高中。初中地理，传统的教学内容为：先讲乡土地理、本国地理，再讲世界地理，最后更详细地学习德国地理；高中讲世界自然地理和经济地理。近年教学改革，以人地关系为线索，讲世界土地类型、土地利用，自然界生存规

律，文化经济地理，德国区域规划；高中以专题为主，如环境保护、人口增长和迁移，政治、经济地理问题等。

（三）法国1975年起采用统一的教学计划，地理、历史、公民与经济包括在人文科学内，除部分以农业科学和技术为主的中学最后一年不设地理课外，其他中学各年级都设有地理课。初中阶段，史地每周共3课时，地理按50%计算，约1.5课时。法国中小学的年级是倒数，六年级为低年级，一年级为高年级。六至三年级相当于初中，二年级、一年级、毕业班为高中。法国中学地理课程设置情况如表9。

表9　法国中学地理课程的设置情况

年级	六	五	四	三	二	一	毕业班
科目	地球 非洲	美洲 亚洲 大洋洲	欧洲 苏联	法国及 海外属地	自然和 人文地理	法国区域 地理及 属地地理	外国主要 国家地理 经济地理
周学时	1.5	1.5	1.5	1.5	2	2	2

（四）苏联十一年制学校，1986年开始实施地理课程计划如表10。

表10　苏联十一年制学校的地理课程计划

年级	六	七	八	九	十	十一
科目	自然地理 基础	大陆和 大洋地理	苏联地理 （自然部分）	苏联地理 （经济社会 部分）	世界经济 和社会地理	天文学
周课时	2	3	2	2	2/1	1

1988年，苏联教育部又公布十一年制学校试验性教学计划，把六年级的“自然地理基础”课取消，将其内容分散到三至七年级的自然课中学习。十年级的“世界经济和社会地理”，上、下学期每周均改为2

课时。十一年级的天文课合并到物理课中。高中选修课有地质学、地图学等。苏联解体后，我们尚不了解各独立共和国的课程计划。

（五）美国没有全国统一的中学教学计划，各州自行其是。初中地理一般为必修，设在初一和初二，每周 2～3 课时，学习地球、世界地理和美国地理。高中地理为选修课，由各校自定，学生自由选择。选修课有“地球和宇宙科学”“环境科学”“经济地理”等。过去，地理教育在美国中学未受到重视，国民的地理文化知识水平很低，在世界贸易竞争中比不上日本。1991 年，美国布什总统提出的“美国 2000 年教育发展计划”中，把地理列为五门核心课程之一，与英语、数学、科学、历史并列。对中学地理教学的要求也已制定，并在 1994 年公布。

四、关于高中地理教材编写的几点思考

纵观我国历史上和国际上地理课程设置的情况，我们认为，我国新的高中课程计划中的地理课也应保证一定的课时，并兼顾自然地理、人文经济地理和区域地理几个方面。除此之外，高中地理课程的设置还要考虑到为全体普通高中学生打好共同基础的需要，也要照顾到不同地区、不同学校及不同的师资和学生的特点，考虑到学生高中后分流的需要，既要设共同必修课，也要为部分学生开设选修课。

具体地说，可以在高中开设以下内容的地理课（表 11）。

表 11 中，高一地理课必修课主要是在现行地理课的基础上，进一步修订、调整、提高。

表 11　我国现阶段高中地理课开设内容建议

年级	高一	高二	高三
科目	地理（必修）（以环境、资源、人类活动为线索的系统地理）	人文经济地理（选修）	中国经济地理、世界经济地理、旅游地理、天文学、地质学、气象学、地图学、交通地理、商业地理等
周课时	3	2	2
	共同必修	政治、经济、财贸外语、地理、历史等文科必选	供学生任选

高二的人文经济地理，是在高一地理基础上的进一步提高，为有志升入文、法、政治、财经类专业的学生或是走向社会从事第三产业的学生更好地认识世界、充实适应市场经济需要的地理知识而设置，可作为文科类学生必选和必考科目。

此外，各地区、各学校还可根据社会需要、学生爱好、学校条件自行开设一些选修课，如中国经济地理、世界经济地理、天文学、地质学、气象学、地图学、旅游地理等。

上述高中地理必修和选修课程的设置，与日本、欧洲发达国家高中地理课程的安排比较接近，并且具有中国自己的特点。

新的高中地理教材应以高中地理新大纲为依据，努力做到以下几点。

1. 教材从提高学生素质出发，教学内容以人地关系为线索，着眼于地理学科基础知识及当代社会人类面临的人口、资源、环境等问题，将自然地理知识与人文地理知识较好地结合，具有科学性和时代性。

2. 教材还应有完整、科学的结构。教材中的地理事实、地理概念、地理原理和地理方法要按照地理科学和教育学、心理学的原理，组成合乎逻辑的、有序的、有机的整体。

3. 注意思想教育，特别是辩证唯物主义教育、爱国主义教育和国情教育、环境意识和国际意识的教育，将思想教育和知识教育相结合，寓思想教育于地理知识教育之中。

4. 注意学生能力的培养。教科书中配有较多的启发思考问题，以及填绘图表等练习，有利于培养学生的地理思维能力和动手能力。

5. 体现教学方法的改革。新编的九年义务教育地理教材普遍获得了教师和学生的喜爱，究其原因，主要是教材从选材、内容的编排、表达的方式等方面都体现了较好的教学方法，学生喜欢读，便于教师教，教师反映新教材促进了教学方法的改革。正如美国心理学家布鲁纳在《论教学的若干原则》一文中曾经说过："教材和教法的界限势必愈益模糊不清。"新的高中地理教材也应注意体现新的地理教学方法。

6. 教材要有一定弹性，既有必学的内容，也有一些选读内容；既有体现基本要求的教科书，也有其他的系列化品种。

总之，新的高中地理课程、大纲和教材是培养21世纪人才的大工程，我们应在充分研究的基础上，努力搞好这项工作，为提高高中学生、祖国未来建设者的地理知识水平作出我们的贡献。

高中地理选修课教学内容应增加区域地理研究和应用的建议*

最近看了国家教委基础教育司于1995年5月印发的《全日制普通高级中学地理课程标准（征求意见稿）》，这一地理课程标准包括高一地理必修课，高二和高三限定性选修课两部分。

高一地理必修课的教学内容，既继承了1986年《全日制中学地理教学大纲》高中地理部分以人类活动与地理环境关系为主要线索的系统地理结构，又总结了多年来高中地理的教学经验，精简了自然地理部分过于专门化的问题，突出了环境、资源、人口与可持续发展的基本理论与问题，适当增加交通运输、商业、贸易、旅游地理等教学内容。高二选修地理课重点学习人文地理方面的人口与环境、城市与空间、文化与文化景观、领土与国力等问题。这一新的高中地理课程标准在原高中地理教学大纲的基础上又有了新的发展和飞跃，充分体现了时代精神和为21世纪培养社会主义现代化建设人才的需要。

---

* 选自陈尔寿著：《地理教育与地理国情》，人民教育出版社1998年版。本文是作者1995年6月向国家教委基础教育司全日制普通高中地理教学大纲编订组所提的建议。

但是，征求意见稿中高三地理选修课部分的教学内容，值得进一步商榷。征求意见稿中的教学内容要点为：（1）中国基本的地理国情；（2）土地资源的合理利用与综合治理；（3）江河流域的治理；（4）海洋开发与保护；（5）能源；（6）交通；（7）中国的发展与世界。以上教学内容要点中的地理基础知识，易与义务教育初中地理和高一必修课的某些部分重复。由于课时有限（每周 2 课时），在理论上和实践活动方面也难以展开和提高。

为此，建议将高三地理选修课的教学内容改为“地理区域研究和应用”，在地理区域研究的理论基础上，结合中国地理区域特征、国土整治与开发的事例，使学生懂得地理学区域性的特征、区域研究的意义和作用，乡土地理区域研究的方法和实践活动。

建议大纲的基本框架如下。

一、地理区域研究的内容和方法

（一）地理区域研究的基本内容和意义

区域性研究是地理学的核心

（二）地理区域研究的方法和现代化手段

地理区域研究从传统描述方法向地域综合科学研究和为生产实践服务的方向发展

遥感技术在地理区域研究中的应用

地理信息系统在地理区域研究中的应用

二、中国地理的区域差异

（一）中国的自然区

中国综合自然区的划分原则和方法

中国三大自然区和七个自然地带的空间位置和基本特征

（二）中国的行政区

中国三级行政区形成的历史和现实意义

省级行政区的空间分布和空间联系

（三）中国的三个经济地带

中国东部、中部、西部三个不同经济地带形成的原因和主要特征

三个经济地带各自发展的主要方向及缩小东部和中西部差距的途径

东部经济地带内主要综合经济区的特点及其与中西部的联系

三、国土整治与开发

（一）国土和国土的整治与开发

国土的含义

国土整治、开发的意义和主要工作

国土规划与国土立法

（二）东北农林基地的建设

东北农林基地的自然条件

商品粮基地的建设

林区的合理开发

东北农林基地的综合开发和加工业的发展

（三）黄土高原的整治与开发

黄土高原的自然与经济特征

小流域治理的方法和成就

以山西为中心的能源基地建设

（四）黄淮海平原和南方红壤丘陵的治理

我国农业低产区的主要分布地区和原因

黄淮海平原低产区综合治理的方法和成就

南方红壤丘陵低产区综合治理方法和成就

（五）长江三峡地区的开发

长江三峡地区的区域特征

长江三峡地区的建设对长江流域的影响

本地区环境变化中需要解决的区域地理问题

（六）西北干旱、半干旱地区的整治与开发

西北干旱、半干旱地区的区域特征

荒漠化概念和荒漠化的危害

荒漠化的防治措施

（七）西南地区经济发展与交通

交通建设与区域发展的关系

交通运输是制约西南地区经济发展的主要因素

西南地区交通运输建设与区域经济发展

四、乡土地理调查

乡土地理调查的内容

乡土地理调查的原则

乡土地理调查的方法

以上建议只是大致的设想，很不全面周密，供研究参考。

中国中小学地理教育的演变*

一、清末时期

我国创办新式学堂，在课程中设置地理课并编写出版中小学地理教科书，始于清朝末年。当时，在鸦片战争以后，帝国主义列强以舰炮轰开中国国门，一系列丧权辱国的不平等条约被强加给中国人民。一批爱国政治家、官员和知识分子痛切地认识到“欲制外夷者，必先悉夷情始”，要睁开眼睛认识世界，要了解自己的国土和边疆，要将中国作为世界的一部分来审视国家安全和边防。在这种爱国主义思想的指引下，参考国外中小学课程的设置，地理（当时曾称舆地）便成为清末新式学堂的必修课程。

1878年，张焕纶在上海开办正蒙书院（后改名梅溪学堂），是国人自办的一所最早的私立小学。张焕纶本人对地理很有研究，他把舆地列入学校课程，亲自执教，编写讲义。这是国人自办学堂设置地理课程的

* 选自陈尔寿著：《中国学校地理教育史略》，人民教育出版社2013年版。

开端。

1895 年，清政府津海道盛宣怀奏请设立中西学堂于天津，分头等学堂、二等学堂各一所。头等学堂学制四年，小学程度，课程中有舆地学。这是我国公办的第一所新型普通学校。

1897 年，盛宣怀奏设南洋公学于上海，内分师范院、外院、中院、上院四部。外院为师院附小，程度相当高小，课程有舆地。中院相当中学，课程有史地。

我国近代地理学的开拓者张相文于 1899—1903 年在南洋公学教地理。1901 年，编写出版了我国最早的《初等地理教科书》二册（南洋公学出版）。1902 年，他又编写了《中等地理教科书》四册（高小适用）（上海兰陵社出版）。

1904 年 1 月，清政府颁布《奏定学堂章程》，谕即次第施行。这是清政府在全国范围普遍施行的学堂章程、学制和课程体系，也是我国最早制定并在全国中小学普遍施行的含有地理课程的章程。

章程规定初等小学堂 5 年，每个年级设置地理课程，每周 1 课时；高等小学堂 4 年，每个年级每周 2 课时。中学堂 5 年，一、三、四、五年级每周 2 课时，二年级每周 3 课时。中小学学习地理有 14 年之久，总共达 24 课时。这是我国中小学学习地理年限最长、课时最多的时期。

地理课程学习内容规定为：初小学习本乡、本县、本府、本省、本国地理，五年级最后半年学习邻国地理；高小学习本国地理和外国地理。中学堂学习地理总论、中国地理、外国地理、地文学。

1909 年，学部颁布《奏准变通初等小学堂章程》，地理不单独设科，而将内容与历史、格致一同编入文学读本。

中学方面，1909年，学部颁布《奏准变通中学堂课程》，将中学分为文科与实科。文科中学地理属主课，一、二年级每周3课时，授中国地理；三、四、五年级每周2课时，授外国地理。实科中学地理各年级每周1课时，一、二、三年级授本国地理，四、五年级授外国地理。

当时中小学地理教育的目的，着重地理知识教育和爱国思想教育，并开始提出使学生知道大地与人类的关系。在地理技能方面，中学提出学习描绘地图的要求。

在地理教科书的编写出版方面，采取官局与私家合作编辑的办法。一些地方热心地理教育的人士，努力编出多套中小学地理教科书。由于时代的局限性，中国近代地理学尚在启蒙阶段，因此地理教科书的中国地理内容，多沿袭我国地理志和地方志的编写法，记述全国和各省、各地方的疆域、沿革、山川、人口、物产、道路、关隘等地理知识，并夹杂有非地理的内容，如人物、赋税之类。外国地理内容，多参考西方和日本教科书，一般先讲地理总论，内容有地球知识、海陆分布、地形、天气、物产、人民、国家等；然后讲各洲总论，各洲总论之后，讲有选择的国家。中小学教科书的区别，主要是繁简不同，重复较多。

当时与教科书相辅而行的，有一册彩色的《瀛寰全图》（商务出版）。内有东西半球图、各大洲图、大清国图、日本图、美国图等。

地文学属于西方近代自然科学的内容，最初用外国译本。1908年张相文写的《地文学》出版后，有了国人自撰的自然地理教科书。但是，1909年起，中学地理课程中，已将“地文学”删去，可能是缺乏开设这门课程的师资和教学设备。

二、民国时期

1911 年辛亥革命，清王朝被推翻，1912 年 1 月，成立了中华民国，临时大总统孙文在南京建立临时政府，成立教育部，颁行《普通教育暂时办法》，小学由原 9 年改为 7 年。初小 4 年未单独设地理课。高小 3 年，每周有史地课 3 课时，一、二年级讲“本国地理之要略”，三年级讲“外国地理之要略”。中学不分文实科，由原来的 5 年减少为 4 年，每个年级有地理 2 课时。前三年讲“地理概论”“本国地理”和“外国地理”，第四年讲“自然地理”和“人文地理概论”。

1915 年，教育部规定“地理科宜注意国耻，以增学生敌忾国仇、爱国强种之观念”。当时虽设立有教科书编纂处，但因时局混乱，未曾出书而停设。中小学地理教科书均由私家编纂，主要由商务、中华等书局自行出版。

这一时期地理教科书有三个特点。(1) 在内容上，中外地理均以区域地理为主，其中人文地理比重大于自然地理，区域人文地理仍多沿袭地方志的体例，注重区域的沿革和现状，夹杂非地理的内容，如一国的政体、官制、财政、军备、外交等，被称为“百科全书式”。区域自然地理主要讲地区的山脉、河流。地理概论中简略介绍有关自然地理的基本知识。(2) 中国地理重视边疆地区的国际地理知识，以及反对帝国主义侵略的爱国主义思想。(3) 重视地图，教科书中均附有彩色的全国地图和世界地图，课文中附有插图。

1922 年，教育部召开全国学制会议。新学制规定小学 6 年、初中 3

年、高中3年。小学不设地理。中学学科分为必修和选修两类，采用学分制。初中必修科目中，公民、历史、地理合为社会科。地理定为8学分，每周教学2课时，计2学年。高中地理为选修科，安排在高二，每周3课时，作为准备升入大学文科或商科的选修科目。

我国现代地理学的奠基人竺可桢，于1922年在《科学》杂志第七卷第11期“科学教育专辑”上发表了《地理教学法之商榷》论文，阐明地理教学的主旨有二：（1）使学生能以世界之眼光，推论时事；（2）陶冶学生，使能以科学之眼光观摩事物。对于教学内容，主张“应选教材，限制地理之范围，组织各种地理上之要素成为系统，以人类为前提，而使之贯成一气”。他认为“地理所授的材料大抵可分为两大类，即生活状况与环境是也”，并主张地理教学应重视实验，要“观摩地形、实测气候”。在他的教育思想影响下，我国中学地理教科书的面貌和内容大大改变，地志式的内容逐步退出地理教科书。1929年，竺可桢在修订并重新发表此文时，批评当局将地理课程在高中列为选修科目的不当。当年，在国民政府教育部公布的《暂行课程标准》中，地理被重新列为普通高中必修课程，竺可桢参加了《地理课程标准》的制定工作。

1923年，全国教育联合会新学制课程标准起草委员会刊布《新学制课程标准纲要》，其中《初中地理纲要》指出：本科应重视人类生活之全体，所以中外地理的界域，首宜打破，因此采用混合编制。所谓混合地理，即同时混合中国与外国之地文地理、人文地理，参互错杂而讲之，而以数理地理开其端。高中为选科未列纲要。当时，商务虽出版了混合编制法的《新学制地理教科书》，由于缺少能胜任的教师，不易推行。1924—1925年，商务、中华等书局出版《初中本国地理》《初中世

界地理教科书》。

1924年，商务还出版了张其昀编写的《人生地理教科书》，全书分为12章，人文地理部分7章，分别为地位、地形、水利、土壤和矿产、气候、生物与人生之关系，最后为人类相互间的关系。区域地理部分5章，分别为热带生活、温带生活、极带生活和各大陆概况，以及中国区域地理大纲、中国和世界的关系。本书采纳了美国亨廷顿“地理环境决定论”和法国白吕纳“人地相关论”的观点。此书由于采用混合编制法，缺乏师资，也未能广被采用。

1928年，教育部公布中小学课程暂行标准，《小学课程暂行标准》规定1～6年级各年级均单设地理，但初小四年未实施。初中各年级均设“地理”，每周2课时，初一、初二授本国地理，初三授外国地理。《高级中学课程标准》将地理由选修改为必修，授中外地理一学年，每周3课时。1932年改为高中三年，每个年级都设地理课，每周2课时。高一授本国地理；高二上学期授本国地理，下学期授外国地理；高三上学期授外国地理，下学期授自然地理。实际上自然地理开设的学校很少。大多数学校高中一、二年级授中国地理，三年级授外国地理。

这个时期，高中中国地理教科书有了很大变化。区域地理部分由授各行政区域的地理知识改为授自然区域。例如，1937年张其昀编的《高中本国地理》（南京钟山书店出版）是将1926年他编写并在商务出版的《新学制高级中学教科书本国地理》修订改编而成。全书先把全国按竺可桢划分的全国8大气候区作为第一级区划：华南、华中、华北、云贵、东北、草原、蒙新和西藏。然后再按地形把全国分为23个区。1936年王成组编的《复兴高级中学教科书本国地理》，将全国分为6大

地带，即华南、华中、华北、东北、蒙新、康藏；以下再分为31个区。由于当时我国自然区划尚无统一标准，所以自然区划的范围、数目多少均由编者自定。这两种教材减少与初中地理的重复，教材的地理性、科学性、系统性均有所提高。

这一时期的地理教科书比清末民初时有了以下几点变化。

(1) 对地理教材的选择范围有所限制，删除了一些不属于地理要素的官制、财政、军备、教育等内容；(2) 教材的科学性有明显提高，如中国的地形、气候、人口等内容，都能采用新的研究成果，并用数据和分布图来说明；(3) 注意自然现象的解释和人地关系的分析；(4) 增加了地图、照片和插图。缺点是：初中地理与高中地理仍有不少内容重复，省区地理与国家地理的结构千篇一律，都是位置、疆域、地形、气候、水文、物产、交通、城市，罗列大量地名和物产名称，单调枯燥，不易引起学生学习兴趣。

抗日战争时期，教育部教科用书编辑会于1941年编辑战时中学地理补充教材《初中中国地理》一册，由正中书局出版。内容分为：(1) 我国地理形势总论；(2) 战场的形势；(3) 抗战建国与产业；(4) 抗战建国与交通；(5) 后方建设与战区情况；(6) 抗战建国与开发边疆。

抗战胜利后，各书局对抗日战争时期所编地理教科书均加以修订。主要是删除抗战内容，增加以民生问题为中心的经济建设内容。

1948年，在中国共产党统治的解放区，出版了刘松涛等编写的《高小地理课本》一套4册，由新华书店出版。第一册为东北、华北和西北区；第二册为华东、华南、华中和西南区；第三册为全国总论、地球和各大洲概况；第四册为世界分国。

1949 年 4 月，华东新华书店出版了陈光祖和蔡迪编写、供初中教学用的《本国地理》和《世界地理》，由山东教育厅审定。

三、新中国时期

1949 年 10 月 1 日，中华人民共和国成立，新中国的中小学地理教育经过了 60 多年起伏曲折的历程，大致可分为以下五个时段。

（一）过渡时期

新中国成立初期，在新的中小学课程标准尚未制定之前，暂时沿用新中国成立前中小学的地理课程体系，即从小学五年级开始至高中三年级，每个年级每周有 2 课时地理。小学五年级教本国地理，六年级教外国地理；初、高中第一、二学年均教本国地理，第三学年均教外国地理。当时，没有统一的地理教学大纲和教科书，只是由中央人民政府教育部、出版总署推荐了开明、商务、中华、新中国联合出版社、新华书店出版的内容较好的初、高中地理教科书，作为临时代用课本。

1950 年 5 月 3 日，《人民日报》刊载了出版总署金灿然写的《中学地理教本中的几个政治思想问题》一文，指出：（1）世界地理中，对世界的国家没有分清以苏联为首的和平民主阵营及以美帝国主义为首的侵略阵营；（2）对中苏友好、中国人民必须站在社会主义一边，缺少论述；（3）中国是一个多民族国家，缺乏尊重少数民族的思想观点；（4）在地理环境与人口问题方面未摆脱“地理环境决定论”和“人口论”的思想；（5）对经济建设的发展前景叙述不够；（6）教材的选用不够严谨。

当时，《地理知识》杂志也刊载了不少地理学家的文章，指出中小学代用教材的缺点，并提出改进教学的意见。

（二）仿苏时期

1952年3月，教育部颁发了《小学暂行规程（草案）》和《中学暂行规程（草案）》，其中教学计划部分的地理课程设置及课时安排，主要是学习苏联经验，结合我国实际制定的。《中小学地理教学大纲（草案）》于1952年开始编订，1956年6月正式公布。与此同时，中小学地理新教材陆续由人教社出版，统一向全国供应。这一时期中小学地理课程体系和各年级的课时分配大体如表1。

表1　20世纪50年代我国中小学地理课程设置和课时安排

阶段	小学		初中			高中	
年级	五	六	一	二	三	一	二
地理课程内容	地球及中国地理	中国地理世界地理	自然地理	中国地理	世界地理	外国经济地理	中国经济地理
每周课时	2	2	3	2/上 3/下	3/上 2/下	2	2

这一新体系跟新中国成立前中小学教学计划中“中国地理”“外国地理”按圆周式、循环三次的排列方式有所不同，教材结构和内容也不一样。新编小学地理教科书，改变了旧教材中、外地理分省级行政区、分国罗列地名和物产名称这种枯燥单调的写法。中国地理把全国分为几个大自然区，用比较生动形象的文字和插画，使儿童对祖国不同地区的景观和人们的主要生产活动有一鲜明印象，如东北的林海雪原、江南的水乡泽国、青藏的高原雪山等，并受到爱国主义思想教育。小学六年级下学期讲“世界地理”（苏联小学地理无此内容）。这是考虑到我国初中

尚未普及，小学毕业生中不能升学的，需要一些初步的世界地理常识。这套教材由于内容生动活泼，重点突出，文字优美，受到师生喜爱。

当时初中地理以自然地理为主，“世界地理”和“中国地理”也以自然地理为重点。通过初一“自然地理”的教学，使学生了解到各种自然地理现象发生的原因，构成自然环境各要素相互影响、相互制约的关系；并且学会定方向、测绘平面图、测定山丘高度、观测气象等技能。许多学校还建立了地理园，开展多种地理课外小组活动，培养了学生运用实际知识的能力。通过“世界地理”和“中国地理”的学习，扩大了学生的视野，获得了有关世界、有关祖国地理的基本知识，了解中国人民在共产党领导下，进行社会主义建设所取得的巨大成就。

高中“外国经济地理”的教学，要求学生认识在不同的社会经济制度下，生产配置是不相同的；认识一个国家的生产性质与居民生活条件的关系。这在发扬无产阶级爱国主义和国际主义精神方面，是有积极教育作用的。在“中国经济地理”教学中，通过新中国成立前后生产和生产配置的对比，使学生既掌握了中国经济地理基本知识，又受到热爱中国共产党、热爱新中国、热爱社会主义的思想教育。

1956 年以前，学校地理教学基本上能按照教学大纲的要求正常进行。教师、学生为社会主义教和学的热情很高，教师队伍也比较整齐，地理教学的效果一般是比较好的。

不足之处主要有以下两个方面。第一，未能科学地、辩证地揭示人类与地理环境的关系，教材中只是强调社会制度对生产和生产配置的作用，不谈自然规律和经济规律对发展生产的影响。第二，讲社会主义国家利用自然、改造自然，发展工农业生产，只谈成绩，不谈存在的问题。讲资本主义国家的自然条件时，只讲资本家对自然资源的掠夺、破坏；在讲其工农业生产时，只揭露其腐朽、没落、矛盾的一面，不谈资本主义企业在生产技术、布局、经营管理方面的某些合理因素，也就是说对资本主义国家只是批判，未能有所借鉴。

（三）调整压缩时期

1957 年“教育革命”，在片面强调缩短学制，减少课程门类，减少授课时数的指导思想下，1958 年将初一自然地理取消，把高中两门经济地理先合并，1959 年又全取消。仅在初一和初二开设地理，其中初一每周 3 课时，初二每周 2 课时，讲授内容规定为地球、世界地理、中国地理和乡土地理。整个中学的地理教学的课时，由 432 课时削减到 180 课时，即减少了 59％。小学地理的教学时间也由 144 课时，削减到 72 课时，即减少了 50％，只在小学五年级学一年，每周 2 课时。

由于中小学地理课时被大量削减，并且决定的时间仓促，对整个地理课程的教学体系和内容缺乏系统研究和安排，因此教学内容只是将原来初中地理教材加以精简和压缩。所以，教学质量比 1958 年以前大为下降。

1963 年，教育部颁发了《关于实行全日制中小学新教学计划（草案）的通知》，通知中说：“1957 年以前，历史、地理有不必要的循环重复，这些课程的设置办法也过于分散。”新教学计划规定小学地理设置在五年级，每周 2 课时。中学地理采用直线排列，将“中国地理”设在初一，每周 3 课时；“世界地理”设在高一，每周也是 3 课时。

1963 年颁发的《全日制中学地理教学大纲》规定，在讲授中国地理之前，先讲“学习区域地理必需的关于地图、地形和大气的基础知解祖国的国土和人民开始，然后讲首都北京和各地区，最后以“壮丽的山川”“多样的气候”“丰富的资源”“联系各地的交通网”作总结；各地区以认识自然景观为主，并突出某些特点。(4) 世界地理，概括地介绍了地球上五带的自然景观和人类活动概况，最后以“世界的居民和国家”“我国同世界的交往”作结束。

1981 年，教育部颁发《全日制五年制中学教学计划试行草案的修订意见》和《全日制六年制重点中学教学计划（试行草案）》，规定高中重新设置地理课，五年制中学设在高一，六年制中学设在高二，均为每周 2 课时，讲“人类和地理环境”。这是根据我国“四化”建设、培养社会主义一代新人的需要，也是按照现代地理学研究的中心课题所确定的。这样，就初步形成了小学讲地理常识，初中讲区域地理，高中讲人类和地理环境的新体系。既解决了过去中外地理圆周式重复较多的缺点，也突破了把自然地理和经济地理割裂开来的模式。当时全日制五年制小学和六年制中学地理课程的设置如表 2。

表 2　20 世纪 80 年代我国中小学地理课程设置

阶段	小学		初中			高中		
年级	四	五	一	二	三	一	二	三
地理课程	地理		地球和地图、中国地理	世界地理			地理（人类和地理环境）	（地理）
每周时数	2		3	2	2			(3)①

① 试行文理分科的班级的教学计划，高三每周还有 3 节地理课，以适当提高对人文地理的要求。但是，既没有试行这一教学计划的学校和班级，也未编出适应这一教学计划要求的地理教学大纲和教科书。

1982年，人教社出版了供应全国高中使用的地理课本，以人类与地理环境的关系为线索，用地球科学、环境科学的基本理论，天体系统、物质循环、能量转换、生态系统、生态平衡、板块构造等学说来充实和更新自然地理的教学内容；以资源、能源、农业生产和粮食问题、工业生产和工业分布、人口和城市等现代社会所突出的人类与环境的问题，代替传统的经济地理的教学内容。教材以自然环境为基础，将人类与地理环境的关系辩证地统一起来，树立“人地协调论”的正确理念，帮助学生形成科学的资源观、人口观和环境观。

（六）20世纪90年代中学地理教育变革的趋向

1. 高中地理必修课的调整和增设选修课

根据国家1990年颁发的《现行普通高中教学计划的调整意见》和《全日制中学地理教学大纲（修订本）》，中学地理的课程设置调整如表3。

表3　20世纪90年代我国中学地理课程设置

年级	初一	初二	初三	高一	高二	高三
课程	中国地理	世界地理		系统地理（必修）		区域地理（选修）
课时数	96	64		96		100

按照这一教学计划，初中两门地理课程在1993年施行《九年义务教育初中地理教学大纲》以前，属于过渡阶段，教学内容与20世纪80年代基本相同。高中地理改设在高一，以人地关系的系统地理为主，每周3课时，教学大纲的基本内容和体系未变，只是教材中适当增加了一些当时人类活动与自然环境关系的主要问题，如地球气温增高、臭氧层遭受破坏、酸雨、泥石流等，以及当时国内外人文—经济地理的新趋

向。另外，高中三年级增设地理选修课，以中外区域地理为主，每周4～6课时。高中地理必修课教学大纲是必修课教学的依据、教学评估的依据、会考的依据和高考命题的依据；高中选修课教学大纲是选修课教学的依据和高考命题的依据。

选修课的中国地理部分，主要讲中国的基本国情，以及东北区、黄河中下游区、长江中下游区、南部沿海区、西南区、青藏区、西北内陆区的地理特征；外国区域地理则重点讲授日本、新加坡、印度、沙特阿拉伯、埃及、科特迪瓦、英国、法国、德国、俄罗斯、加拿大、美国、巴西、澳大利亚的国家地理知识。

2. 九年制义务教育初中地理教学的改革

1986年，我国颁布了《义务教育法》。1988年国家教委制定了义务教育的教学计划和各科教学大纲（初审稿），1992年初审稿经过修订，1993年在全国施行。全日制小学、初中实行五四制（小学五年、初中四年）和六三制的学校，地理均设在初一（每周3课时）和初二（每周2课时）。地理教学内容是："学习地球和地图的初步知识，世界地理和中国地理（包括乡土地理）的基础知识，了解一些人与地理环境的关系，初步具有阅读并运用地图和地理图表的能力，进行爱国主义和国情教育、辩证唯物主义教育。"

义务教育初中地理教学大纲（以下简称新大纲）主要有以下几方面的改革。

（1）在确定教学内容的原则方面

①确定义务教育的初中地理教学是从培养社会主义公民的需要出发

教学内容应该符合义务教育法的要求，贯彻使学生德、智、体全面发展的方针和教育要面向现代化、面向世界、面向未来的精神，培养有理想、有道德、有文化、有纪律的社会主义公民所必须具有的地理基础知识。目的是提高民族素质，而不是为了应试，或者只是强调地理学科知识的科学性、系统性而去确定教学内容。这对转变传统的地理教学思想，有着重要的指导意义。

②以环境、自然资源、人类活动为线索，正确阐明人地关系

多年来，初中地理教学一直以自然地理为重点，以区域地理为主要内容，因而侧重区域自然地理知识的传授，有关人文地理和人地关系的教学内容比较薄弱。尽管前一轮大纲中增加了对这些方面的要求，但受地志形式知识结构的限制，不能很好表述当代社会人类所面临的环境、资源、人口等重大而纷繁的问题。新大纲要求以地理环境、资源、人类活动作为线索确定教学内容，即要求学生认识地理环境是人类赖以生存和发展的基础，人类通过利用地理环境中的各种资源（包括能源），以发展生产力。在利用合理时，就能促进社会的发展和进步；利用不当时，则出现了生态平衡遭受破坏、环境被污染等危及人类生存的问题。这样，地理教学的内容就能很好体现“教育要面向现代化，面向世界，面向未来”和“教育必须为社会主义建设服务”的精神。

有关人地关系的教学内容，初中地理同高中地理的基本精神是一致的，但是表达的方式和要求有所不同。高中地理是按系统地理的形式，多从环境结构和机制等方面作理论阐述。初中地理则从区域地理的角度，多用事实材料，使学生认识不同地区和国家的居民，如何因地制

宜，利用当地的自然条件，发展生产和促进社会进步的，以及不同国家所出现的程度不同的环境、资源、人口等问题。

③广度和深度要适当

前一轮大纲和通用地理课本中的教学内容，涉及的面过广，地理事实材料偏多，有些内容又较深，超过初中十三四岁学生的接受能力，因而学生的学习负担较重，学习兴趣不高，教学效果不够理想。新大纲指出，确定教学内容要按初中教学计划对地理的要求和学生年龄、生理、心理特征，加以选择；要从我国的国情出发，讲求实效，广度和深度要适当。例如，前一轮大纲对要求学生必须记住的地名，没有明确规定。初中中国地理和世界地理课本中出现的地名，各有 1 100 个左右。新大纲规定必须记住的重要地名，中外地理各有 300 多个。这就大大减轻了学生记忆地名的负担。又如，世界地理中单独讲授的国家，前一轮大纲中为 41 个，新大纲精简为 16 个。有的同志担心，减少很多地名和国家地理知识，是否会影响地理教学质量。我认为，学习地理主要是掌握本学科知识的基本概念、原理和规律，以及懂得自学地理的方法。当然，学习地理也必须记住一定数量的地名，知道一些重要国家的地理特征。但在有限的课时内，不可能也不必要让学生去背诵、记忆大量的地名和国家地理知识。不过应教会学生阅读地图，能从地图上查找那些在课外阅读、收听与收看节目中所接触到的地名和国家，并熟悉它们，以扩大自己的知识面。

前一轮大纲中的世界气候部分，规定要讲“地球上气压带和风带的季节移动”“世界主要气候类型”。根据调查，这是初中世界地理教学的难点，大多数学生接受比较困难。新大纲在世界气候部分，只要求讲清楚世界气温和降水的分布规律，纬度位置、海陆分布、地形和洋流对气候的影响，世界气候的地区差异。这就大大减轻了教学难度，容易被大多数教师和学生接受。

为了因材施教，满足一部分较高水平师生的需要，新大纲将“地球上的气压带和风带”列为选讲内容，不作统一要求。

④有利于启迪智能和参加社会实践活动

新大纲强调确定教学内容要有利于学生智能的发展，并注意联系实际，为学生参加社会实践活动打下基础。这是针对传统地理教学多偏重传授知识，忽视发展学生智力、培养学生能力，以及课堂教学多照本宣科、理论脱离实际等缺点而提出的。近年来，不少教师在启迪学生智能，组织学生作野外观察、社会调查、撰写小论文等实践活动方面，已取得不少成绩。这样，既发挥了教师的主导作用，又调动了学生学习地理的主动性和积极性，使教学质量明显提高，学生的才智得以增长和发展。

地理教学可以联系实际的方面很广，过去注意联系生产实际较多，这是必要的。今后应扩大联系实际的范围，像自然现象、社会现象、国际事务，在学生生活中有很多与地理教学内容有关的事例，可以联系；或是要求学生运用所学地理知识联系实际予以解释。这样，教师就把大纲规定的地理知识教活了；学生就会感到学习地理知识是有用的。新大纲保留并增强了有关基本技能训练的要求，这是落实启迪智能和加强实践活动的重要措施。

（2）在教学内容的组织和安排方面

新大纲初中地理的教学内容，虽然同前一轮大纲一样，包括地球、地图、世界地理和中国地理四部分，但在体系安排上有较大的灵活性，在知识结构方面有较大变化。

①初中区域地理的教学顺序，世界地理与中国地理的先后问题，有两种不同意见

一种意见是先中国、后世界，由近及远。理由是中国地理的内容学生比较熟悉，容易接受；世界地理的内容学生比较生疏，地名也较难记，应先易后难。另一种主张是先世界、后中国，从整体到部分。理由是小学地理和今后的社会课，都是由近及远，从周围的环境，逐步扩大到全国和世界。初中地理就不必再重复这一顺序，而应把中国作为世界的一部分，以认识其规律性和相互联系。当时，美国、日本和欧洲许多国家的初中地理课本，都是先讲世界、后讲本国，可以借鉴。

新大纲在“教学中应该注意的问题”中指出：“本大纲所拟定的教学内容组成部分及各部分的课题，教材的编者和教师都可以根据具体情况确定其顺序。”这就是说，世界地理和中国地理的教学顺序，教材编者和教师可自行安排，不作统一规定。又如，“世界的时区与区时差、国际日界线”的课题，前一轮大纲安排在最初的“地球”这一部分之中，实践证明，这是初一学生学习的难点，因为刚学习地理的学生，空间观念还较薄弱，理解困难。新大纲将其安排到世界地理最后“人类共同生活在一个地球上”的部分，与通信、旅行等实际生活联系起来，接受起来可能容易一些。如果教材编者与教师认为应把这个课题同“地球自转”结合起来教学，自行调整其顺序也是可以的。

②世界地理知识结构的变化

多年来，我国世界地理的知识结构，基本上是以自然地理为主的分

洲列国志，大体上分为世界概况—各大洲—洲内各部分—各洲主要国家，层次较多，内容比较繁杂，重点不突出，人文地理知识较少，与当时世界政治、经济形势有些脱节。新大纲精简了层次，在世界地理概况之后，直接把世界按自然地理和人文地理的综合特征，分为东亚、东南亚、南亚、中亚、西亚和北非、撒哈拉以南的非洲、欧洲西部、欧洲东部、北美、拉丁美洲、大洋洲、南极洲十二个地区。这样既便于联系当前世界的政治、经济形势，又突出了区域特征。在编写教材时，区域的组合也可灵活处理，像西亚和北非虽分属于亚非两洲，但是自然与社会经济方面的共性较多，如地形多为高原，气候多为热带沙漠气候，农业以灌溉农业为主，石油资源丰富，居民以阿拉伯人为主，多信奉伊斯兰教，地理位置控欧亚非三洲要冲等。把这两个地理条件相近的区域，综合在一起讲，可以节省教材篇幅和教学时间，也便于学生掌握这一区域的地理特征。

有关国家地理的知识，新大纲规定在每一个地区一般只选择一两个影响比较显著，或是具有鲜明地理特征的国家作典型分析。例如，东亚的日本，东南亚的新加坡，南亚的印度，中亚的哈萨克斯坦，西亚和北非的埃及，撒哈拉以南非洲的尼日利亚，欧洲西部的英国、法国、德国，欧洲东部的俄罗斯，北美的美国、加拿大，拉丁美洲的巴西，大洋洲的澳大利亚。前一轮大纲每个地区单列的国家较多，像东南亚就有越南、老挝、柬埔寨、缅甸、泰国、新加坡、印度尼西亚 7 国，由于课时所限，每个国家的内容都很简单，蜻蜓点水，难以较好地说明每个国家的地理特征和人地关系。新大纲对国家地理的处理，既突出了重点，又减轻了教学负担，并且所列国家的地理知识，都增加了人文地理的内容。在东南亚选择新加坡，颇有特色。因为这个国家的地理位置的特征比较显著，该国居民中华裔占大多数。本国虽然缺乏自然资源，但实行开放政策，引进技术，发展制造业，成为亚洲新兴的工业区，并且注意环境保护，美化城市，这些都是我国可以借鉴的。

③中国地理知识结构的变化

中国地理的区域地理部分，究竟是分省讲，还是把位置相邻、自然条件相近的省（自治区、直辖市）组合为几个区讲，意见也有分歧。前一轮大纲和教材分为八个区，教学效果并不理想，原因是头绪较多，学生年龄小，对区域特征难以掌握。教学大纲中又增加了对人文地理和乡土地理的要求，课时更感到紧张。所以，修订后的大纲对八大区的教学要求，除黄河中下游区作为必讲的内容以外，其余区域作为选讲和指导学生阅读的内容，这属于临时性措施。新大纲的解决办法：一是加强总论；二是将区域地理简化，在总论之后，从自然、人文、经济方面概括性地讲述我国北部地区、南部地区、西北地区、青藏地区的地理区域差异，将比较详细的分区地理知识安排到高中选修地理课中；三是讲本省（自治区、直辖市）地理和乡土地理；四是讲我国台湾、香港和澳门地理。

中国地理总论方面，除保留了必要的自然环境的知识外，还增强了对自然资源、人口和民族、乡村和城市、交通、贸易与旅游业的教学要求，这是适应我国发展商品经济和对外开放政策的需要。

(3) 有关思想教育的内容方面

新大纲对思想教育的要求，在地球、地图、世界地理、中国地理和乡土地理各部分都提得比前一轮大纲更明确、具体，并列出了各章的教学要求。

在地球、地图和世界地理部分，要求“培养学生的辩证唯物主义观点，帮助他们正确认识各个地理要素之间的相互关系，正确认识人类活动与地理环境的关系；使学生了解人类共同生活在一个地球上，国际间的交往日益密切，国家之间要按照和平共处五项原则相处；各国人民之间要加强友谊与合作，共同创造适合于人类生存的美好环境的重要意义”。在教学内容要点中，增加了“世界的自然资源”和“人类共同生活在一个地球上”两章，在“世界的居民”一章中增加“世界人口问题”的内容，目的是增强学生的环境意识和全球意识，树立保护环境、注意生态平衡、加强国际协作、保卫世界和平的观念和责任感。

在中国地理部分，要求“加强国情教育，使学生了解我国国土辽阔，山川壮丽，资源丰富，人口众多，人均资源少；自然灾害频繁多发；地区差异大；我国是一个统一的多民族的社会主义国家；社会主义建设成就巨大，但还是一个发展中国家。懂得国土开发需要与国土整治同步进行等地理事实，懂得按自然规律和经济规律办事的道理，初步树立正确的资源观、人口观和环境观”；以及“培养学生热爱祖国、热爱家乡的情感，激发民族自豪感和责任感，从小树立为建设富强、文明、民主的社会主义祖国而献身的志向，增强执行国家有关政策和法令的自觉性”。在有关各章的教学内容要点中，都要求根据国情，讲授国家的基本国策和法令，如“珍惜和合理利用每一寸土地”“决不放松粮食生产，积极发展多种经营”“保护森林资源和绿化祖国的重要意义”“水资源的合理利用”“合理开发和保护我国矿产资源”“计划生育是我国的基本国策”“因地制宜利用自然，保护乡村环境的重要性”“旅游区的建设和保护”，等等。同时，在对有关各章的基本技能训练方面，都要求尽可能联系当地实际，进行观察、调查和分析。新大纲要求思想教育要同地理知识教育和实践活动有机地结合在一起进行，不要“穿靴戴帽”，另搞一套。

新大纲只是初审稿，通过教材编写和新教材的试教，最后审订时，还有所修改。

（4）有关教材建设方面

新中国成立后，我国中学地理教学基本上使用统一的教学大纲和统一的教材（由人教社负责编写、出版）。这与我国人口众多，幅员广大，经济、文化、社会发展极端不平衡的国情，很不适应。为此，国家教委决定在统一教学基本要求和统一审定的前提下，有领导、有计划地实行课程教材的多样化，以适应我国不同地区各类学校的需要。为了确保教材质量，实行编审分开，建立有权威的教材审定机构（中小学教材审定委员会）和制度，经过审查、审定的教材，列入国家教委颁发的教学用书目录，由学校选用。

在国家教委制定的教材编写规划中，义务教育初中地理教材当时分以下几类。

第一类，教材内容的要求和程度，达到义务教育初中地理教学大纲的规定，面向全国大多数地区，适合一般水平学校使用的初中三年制地理教材，由人教社组织编写。

第二类，要求同上，适合一般水平学校使用的初中四年制地理教材，由北京师范大学和人教社分别组织力量编写。

第三类，教材内容的要求和程度，适合高于义务教育初中地理教学大纲的规定，主要面向经济文化比较发达地区、办学条件较好的中学用的教材，由上海中小学课程改革委员会以及八所师范大学出版社分别组织力量编写。

第四类，教材内容的要求和程度，基本上达到义务教育初中地理教学大纲的规定，面向经济文化基础比较薄弱的边远农牧地区和山区，办学条件较差中学使用的教材，由四川省和西南师大联合编写。浙江省也组织编写这类教材。

第五类，适合沿海对外开放地区使用的教材，由广州师院和广州市教委组织编写。

1985 年，教育部颁发了《中小学教材审定委员会工作条例（试行）》，指出：今后中小学教材建设，把编写和审查分开。1986 年 9 月，成立全国中小学教材审定委员会和各学科教材审查委员会。1988 年，国家教委颁发了《九年义务教育教材编写规划方案》，1992 年审查通过了人教社、北师大、四川省和广东省送审的《九年义务教育初级中学地理》教科书，并审查通过了上海送审的初中地理教科书，结束了新中国成立后地理教科书一纲（教学大纲）一本（人教本）的局面。当时高中地理教材仍由人教社组织力量修订，单独发行。

3. 高中地理教学的改革

1992 年修订《高中地理教学大纲》时，与时俱进，将这一年联合国在巴西里约热内卢召开的“环境与发展”大会上通过的《21 世纪议程》、“可持续发展”的战略与对策等内容写入大纲，教材中也增加这方面的内容。高中地理教材的结构如图 1。

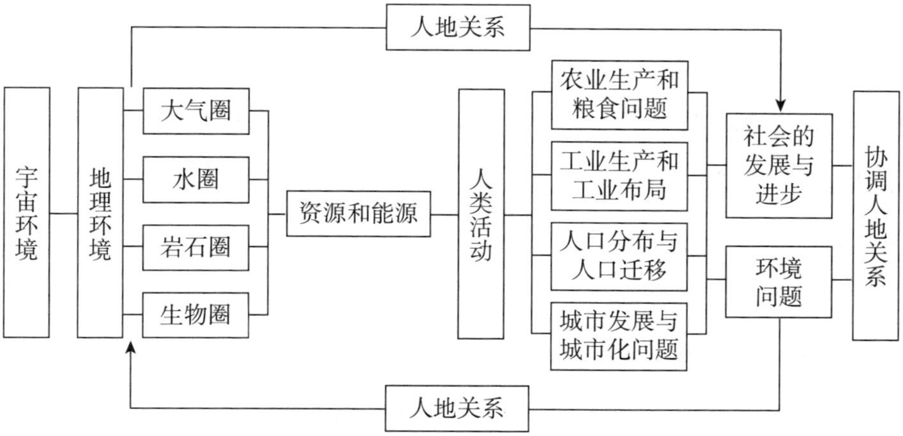

图1　修订后的高中地理课程的知识体系和结构

教材注意用动态的、演化的观点来阐述人类生产发展和布局的变化及其趋向，如农业由原始农业、传统农业向现代农业发展；工业通过历史上的产业革命向新技术革命发展。当时我国实行对外开放、对内搞活的政策，我们要立足本国，放眼世界，注意运用两种资源——国内资源和国际资源，开拓两个市场——国内市场和国际市场。

教材还注意密切联系我国社会主义建设的实际，将我国的国情、基本国策、国家的建设计划和奋斗目标等，有机地结合到有关章节中，对学生进行社会主义和爱国主义教育。特别是贯彻党的十一届三中全会以来的路线、方针、政策，使我国在工农业生产、环境保护、计划生育、城市规划、国土整治、对外事务等方面，都取得了可喜的成绩，这就大大充实了地理教学的内容。教材使用后，地理教学在进行爱国主义、环境保护、人口政策教育等方面的作用，日益受到各方面的重视。高中重设地理课以来，不仅中学师生对地理教和学的积极性大大提高，高等师范学校地理系学生的专业思想也迎刃而解。当时，许多学校的地理课外小组非常活跃，暑假的地学夏令营、电视台开办的地理智力测验等，深受青少年欢迎。配合教材用的地理教学参考书、地理教师手册、地图册、地理挂图、地理影像软件等陆续出版。全国定期出版发行的地理教学杂志已有三种，有关地学和地理方面的学生课外读物也陆续在出版。中国地理学会、中国教育学会地理教学研究会，各省（自治区、直辖市）地理学会、教育学会、教学研究会等机构，都在努力提高地理教师的业务水平，举办了各种讲座、训练班、经验交流会、暑期野外考察等活动。经过“文革”大破坏的中小学地理教学园地，又重新出现了满园春色、欣欣向荣的大好景象。

（七）21世纪初地理教育的新发展

进入21世纪以后，初中和高中地理教科书均由各出版单位组织力量编写，经审定委员会地理学科审查委员会审查通过发行，由各省市自行选用。目前，批准在全国发行的初高中地理教科书，有人教社出版的“人教版”、湖南教育出版社出版的“湘教版”、山东教育出版社出版的“鲁教版”、中国地图出版社出版的“中图版”等，百花齐放，各具特色。另外，上海经批准自订大纲、自编各科教材（包括地理），在上海各学校使用。

1999年，教育部开始研究义务教育课程改革实验方案和高中新课程方案。2001年，义务教育初中地理课程标准和教科书先在部分地区试验。2005年全面推广。高中地理课程标准（实验）和教科书也在2003年公布并在全国施行，上述四家出版社编出符合要求的教科书。

新的地理课程标准（实验）本着继承发展的精神进行改革。继承表现在原来初高中地理课程的体例、结构未变，初中地理仍以中国和世界的区域地理为主；高中的地理（必修部分）也仍以系统地理、人地协调和可持续发展为主线，将地球在宇宙中、自然地理、人文经济地理的基础知识、基本技能、思想教育有机结合在一起。改革目的是要与时俱进，更新教材内容，要求“从知识与能力、过程与方法、情感态度价值观三个维度来讲述，这三个维度在实施过程中是一个整体”。高中地理课程除必修外，还增加了选修课程。《初中地理课程标准（实验）》要求学习“有用的知识”和“开展探究”，提倡学生发展思维，重视实践，注意人和自然及社会的关系。初中地理课程标准于2005年开始收集实验数据，总结经验教训，在修订后于2012年出版，使其完善可行，符合在地理基础教育方面，培养建设社会主义新中国公民的需要（参见图2）。

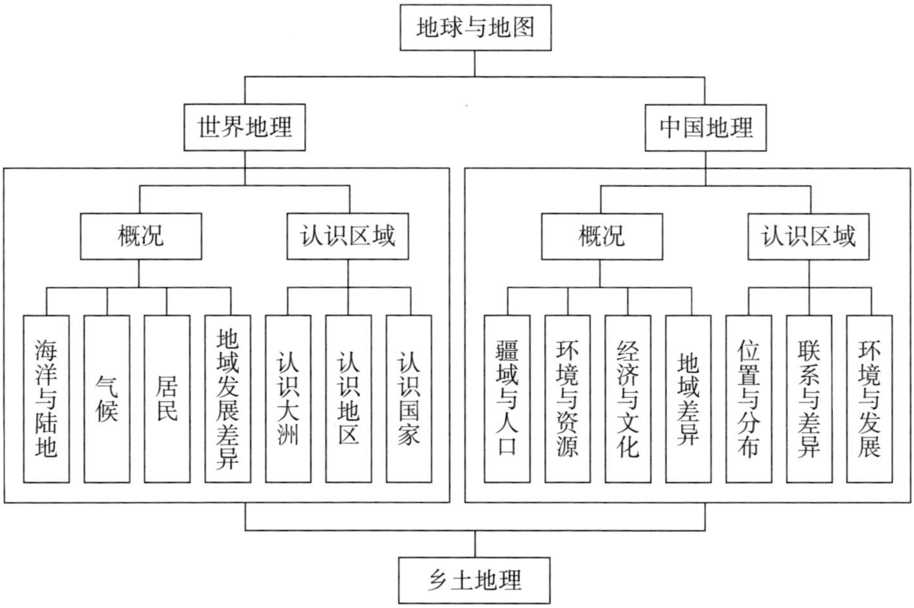

图2　21世纪初我国初中地理课程的结构

高中地理课程的结构如图 3。

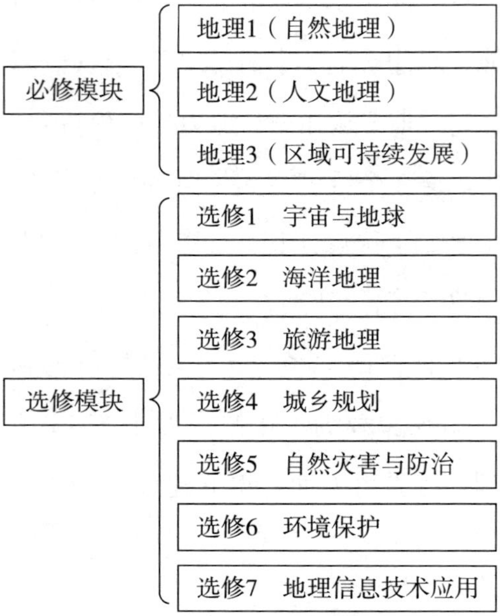

图 3　21 世纪初我国高中地理课程的结构

中国高等学校地理教育的演变*

一、清末时期

1898年，清朝政府筹办京师大学堂，这是“戊戌变法”的新政措施之一。规定设置舆地课程，这是我国政府正式规定在高等学校设置地理课程的开始。1900年，八国联军侵占北京，京师大学堂被迫停办。

1897年，盛宣怀在上海创办南洋公学（由招商局、电报局等众商出资）。该学堂先后设置师范院、外院（小学堂）、中院（中学堂）、上院（大学堂）四院，各院均设有舆地课。

1902年，清朝政府颁布《钦定学堂章程》（张百熙拟），规定大学预备科、政科设中外舆地课程，内有欧美非洲各境、地质学大概、地文学大概等。商科应学习商业地理学，格致科应学习天文学、地质学。同年，京师大学堂复校。但是，《钦定学堂章程》并未实施。1904年初，颁布《奏定学堂章程》（张之洞、张百熙等拟），规定经、文、格致、农

---

* 选自陈尔寿著：《中国学校地理教育史略》，人民教育出版社2013年版。

商等科皆应设置地理课程。文科设中外地理专业，学制三年。各科所设地理课程如下。

文科：地理学研究法、中国今地理、外国今地理、政治地理、商业地理、交涉地理、历史地理、殖民学及殖民史、人种学、人类学。

进士馆：地理总论、中国地理、外国地理、界务地理、商务地理。

译学馆：地理总论、亚洲各国及大洋洲地理、欧洲各国地理、非洲及美洲地理、地文学。

师范馆：亚细亚洲、大洋洲、欧罗巴洲、阿非利加洲、亚美利加洲。

这一时期，高等教育机构中的地理课程，就是在文科地理专业以外的其他专业中，也是必修课程，反映了在爱国御侮思想指导下，对地理知识重要性的认识。

1906 年，清政府颁布《优级师范科章程》，规定以培养初级师资及中学师资为主旨。优级师范中，设置地理总论、中国地理、各洲分论、地质、地文、人文地理等地理课程。

1907 年，我国第一个到欧美学习和研究近代地图学的邹代钧，任京师大学堂总教习，主讲舆地。

当时，地理课程中，除中国地理外，其余均被视为“西学”。教材多译自日本或西方国家的课本。1908 年，张相文编出了中国人自己著作的首部介绍西方近代自然地理知识的《地文学》。该书早于西方地理学者将“生物界”也写入地球表层的各界中。

当时，西方近代地理学的一个主要流派——地理环境决定论，已由我国维新派代表人物梁启超通过《饮冰室自由书》栏目（1899 年创设）

在《清议报》上作了介绍，主要介绍法国启蒙思想家孟德斯鸠关于地理环境对法律影响的论说。1902 年，梁启超又在《新民丛报》发表《地理与文明之关系》的文章，对德国哲学家黑格尔地理环境决定论的论点，著文推崇。梁启超虽不是地理学家，但以他的声望，推崇“地理环境决定论”的言论，影响很大。并且“地理环境决定论”注意人地关系，有其合理部分。比较当时西方“百科全书”式、中国“地方志”式的区域地理书，有其进步合理的一面，所以受到重视。张相文所著《地文学》的最后一章《人种的分布》，也引用了西方地理“地理环境决定论”的错误论点，即用种族体质特征判定其智能的高低，认为卷发种“思想高于他人”“绒发种，思想低劣，无能于历史”。种族的体质特征与在一定的自然环境中长期形成有关，与智能并无关联。

二、国民政府时期

（一）京师大学堂改组

1911 年辛亥革命，推翻了清王朝政府，1912 年，建立了中华民国，中华民国政府教育部（教育总长为蔡元培）先后颁布了《大学令》《大学规程》和《师范教育令》，规定大学文科及高等师范学校均设置地理课程。还规定历史地理学部毕业时，要在国内进行一次地理旅行考察，要拍摄照片，采集标本，绘图，写考察报告。

这时，京师大学堂改组为北京大学。北京大学文科设有历史系，未设地理系或史地系。1917—1919 年，张相文曾在该校历史系讲授《中国地理沿革史》。

1912年，京师大学堂师范馆独立，建成北京高等师范学校。1913年设立史地系，属于文科。1923年改称北京师范大学。1928年又改名北平师范大学，历史、地理分别独立设系。曾在地理系任教的地理学家，有谢家荣、刘玉峰、王谟、王益厓、邹豹君、黄国璋等。

1924年，北京女子高等师范学校改名北京女子师范大学，设有史地系。1931年，该校并入北京师范大学，史地系分别纳入历史系和地理系。

（二）竺可桢在东南大学创建了我国第一个近代科学体系下的地理系

1918年，竺可桢在美国哈佛大学研究气象学，获得博士学位。回国后，1920年，应聘到南京高等师范学校文史地部任地理学教授。同年12月南高师扩建为东南大学。1921年竺可桢在东南大学文理科内创建了我国第一个体现现代地理科学的新型地理系，亲自讲授地学通论、气象学、世界地理、世界气候等课程，编著了《地学通论》讲义。1924年，地理学系内增设地质学课程，改称地学系，属理科。1928年，东南大学改名国立中央大学，竺可桢调至中央研究院气象研究所任所长。同年，由法国留学回国的胡焕庸到地学系任教。1930年，地学系的地理（含气象）、地质分别独立成系。地理系仍属理科，由胡焕庸任系主任。

教授有张其昀、黄国璋、徐近之、李旭旦等地理学家。中央大学在重视自然地理教学的同时，也很重视人文地理，如翻译法国地理学家白吕纳所著《人地学原理》一书。该书主张人地关系的“可能论”，认为人对人地关系的形成具有选择的可能和自由。

（三）中山大学地理系

1929年，中山大学建立理科的地理系，先后聘请德国地理学家W.克勒脱纳和W.卞沙为系主任，后由留法回国的孙宕越、吴尚时等继任。中山大学地理系的特点是重视野外考察，并且开设的地理课程最多。1932年开设了必修课23门，选修课20门，成为我国岭南培养地理学家的重要基地。

（四）其他大学地理系

1929年，翁文灏在清华大学创办了地学系，张其昀在浙江大学创办了史地系，刘恩兰在南京创建了金陵女子文理学院地理系。王勤堉在上海主持暨南大学史地系。

此外，西北大学、兰州大学、四川大学、东北大学等校均设有地理系或史地系。1943年，在华北解放区，由中国共产党建立的华北联合大学教育学院也设置了地理系。

这一时期，我国大学中地理系的建立，对引进西方近代科学的地理学及培养我国从事地理教育和地理科研人才方面，起了积极推动作用。抗战时期，内迁的中央大学、浙江大学、西南联大地理学系还曾设立地理研究生班，培养硕士。新中国成立后，成为科学院院士的吴传钧（中大）、施雅风和陈述彭（浙大）就是当时的地理研究生。

这时地理系师生的人数都不多，每班多者十余人，少者只有几人。历史较长的南京大学地理系，在新中国建立前三十年内才毕业了170人。当时地理系毕业生的出路多数从事中学地理教育，少数从事大学地理教育或业务部门工作。各校地理系教员也很少，最多的只有十余人，设备也较简单，只有少量图书、地图和仪器。

三、新中国时期

（一）新中国成立初期的变化发展

新中国成立初期，各高等院校地理系的教学情况，基本上维持原状。但是为了探索地理学在生产中的应用，有些院校增设了新课程，如土壤地理、植物地理等。另外，有的院校师生还利用暑假接受生产任务，广泛参加有关地理方面的调查工作。但是当时的地理教育仍然很不适应国家建设的需要。为此，1952 年我国高等教育进行了全国范围的院系调整。地理系分设在综合大学与师范学院（或师范大学）的理科。前者以培养建设人才为主，后者以培养中学师资为主。调整后设立地理系的综合大学，有北京大学（清华大学的地学系地理组并入北京大学，改设地质地理系）、南京大学、中山大学、西北大学和兰州大学。以后，又新设地理系的有杭州大学、新疆大学。原四川大学地理系并入南京大学。浙江大学地理系并入华东师范大学。另外，在经济地理方面，除人民大学原有经济地理教研室外，还在湖南大学设置经济地理学专业（后并入中山大学地理系）。

1952 年以后，大学地理课设置主要学习苏联，参照苏联教学计划，在北京大学、中山大学、西北大学、兰州大学设立自然地理专业，在南京大学设立地理专业（分自然地理与经济地理两个专门组），并选派大学地理教师到苏联学习，聘请苏联自然地理、经济地理专家来中国讲学。原来引进西方的“地理环境决定论”遭到过分的全面批判，代之以人定胜天的“唯意志论”。并将自然地理和经济地理分属于自然科学和社会科学两种不同性质的学科，互不联系，破坏了地理学的综合性和统一性，使地理学的理论基础被削弱。区域地理的教学时数也逐步减少，人文地理则被取消。但是各年级都明确规定有一定时间的教学实验和生产实习，毕业还安排有毕业论文。

从 1953 年开始，中学地理课程和教材仿效苏联，旧教材已停用。随着国民经济的发展，中学学校数目和学生人数不断增加，原来教师人数和教师素质已无法适应发展中的中学教育事业的需要。从 1949 年到 1958 年的十年间，除西藏、宁夏、江西等少数省、自治区外，其他省份的高等师范院校均纷纷成立地理系，总数达到 29 所。还有不少省市的教育学院设立有地理科（系）或培训班。课程设置除了适应中学地理教学需要的自然地理、中国自然地理、世界自然地理、世界经济地理、中国经济地理、外国经济地理外，有些院校地理系还根据自身力量和条件，创办了不限于面向中学的某些专业，如地貌专业、环境地学等。全国大多数高等师范院校地理系参加了全国性和地区性的科研工作，承担着国家和地区的重点科研任务，受到有关方面的重视和欢迎。新中国成立初期的十年，是我国高等师范院校蓬勃发展的可喜时期。

（二）“教育革命”和“文化大革命”对高等地理教育的冲击和破坏

1958 年实施的“教育革命”，将中学地理课程大量削减，取消了初中“自然地理”和高中“经济地理”课程。高中不再设地理课。有经验的在职高中地理教师被迫改行。高师地理系本科毕业生难以分配工作，也无法招生。有些高师地理系，如青海、广西、广州、武汉、昆明、湖南、上海等师院地理系纷纷下马。有的院校的地理系分别与历史、生物、数学、外语等系合并，改变了培养目标。

1966年开始的“文化大革命”十年中，提出“取消地理课、砸烂地理系”的错误口号，使福建、浙江师院等地理系又一度被取消。河北等6所师院地理系也一度与生物系或历史系合并。在这种情况下，广大地理教师克服困难、走向社会，办土壤速测、气象预报、农田水利、地质普查、测量等方面的短训班，积极为社会主义建设服务。仅福建师大一校地理系招收的短训班就培养1 736人。1970年，高等院校恢复招生后，部分学校地理系恢复招收了少数学生，但是也不能按地理专业要求设课，地理系上课不能上地理，否则就被说成是“复旧”“回潮”，而要突出“水、土、气”，因此许多地理基础课和区域地理被取消，地理知识被搞得支离破碎，质量大大下降。

在“文革”中，教师被大批下放农村或调走，少数著名地理学者，被冤屈迫害，非正常死亡，如陕西师大的黄国璋，兰州大学的王德基，南京大学的杨纫章等。很多高等院校地理系珍贵的图书资料、标本、挂图散失，实验室被取消，高校地理系经历了一场空前的浩劫。

（三）地理教育的复兴和突出进展

1976年，粉碎“四人帮”后，学校地理教育逐步恢复正常秩序，地理也被列入高考科目。特别是1982年高中重新设置地理课，构建以“人类与地理环境”为主要内容的系统地理结构，将自然地理与人文地理综合，树立“人地协调”和“可持续发展”的科学观。为了培养中学新师资，提高质量，停办多年的高等师范院校地理系，又都恢复起来，还建立了新的科系，如西藏、徐州、曲阜等。由于师院地理系在全国各省市区分布的地域广，不仅人数多，除了培养中学师资外，还参加了当地的科研和有关经济建设工作，作出成绩，受到欢迎。

我国高校地理系属理科，而中学地理则属于文科，高考也安排在文科。由于地理在中学一般不受重视，高中毕业生对地理系毕业后的出路，除当地理教师外，不很明确，因而填写第一志愿的比例很低。20世纪80年代后期、90年代初期显得特别突出。为了应付这方面的压力和挑战，我国大学地理系一是纷纷改名，二是调整地理学专业的名称。

据不完全统计，全国106所招收本科地理专业学生的高校，由“地理系”调整为其他名称的达到80%以上；在教育部直属的70所高校中，至今已无一所设置建制性的“地理系”，几乎全部调整为资源环境学院（系）、城市与资源学院（系）、资源环境与旅游学院（系）等名称。

在调整地理学专业名称方面，20世纪80年代初期设置的地理教育、自然地理、经济地理、地图学、地貌学等地理学科本科专业，调整为地理学、资源环境与城乡规划、地理信息系统。在博士与硕士学位授予专业目录中，也由80年代初期的自然地理、经济地理、区域地理、环境地理、地貌学、地图学等专业调整为自然地理、人文地理、地图学与地理信息系统。这就是被社会上称为中国大学“地理专业大合并”的缘由。依据对2002年全国各有关单位地理学3个二级学科招收研究生（硕士博士招生专业目录）的专业方向看，明确标出在自然地理专业名下招收综合自然地理或地貌、气候、土壤地理、水文地理、植物地理等方向的，不到2%，其余均为自然资源、环境、景观生态、海洋、减灾防灾。在人文地理专业方面，招收农业地理、工业地理、城市地理、交通地理、商业地理、政治地理等方向的不到10%，其余均为城市规划、旅游经济、区域开发等研究方向。在地图学与地理信息系统专业名下，招收地图制图、测量制图、专题地图编制等方向的不到1%，其余均为遥感、地理信息系统、资源环境信息系统、全球定位信息系统、空间信息技术等研究方向。这种变化，说明地理学正脱胎换骨，以新的姿态迎接社会经济、技术发展对地理学的迫切需要，积极参加地球系统科学与可持续发展科学等新世纪大科学体系的建设。

（四）对我国高层次研究人才的培养

从20世纪80年代初期开始，我国高等地理教育恢复研究生招收，1980年，华东师范大学率先招收了第一个地理教育硕士研究生。当初全国只有6家单位授予地理学博士学位，到2001年全国已有18家单位授予地理学博士学位。在国家重点学科数目中，全国高校地理重点学科由1987年的3个，增加到2001年的9个。到21世纪初，全国已有6个国家级的地理人才培养基地。

此外，通过承担国家重点基础研究项目、建设国家“创新群体”和重点实验室等，加快了地理学高层次人才的培养。在设置地理学的单位，主持国家重点基础研究规划项目达到7个。这些项目是由中国科学院地理科学与资源研究所、中国科学院寒区旱区环境与工程研究所、北京师范大学、中国科学院土壤研究所承担。国家重点“创新群体”2个，它们是北京大学、中科院地理科学与资源研究所和中科院寒区旱区环境与工程研究所。国家重点实验室5个，它们是北京大学、北京师范大学、南京大学、华东师范大学、中科院地理科学与资源研究所。

我国高等地理教育人才不仅在地理学科本身的教育中得到加强，还充分利用地理学科的外延与兼容并包的能力，在资源科学领域、环境科学领域、生态学领域、摄影测量与地图学领域、土壤学领域、区域经济学领域、历史地理学领域、第四纪地质学领域、海洋地质学领域等，都促使高等地理教育向纵深方向快速发展。据不完全统计，我国 2002 年招收攻读地理学博士学位的人数达到 400 人，攻读硕士学位的人数近 2 000 人。选择读地理学本科的人数为 11 000 多人，选择读地理专科的人数也达到 5 000 多人。中国科学院院士中，从事地理学研究的院士，已由 20 世纪的 10 位，发展到 21 世纪初的 25 位。中国工程院院士从无到有，现在已有 5 位。我们从这 30 位两院院士的身上，看到了中国地理学发展的美好前景和对国家建设所起的重要作用。

现在，我国高校地理院系，虽然大多数改名，但是仍保持其优良传统（综合性和区域性），又直接面向国民经济与社会发展的主战场，拓展了发展领域和方向。在最近的一二十年中，从中央到地方的区域发展规划、生态与环境建设和保护规划、自然资源开发规划、旅游发展规划、城市发展规划，以及土地资源的详查、减灾方案的设计、城乡信息管理系统的建设等各种报告和方案中，到处可以看到地理学家和地理学工作者留下的科学劳动成果。

进入 21 世纪以来，全球加快建立和发展地球系统科学和可持续发展科学，地理学不仅是这两大科学体系的倡导者，还是重要的建设者。中国高等地理教育正在抓住这一新的机遇，加快调整学科结构，以迎接地理学新的时代的到来。

下　编

地理教学大纲

关于小学地理教学大纲（草案）*

《小学地理教学大纲（草案）》（以下简称“大纲”）现在正式公布了。① 这个大纲吸取了苏联小学地理教学的先进理论和方法，又以我国小学地理教学实践为基础而编制成功，比初稿更符合我国实际情况。

大纲内容分为说明和大纲正文两部分。大纲说明中规定的小学地理教学任务共有三项。这三项任务是相互联系、不可分割的，中心环节是使儿童获得“关于地球的、祖国的、世界各大洲的初步地理知识”。其他任务必须结合讲授地理知识来完成。如果在教学过程中，离开大纲所规定的知识范围，凭空去培养学生的辩证唯物主义观，或是进行爱国主义思想教育，都会是画蛇添足。

事实上，教师在正确讲授地理知识的过程中，在指导学生进行观察、实习、参观的过程中，思想政治教育的任务也就贯彻在里面了。例

* 原载《教师报》1956年10月9日。选自陈尔寿著：《地理教育与地理国情》，人民教育出版社1998年版。

① 中华人民共和国教育部制定：《小学地理教学大纲（草案）》，人民教育出版社1956年5月第1版。

如，拿大纲中所规定的“地球的五带”、“山地森林带的自然界”（东北区）、“黄河——祖国的第二大河”等课题来讲：教师使学生正确地知道了地球表面气温的变化是跟太阳光线的直射和斜射有关的；东北区森林里的鸟类和兽类为了适应寒冷的气候，才长着很厚的羽毛和皮毛；黄河的泛滥跟黄土高原的流水和泥沙大量被带入黄河有关等。通过对这些自然现象的了解，使学生更进一步地认识到：自然现象的变化并没有什么神秘，而是日光、空气、水和泥沙等物质的运动。各种地理事物和地理现象的变化发展都有着一定的规律。这样讲述虽然很简单浅显，也不必告诉学生什么“物质性”“规律性”“辩证唯物主义世界观”等抽象名词，但是，实际上却正进行着这样的教育，使学生根据这些真理来认识世界。

同样的，我们根据大纲上的项目，把祖国河山的壮丽，资源的丰富以及鞍钢、长江大桥、康藏公路、黄河规划等伟大的社会主义建设告诉学生，不仅使他们获得了地理知识，同时，也就贯彻了爱国主义教育、社会主义思想教育、劳动教育等任务。

大纲中所规定的高级小学地理教材的体系，是根据地理学科的科学性和系统性来安排的。

五年级一开始，规定先讲“地球和地图”，因为这些知识是“学习中国地理和各洲地理的初步基础”。如果学生不先知道整个地球的轮廓，不知道大洲和大洋的分布，不知道地球上的气温带，我们就很难说明祖国在地球上的位置，也很难把世界各大洲进行比较。地图对学习地球是非常重要的。地理所研究的地球表面，不论是一个区域，一个国家，或是一洲，面积都是非常广阔的，并且大多距离我们很遥远，要使学生看到自己所学习的对象（区域、国家等）的全貌，了解地球事物的空间分布和他们之间的相互关系，都非借助地图不可。所以学习地理，就必须先获得有关地球和地图的初步知识。

小学儿童所学到的地理知识，主要是中国地理。所以大纲中分配给讲授这一部分教材的时间，要占到高小全部地理教学时数的68％。小学中国地理的重点，又放在自然地理方面。为什么小学地理要着重讲自然地理呢？这是因为自然环境是人类生活和进行生产活动的基础，人们要利用自然和改造自然，也必须先认识和了解自然。我们讲“官厅水库”，如果不首先说明永定河的自然特征，就无法说明建设官厅水库的必要性。要使学生知道华南区适宜热带农作物的发展，蒙新区适宜畜牧业的发展，不先讲清楚这两个区域的气候特征，也是无法说明问题的。

中国区域地理部分除了规定要保证一定的自然地理知识以外，对于祖国各地区丰富的物产，劳动人民在各种地理环境下所从事的生产活动，伟大祖国的社会主义建设的重要成就，也都规定了必要的知识范围。这样学生所学到的自然地理知识就能跟人们的生产活动联系起来，就能跟祖国社会主义建设联系起来。

“各洲地理”教材，在苏联小学阶段是没有的。根据我国小学教育的实际情况，我们要学习这部分教材。这样，一方面跟中学衔接，另一方面使小学教育阶段的地理知识能够成为一个比较完整的系统。现在大纲所规定的各洲地理知识虽然比较简单，但是这些知识对于使儿童认识各大洲的自然情况，知道各大洲的主要国家和居民生活，以及了解当前的国际形势都是非常必要的。

要保证学生学到大纲中所规定的地图知识，要求教师一方面训练学生具有阅读地图和运用地图的技能和技巧，另一方面帮助学生熟记大纲上所规定的地理事物的名称，以及它们在地图上的位置。规定的地名总数有 250 多个。五、六年级的地理课，一共有 136 课时，平均每课时只要记住两个地名，这个分量高小学生是可以接受的。但是，使学生掌握一定数量的地图知识只是地理教学的一个手段，它的目的是要求学生通过这些具体的地理事物，进一步认识祖国和各洲地理环境的面貌，认识人们生产活动的情况，不是为了熟记地名而死记地名。例如我们讲柴达木盆地是祖国的一个宝库，让学生熟记柴达木盆地的名称和它在祖国地图上的位置，当然十分必要。如果只让学生记住柴达木这个地名，而忽略了它的自然环境和丰富资源，那还有什么意义呢？要求学生掌握地图知识，熟记地名，必须把地名跟教材的内容紧密联系起来，使地名形象化，学生获得的地图知识才能巩固。例如要学生记住喜马拉雅山，先让学生知道喜马拉雅山是世界上最高大的山脉，那里许多山峰终年积雪不化，“喜马拉雅”的原意就是“雪的家乡”，世界上最高的珠穆朗玛峰就在这条山脉里。这样，学生对“喜马拉雅”这个名称就不会感到枯燥无味，相反地，会很有兴趣地要求记住这个具有丰富内容的地名。

在地理教学法方面，大纲特别指出理论联系实际的重要性。要求教师组织学生进行观察、实习、远足参观和开展乡土地理研究。除了遥远地方的情况，需要利用地图、画片、幻灯、标本、模型等直观教具作演示外，凡是当地可以看到的自然景象和人们的生产活动，都应该尽可能让学生有实地观察和参观的机会。

目前我国所用的高小地理课本，它的体系和内容基本上是符合大纲的规定和要求的。但是课本上也有某些部分跟大纲还不完全一致，这些不完全一致的地方大致有以下几种。（1）中国区域地理部分的区域名称，课本跟大纲稍有出入，这是由于课本付印在前，大纲最后定稿时有些修改，这种跟大纲不一致的名称在课本再版时就能修正。本学期教师教学时，为了避免学生涂改课文，课本上的名称可以不必改，只告诉学生“南部沿海区”又叫“华南区”，“内陆草原沙漠沃洲区”又叫“蒙新区”就可以了。（2）课文的标题跟大纲上有些项目的名称不完全一致，例如课本有“从地图上看东北区”，大纲上却没有这一项。大纲上有“蒙新区的少数民族”，课本上却没有这一课题。但是，仔细把课文跟大纲对照一下，就会发现课文内容和大纲上规定的知识范围是一致的。“从地图上看东北区”，包括大纲上所列的东北区的省区、位置、河流等内容；“蒙新区的少数民族”，已经分别编写到“雪山和沃洲”“内陆草原区的畜牧业”这两个课题中了。（3）大纲中所规定的观察、实习、参观等内容，课本的练习中没有完全包括进去。这些工作需要教师根据学校的具体情况，自己制订计划来贯彻。

关于中小学地理教学大纲草案（征求意见稿）的说明*

根据教育部1981年3月颁发的《全日制五年制小学教学计划（修订草案）》的通知，小学恢复地理课，向学生进行地理常识和爱国主义教育。在四年级开设，每周2课时。为了尽快解决教学方面的需要，人民教育出版社中小学地理编辑室在1981年编写了两册小学地理试用课本。现在有必要拟订教学大纲，以更好地指导教学。

现行《全日制十年制学校中学地理教学大纲（试行草案）》是教育部1978年公布的。根据这一大纲，中小学通用教材地理编写组编写了初中中国地理和世界地理两套试用教材。现在教学大纲（试行草案）和试用教材已试行了四年。1981年5月教育部颁发的《全日制六年制重点中学教学计划试行草案》和《全日制五年制中学教学计划试行草案的修订意见》中规定，初中地理，一年级每周3课时，二年级每周2课时，讲基础知识、中国地理和世界地理。高中重设地理课，讲人和地理

* 原载《课程·教材·教法》1983年第1期。

环境，五年制中学在高中一年级开设，六年制中学在高中二年级开设，每周各为 2 课时。因此，现行中学地理教学大纲（试行草案）需要总结经验，并根据修订后的中学教学计划对地理课的要求进行修订。

此外，1981 年 5 月教育部颁发的六年制重点中学高中试行分科性选修侧重文科的教学计划中，除高中二年级每周 2 课时的地理，讲人和地理环境与理科相同外，高中三年级每周还有 3 课时地理，要适当提高人文地理的要求，这一教学大纲也需要研究制定。

（一）草拟小学地理教学大纲和修订中学地理教学大纲的原则

1. 根据党的教育方针，培养德、智、体全面发展的社会主义一代新人，提高全民族科学文化水平，为“四化”建设服务，以及加强爱国主义教育的要求。

2. 根据教育部 1981 年颁发的小学和中学教学计划修订草案中对地理课的要求。

3. 在总结新中国成立以来制定中小学地理教学大纲和编写地理教材经验的基础上，发扬优点，克服缺点，使新制定的小学地理教学大纲和修订后的中学地理教学大纲，对编写教材、指导地理教学能起到更好的作用。

4. 吸取地理科学和教育科学研究的新成果，以适当充实和更新地理教学大纲的内容。

5. 注意启发学生思维，发展学生智力，培养学生掌握运用地图等的实际技能。

6. 注意学生年龄特点，对小学、初中、高中不同阶段的学生，应有不同要求，使教学内容能为学生所接受，也便于教师教学。

（二）关于小学地理教学大纲的几点说明

1. 小学地理的教学目的：指导儿童初步认识家乡，认识祖国，认识世界，认识人类对自然界的利用改造和保护，从而使他们获得必要的地理常识，受到热爱社会主义祖国等方面的思想教育，促进德智体的全面发展。

2. 小学地理教学内容的选择和安排：小学地理教学的内容必须具有科学性、思想性、代表性、实用性和可接受性。

目前我国初中教育尚未普及，小学教育具有一定的阶段性，因此小学地理教学的内容在一定程度上应自成体系，成一阶段。根据由感性到理性、由具体到抽象、由近及远的原则，小学地理可由认识自己周围环境和家乡的地理事物入手，包括初步掌握一些学习地理的方法，如辨方向，步测距离，看平面图和地图，等等。进而学习地球和地球仪的初步知识，为学习中国地理和世界地理作准备。然后学习中国地理和世界地理，而以中国地理为主。

中国地理先学习我国的海陆疆域、行政区划、人口、民族和首都的概况。然后由东北到华南，由东部季风区到青藏高原区、西北内陆区，采取点面结合的办法，选择地理特征显著和具有代表性的地理事物和现象，向学生介绍祖国各地风光。最后再使学生从整体上认识祖国壮丽的山川、多样的气候、丰富的资源和联系各地的交通线，让学生既学到地理知识，也受到爱国主义教育。

世界地理只要求学生知道世界的地形，热带、温带和寒带的概况，世界的居民和国家，我国和世界各地的交往，并初步受到无产阶级国际主义思想的熏陶。

3. 小学地理教给儿童的地理知识属于最基本的地理常识。由于儿童年龄小，课时又有限，因此知识面不能求全，内容不能过深，头绪不能过多。教学内容要少而精。表达方式、语言文字要生动形象，要图文并茂，能引起学生的学习兴趣和对地理的爱好。

小学地理教学不应该只是传授书面知识，还应该使儿童在力所能及的范围内，获得掌握知识的方法和技能，要启发儿童在学习中不仅善于动脑，还能够动手。例如，学会辨方向、步测距离、观察天气变化、填充地图，等等。

（三）关于修订中学地理教学大纲的几点说明

1. 中学地理教学大纲（试行草案）是在小学、高中恢复地理课程以后修订的，因此小学、初中、高中三个学习阶段的地理教学内容要统一研究，通盘安排。现在的安排是：小学阶段讲地理常识；初中以讲区域地理为主；高中以人类和地理环境关系为线索，按系统地理的形式，讲述自然地理和人文地理有关这方面的基础知识和基本理论。这样三个阶段可以自成体系，减少简单的重复，而又互有联系。前一阶段的学习可为后一阶段打基础，后一阶段可在前一阶段的基础上，进一步加深和提高。

2. 修订后的中学地理教学目的：初中阶段是在小学地理教学的基础上，使学生进一步掌握中国地理和世界地理的基础知识，以及为学习中国地理和世界地理需要具备的一些自然地理的初步知识和地图知识，并使他们掌握运用地图的初步技能；高中阶段是使学生比较系统地获得有关人类与地理环境的基础知识和基本理论，了解如何正确利用自然、改造自然、发展生产和保护环境。

中学地理教学应使学生进一步受到社会主义的爱国主义、国际主义和辩证唯物主义的思想教育，使学生爱祖国、爱科学，树立实现四个现代化，把我国建设成为高度文明、高度民主的社会主义国家的雄心壮志。

3. 在确定教学内容的原则方面，根据四年来的地理教学实践和高中重设地理课的情况，作了如下一些修订。

（1）坚持以马克思列宁主义、毛泽东思想为指导的原则。但是如何指导地理教学，在要求上过去不很明确。1978 年中学地理教学大纲的要求是在地理教学中要防止陷入资产阶级地理环境决定论的泥坑。实际上，我国经过“文革”，受极“左”路线影响，在利用自然、改造自然、发展生产方面，严重的问题是对地理环境的客观属性认识不足，不按自然规律办事，破坏生态平衡，而不是环境决定论的思想在妨碍生产发展。1980 年第三版对这一提法作了某些修改，指出对人类活动与地理环境的相互关系要用辩证唯物主义的思想去正确阐述。这次修订对人类与地理环境对立统一的辩证关系，作了进一步说明。由于修订后的中学地理教学大纲中的高中地理部分增加了工农业生产等人文地理内容，要求在讲述这部分内容时，要指出社会主义国家生产资料公有制和以计划经济为主的社会制度同资本主义国家生产资料私有制和生产无政府状态的社会制度的根本区别；不同社会制度国家的生产布局和对环境所产生的影响的不同。

（2）初中以区域地理知识为基本内容，高中以人地关系的知识为基本内容。

初中地理仍以区域地理知识为基本内容。1978 年的教学大纲中，中国地理和世界地理都是按照总论—分论—总论的体系组织教学内容的。在当时小学没有地理课的情况下，这样安排有一定道理。现在进入初中的学生，在小学阶段已学过地理常识，掌握一定数量的中国地理和世界地理事物的名称。初中中国地理和世界地理就有条件按总论—分论的系统来组织教材。中国分区地理学完以后，最后以学习“我国社会主义建设的前景”作为结束，使学生看到我们伟大社会主义祖国的光辉前途，树立保卫和建设社会主义祖国的雄心壮志。世界地理在学完各洲和主要国家地理以后，以“世界的联系和交往”作为结束，使学生认识到随着现代化交通工具和通信技术的进步，世界的空间距离在时间上日益缩短，人类的交往、接触日益频繁，要教育学生为反对霸权主义，维护世界和平，保护世界环境而奋斗。

1978 年的地理教学大纲中，中国分区部分是把位置相邻，自然条件相近的省、自治区、直辖市组合在一起，讲述其共性和地理特征。这样组合的优点是讲述时头绪较少，不足之处是学生对省级行政区的地理知识比较模糊。这次修订时，根据 1963 年的经验，讲中国分区地理改为以省级行政区为主，理由是：省级行政区在我国的建制历史悠久，它既是行政区，又是经济区、文化区；有些省区自然地理的特征也很鲜明；省区地理知识在生产、生活、学习上经常用到；国家的经济建设规划，省区又是重要单位。加强省级行政区地理知识的教学，有利于学以致用。

为了克服过去讲省区地理头绪多、相邻省区内容容易重复的毛病，在省区组合上仍按原有的办法，将自然条件大体相似的几个省级行政区合为一章，先讲它们自然地理和生产活动方面（主要是自然条件和农业生产）的共同特征，然后再对各省（自治区、直辖市）分别阐述其位置和地理特征，教学内容突出该省（自治区、直辖市）在地理上具有全国意义的特点，不一一罗列地形、气候、物产、城市、交通干线等内容。

世界地理将单独讲述的国家数目减少，以便突出重点，减轻教材分量。有些国家在自然地理或人文地理方面有鲜明特征的，则在讲洲的概述或洲的各部分时，重点阐述该国的特征，不一一罗列每个国家的地形、气候、物产、城市、交通干线等内容。

（3）改变将地理学的一些基本原理适当分散在区域地理之中的做法，实践证明，比较完整的基本理论，割裂分散到区域地理之中，既削弱了知识的系统性，又使难点增多，不便教学。现在参考 1956 年中学地理教学大纲的经验，在讲区域地理之前，先讲一些自然地理和地图的初步知识，这对学习区域地理是有益的。由于课时有限，自然地理初步知识的内容，主要为学中国地理和世界地理作准备，不全面系统地讲自然地理知识；世界气候类型、世界洋流的知识，安排在各大洲之前，不在自然地理初步知识部分讲述。原来分散在区域地理中不易为初中学生所接受的大气环流、板块学说、地质力学、中国地形的网格状构造、大陆自然带分布规律等内容，有的精简，有的安排到高中地理中，以减轻初中地理内容的难度。

（4）将以自然地理知识为重点的原则，改为在学习自然地理知识的基础上，进一步学习人文地理、区域地理和人类与地理环境方面的知识。自然地理是学习地理的基础。学习自然地理的目的，是为了认识自然界的客观规律，以便于人类正确利用自然、改造自然，因地制宜，发展生产，改善环境质量，不断提高和丰富人类的物质生活和文化生活。

所以人文地理、区域地理、人类与地理环境关系的知识，也是中学生必须具备的基础知识。在人文地理方面除经济地理的知识外，要适当增加历史地理、文化地理等方面的知识。

（5）将世界地理各大洋的知识合并讲述，以减少学习的头绪。海洋知识是地理学的重要内容，但是各大洋的海底地貌，初中学生没有必要学得太详细。海洋的洋流可统一介绍，以阐明其运动的规律。

（6）新增加的高中地理，按系统地理的组织形式，先自然、后人文的顺序安排教学内容。先讲地球的宇宙环境，再讲构成地理环境各圈层的基本知识和基本理论，然后讲资源、能源、农业、工业、人口和城市、人类与环境等问题。整个教学内容以人类与地理环境的关系为线索，不完全按照自然地理（或地学）、人文地理（或经济地理）的体系安排教学内容。这样便于突出重点，有效利用课时。有的同志曾建议增加有关交通运输地理方面的内容，由于课时所限，没有专章阐述这一问题，但在讲能源、工业布局、工业发展、城市发展、环境污染等问题中都谈到与交通运输有关的问题。

（7）在教学应该注意的问题中，增加了注意启发学生思维、发展学生智力、改进教学方法的要求。在指导学生课外活动方面，结合高中地理的教学内容，增加了组织学生进行天文观察、气象观测、地震测报、野外实习、地理专题研究和讨论等活动，但这些活动的开展，要根据可能条件和学生爱好来组织，不强求一律。

我们代教育部草拟的小学地理教学大纲（试行草案）和中学地理教学大纲（修订草案）征求意见稿很不成熟，提出来是抛砖引玉，供讨论参考，错误和不妥之处，请专家和教师批评指正。

4. 关于六年制重点中学高中试行分科性选修侧重文科的教学计划中规定的高中三年级的地理，每周 3 课时，要适当提高人文地理的要求。这一教学计划如何制定，我们缺乏经验，也没有很好研究，因此没有草拟方案，打算多听听大家的意见。从国外高中阶段的地理教学内容来看，一种是进一步提高和加深区域地理的知识，另一种是侧重讲人文经济地理，或某些专题。如何从我国实际出发，来制定这一教学大纲，希望大家多发表意见。

加强地理教学的基本训练要求*

最近，国家教委颁发的《全日制中学地理教学大纲》，是对现行通用的中学地理教材的基本内容和主要体系不作大的变动前提下，修订了1978年颁发的《全日制十年制中学地理教学大纲》。总的精神是降低难度，减轻学生负担，明确具体要求。

修订后的大纲，除规定初、高中有关年级的地理“教学内容要点”外，新增加了对各课题的“基本训练要求”。这是针对传统地理教育片面重视知识传授，忽视培养能力和发展智力的缺点而提出的。认真实现这些基本训练要求，加强学生动手、动脑等实践活动，对促进地理教育改革，提高地理教学质量，无疑会起到重要作用。

初、高中各有关年级地理教学的基本训练要求，根据学生的年龄特点和认识规律，一般是由易到难，由具体到抽象，由单项条件到多项条件的综合运用，由课本材料到实地观察、调查或自己查阅并分析有关资料。大体上每一课题安排有2～4项基本训练要求，个别课题根据内容

---

* 原载《课程·教材·教法》1987年第3期。

多少有的安排 5 项，有的安排 1 项。总计初一为 51 项（必做的为 39 项），初二为 30 项，高中为 34 项。其中大约 60％是训练学生阅读和使用各种地图、示意图、统计图表的能力，以及填绘略图、制作简单统计图表的能力。此外，还有培养学生记忆、观察、想象、思维、理解课文、查阅和运用有关资料、运用所学地理知识解决实际问题、进行地理调查、评价地理问题等方面的能力。这些基本训练除野外观察、天象观察、地理调查需要在课外进行以外，大量读图、用图的训练，可以结合地理基础知识教学，有计划地安排在课堂教学过程中进行。基本训练所需的图表和资料，都可从课本、教学参考书及地图册中找到，因而是切实可行的。但是，教师必须提高对基本训练要求重要性的认识，转变教育思想，改进教学方法，才能很好地完成基础知识教学和基本训练要求的任务。基本训练要求要以地理知识教学为基础。加强基本训练，就能更好地理解和应用所学地理知识。两者是相辅相成、密切联系的。

地理事物分布的空间很广，除乡土局部地区的实际面貌，可通过直接观察形成表象外，对于超出视力所及的远域地区和较大范围的表象，需要通过图像，特别是表示空间关系的图形——地图来形成。地图是人类思维的伟大创造。它是伴随着地理学的发展而发展起来的。地理学家把地理探险、科学考察、社会调查等研究成果，用地图这种特殊语言反映出来，把抽象同具体巧妙地结合在一起，体现了高度概括与综合，把地理事象的空间结构、空间分布、空间联系具体而形象地呈现在人们的眼前。它的作用是语言、文字代替不了的。我们可以这样说，没有地理学，就没有地图；没有地图，也就没有地理学。

从地理教学方面来说，人们的认识规律，总是从感性到理性，从形象思维到抽象思维，教师如不会运用图像进行教学，往往事倍功半。学生如不会读图、用图，光死记硬背课文，理解差，印象淡薄，遗忘也快。现在大家对地理图像在教学中作用的认识，正在不断提高和深入，主要表现在以下几方面。

（一）过去，课本中的图像，往往被看成课文的附属品，被称为“附图”。现在认识到，图像不仅仅是课文的形象说明，图像本身就含有德育、智育、美育等因素，有发展智力、培养能力的作用。因此，图像是教材的有机组成部分，不是可有可无的附属品。因此，地理的“双基”教学，有的可以课文为主，有的就应以图像为主。

（二）过去，把地图仅仅看作巩固所学地理知识的工具，如常说“把知识巩固在地图上”。（准确地说，应为利用地图，巩固所学地理知识，或是把知识落实在地图上。）现在认识到，地图不但能帮助学生巩固所学的地理知识，而且还有助于培养学生读图、用图，独立获取新知识的能力，即从地图上，认识地理事物的分布、演变规律，进行推理、对比、分析、综合、判断、评价；并初步具有一些解决生活和生产中有关地理方面的实际问题的能力。新修订的地理教学大纲中基本训练的大多数项目，就是要求充分利用图像，来启迪学生的智能。

（三）过去，往往只强调地图是教师必不可少的教学手段（或称为直观教具）之一。现在，认识到教学地图和其他图像也应该是学生主要学习的内容之一。在教学中，学生是主体，教师起主导作用。教师的主导作用，理应包括如何引导学生学会读图和用图。因此，地图不仅是为教师服务的工具，也应该看成学生汲取学习营养的源泉之一。学会读图和用图，对青少年一代来说是会终身受益的。正如学生学会查字典，有些疑难问题，就能无师自通；学会查阅地图，有些地理问题，也能从地图上得到解答。

尽管图像在地理教学中的作用很重要，地图又是地理教材的重要组成部分，但是在教学中忽视对学生进行读图、用图训练，以形成地理空间观念的现象还普遍存在。我们在东北和江南几所城市中学和农村初中，对已经学过中国地理的初二学生进行测试，在填图试题方面要求：（1）在《中国政区填充图》上，将全国省级行政区的名称，按分布的位置填出；（2）在《中国主要山脉、河流分布示意图》上，按分布位置，注出长江、黄河、秦岭、喜马拉雅山的名称。测试的结果如表 1。

表 1　对部分地区中学生进行读图、用图测试的结果统计

地区	东北				江南			
学校类别	农村初中		城市一般初中		农村初中		城市省重点初中	
测试学生数	69		60		48		52	
题号	（1）	（2）	（1）	（2）	（1）	（2）	（1）	（2）
全对的（%）	0	3	0	13	2	2	30	27
对一半以上（%）	3	15	32	37	62	12	64	43
对一半以下（%）	65	21	60	12	36	13	6	9
全填不出的（%）	32	62	8	38	0	73	0	21

从表 1 可以看出，农村初中学生的地图知识普遍较差，东北农村初中一个班，约有三分之一的学生，对填充图上省级行政区的所在，一个也填不出，多数学生只能填出 1～14 个。江南农村学校学生的成绩要好一些，多数能填出 15 个以上，但全填出的很少。城市一般初中的填图成绩也不理想，省重点初中较好。但对祖国主要山河的空间分布观念，

城乡学生均较差。由此可见，对学生加强读图、用图的训练非常必要。

关于读图和用图的基本训练要求，大体上可分为以下几方面。

（一）读图用图的基础知识和基本技能。如在地图上用指向标、经纬线定方位，用比例尺量算图上两地的直线距离，用图例、注记识别图上所表示的地理事物及其分布，用图上的色标，判定陆高、海深、人口密度的疏密、温度的高低、降水量的多少等。

（二）运用地图，形成地理事象的空间分布观念和探索其分布规律。例如要求用黄河中下游区棉花产区和棉纺织工业的分布图，说明该区棉纺织工业的分布规律；要求用世界渔场分布图，说明大陆架、洋流与渔场的分布关系等。

（三）对一些常见的重要地名，如我国30个省级行政区、邻国和濒临的海洋，我国沿海的经济特区、对外开放的沿海城市和地区，大纲上所列的亚洲、欧洲国家的名称及各国首都，要求能在填充图上准确地填出，或是记住它们的名称，并能在地图上找出其位置。一般地名，对初一学生只要求能在地图上找出其位置，并不全要求记住。

（四）运用图像（地图、示意图、模式图等）说明地理事象的空间结构、空间分布和空间联系，如用长江三角洲形成示意图、梅雨雨带示意图，解释其成因；用地球上气压带和风带的分布，解释东南亚、南亚、西亚、澳大利亚、西欧、南美洲的气候特征；用日本主要矿产资源来源示意图、世界石油海上运输路线图，说明不同地区间的经济联系；用大气的三圈环流示意图、水循环示意图说明其形成过程；用珠江三角洲基塘生产连环图，了解基塘生产各部门的联系，并说明其特点；等等。

（五）对绘图能力的培养，只要求会使用方格缩放法，绘制简单的区域轮廓图；会画简单的水系示意图、地形示意图（新疆的三山夹两盆）、气候类型分布图（非洲南北对称的气候类型）等。这些训练，需要的绘图技术不高，需要的时间也不多，教师是能够指导，学生也是可以学会的。

（六）学会阅读、运用和绘制简单统计图表，也是基本训练要求的主要部分。统计图表可将比较冗长的文字或烦琐数字，简明、扼要和形象地呈现出来，一目了然，便于理解和分析。这不仅在校学习有用，毕业后走向社会，在实际工作中也有用。例如学会判读一个地方的各月气温、河流流量的变化曲线图，各月降水量柱状分布图，历年人口增长曲线图，各种能源消费构成及其发展变化图；能绘制世界主要工业产品的分国扇形百分比图；能列表比较我国各省（自治区、直辖市）或一些国家的面积、人口、资源等方面情况，并进行评述；学会用车船运行时刻表，选择旅行最合适的时刻等。

（七）对观察、实习、实验的训练，在自然地理方面理应有一定要求，但从目前地理课时较少、设备一般较差、多数教师还缺少这方面的训练等实际情况出发，大纲中只在高中地理部分要求进行天象观察，识辨几个常见的恒星和星座，识辨五种以上的常见矿物和三大类岩石，到野外观察当地地形；初中要求结合乡土地理教学，进行野外观察、地理调查和参观活动。在大纲总说明的“教学中应该注意的问题”部分，特别强调了“组织与地理课堂教学内容有关的、全班学生都应参加的野外观察、地理调查或参观活动，由教师制订计划，学校统一安排，每学年应不少于一次”。

（八）对理论联系实际的训练，主要是要求联系乡土地理或本省

（自治区、直辖市）的实际，如联系当地实际，说明发展商品生产和对外贸易的意义等。对高中学生还要求培养其进行社会调查的能力，如调查当地某种工业的原料来源、能源供给情况、产品市场所在、劳力和技术条件，并加以评述；调查学校所在城镇，新中国成立以来人口增长的情况，并说明其原因和前景等；了解学校所在地区有无环境问题，分析其原因，提出整治或保护的设想等。

（九）对自学能力的训练，如要求通过阅读课文，能扼要说出过去黄河下游多灾难的原因和治理的关键所在；影响青藏气候、生产和交通的主导因素；查阅报刊有关资料，写出当前南部非洲人民反对种族歧视，进行民族解放斗争情况的报道；查阅和运用报刊有关资料，综合评述当前世界的能源问题。通过这些要求，可以培养学生的阅读、理解、综合分析、表达等方面的能力。

（十）对计算能力的训练，这方面的要求不多，只是要求会用比例尺在地图上量算两地的直线距离；学会用世界时区图计算全球范围内任意两地间的时区差，并计算区时的简单方法（不要求跨越日界线的计算）；学会计算人口密度的方法等。

为了保证基本训练要求能很好实现，在教学方法方面要研究改进，对学生能自己看懂的课文，不必逐句逐段去照本宣科，而应指出重点和要点，把一部分上课时间用来完成基本训练要求。这样既能提高地理教学的实效，也能引起学生的学习兴趣。至于初中教材的进一步改革，将在九年制义务教育初中地理教学大纲制定以后进行；高中地理教材的进一步改革，将在研究制定新的高中教学计划和地理教学大纲以后进行。

对义务教育初中地理课程及其教学大纲的体会和认识*

一、关于义务教育初中课程计划中的地理课程

义务教育初中地理课程是义务教育全日制小学、初中课程计划的组成部分。这个课程计划是按照《中华人民共和国义务教育法》制定的。它遵循教育要面向现代化、面向世界、面向未来的战略思想，贯彻国家的教育方针，坚持教育为社会主义建设服务，实行教育与生产劳动相结合，对小学和初中学生实施全面的基础教育，使他们在德、智、体诸方面生动活泼地、主动地得到发展，为提高全民族素质，培养社会主义现代化建设的各级各类人才奠定基础。

义务教育中小学课程计划要求所有学科都要加强基础知识和基本技能的教学，各门学科要注意教学内容和要求适当，课业负担合理，与此同时要重视培养和提高学生能力，并根据各门学科的特点有机地渗透思

---

* 原载《课程·教材·教法》1992年第9期。

想教育，促进学生个性心理品质的健康发展，全面完成学科教学任务。

这个课程计划在小学阶段设置综合性的“自然”和“社会”课程，不再单独设置“地理”和“历史”课程。

对初中地理课程的基本要求是：使学生获得有关地球、地图的初步知识，掌握世界地理、中国地理（包括乡土地理）的基础知识，初步具有阅读和运用地图、地理图表的技能，初步理解人类活动与地理环境的关系，认识我国的基本国情，懂得有关人口、资源、环境等方面的基本国策，受到辩证唯物主义和爱国主义的教育。

上述要求与现行全日制中学教学计划（现改称课程计划）中对地理学科的要求相比，对基础知识、基本技能、人地关系、辩证唯物主义、爱国主义教育的教学要求，基本未变，而且明确了对我国地理国情和基本国策的要求；精简了对国际主义教育的要求，因为在目前的国际形势下，国际主义的内涵及其在地理教学中如何体现，尚有待研究。当前，我国的对外关系，主要应使学生了解国与国之间的和平共处五项原则。

初中课程计划中三年制与四年制的地理课程都安排在初一、初二两个年级。三年制初一每周3课时，初二每周2课时，与现行教学计划相同。四年制初一、初二每周均为3课时，初二比现行教学计划每周多1课时，由于四年制学生进入初中时，比三年制学生小一岁，为了适应这个学制学生的年龄特征和文化知识基础，初二增加的1课时地理，目的是适当放慢教学进度，便于学生理解消化，并加强能力培养，而不增加教学内容。这两种学制的地理课时，与我国传统的和国外大多数国家初中的地理课时相比，基本接近和适当。

初中课程计划中各门学科的安排，考虑到每个学年学生学习的科目不宜过多，所以一、二年级集中学习地理，三、四年级集中学习化学。这样安排从课程计划总体上看是比较合适的。

二、义务教育初中地理教学大纲

1992 年 6 月，国家教委颁发了《九年义务教育全日制初级中学地理教学大纲》（以下简称“新大纲”）。新大纲是以国家教委 1988 年 11 月颁发的该大纲初审稿为基础，经过三年多时间，由人民教育出版社、广东、四川、北师大分别根据初审稿编写了实验教材，并在全国 28 个省、市、自治区，几百所中学进行试教后，总结经验，征求教师、学生、家长、专家和教研人员的意见，结合国内外近年来形势的发展变化，国家教委对义务教育全日制初级中学课程计划的修订，以及对历史、地理等学科加强德育和国情教育的指示，加以修订而成。最后，经过全国中小学教材审定委员会地理学科审查委员会审查通过，将于 1993 年秋季在全国全日制初级中学试行。它将是今后指导初中地理教学、编写教材、考核学生学习成绩、评估教学质量的依据。

新大纲对贯彻义务教育法、国家的教育方针、初中课程计划对地理学科的要求，注意学生身心发展规律和我国学校教育的实际状况等方面，均能很好体现。

我对新大纲的特点及其对初审稿和现行大纲的主要改变部分的认识和体会如下。

（一）进一步明确教学目的

1. 使学生获得有关地球、地图的初步知识，世界地理、中国地理

（包括乡土地理）的基础知识。

2. 使学生学会阅读和运用常见地图、地理图表，以及填绘简单地图和图表的技能；培养学生对地理事物的观察、记忆、想象、思维等能力，以及能运用所学知识分析一些地理问题的能力，并初步具有自学地理的能力。

3. 使学生受到辩证唯物主义教育、爱国主义教育，国情和基本国策教育；培养学生实事求是的科学态度和不断追求新知的精神；初步树立正确的资源观、环境观、人口观；培养学生具有一定的审美能力和分辨是非的能力；树立胸怀祖国、放眼世界、把祖国建设成为具有中国特色的社会主义现代化强国的雄心壮志。

（二）确定教学内容的原则

1. 从培养社会主义公民、提高民族素质的需要出发，地理教学的内容应该根据义务教育初中课程计划的要求，遵循教育要面向现代化、面向世界、面向未来的战略思想，选择为培养社会主义现代化建设人才所必需的地理教学内容，目的是提高民族素质，而不是为了应试。这对转变传统的地理教学思想有着重要的指导意义。

2. 以环境—资源—人类活动为线索，正确阐明人地关系。多年来，初中地理教学大纲一直按传统模式，以自然地理为重点，以区域地理为主要内容，侧重区域自然地理知识的传授，而对当代社会人类所面临的环境、资源、人口等重大现实地理问题体现不够。新大纲要求以地理环境、资源、人类活动作为线索确定教学内容，即要求学生认识地理环境是人类赖以生存和发展的基础，人类通过利用地理环境中的各种资源，在不断提高科学技术的水平上发展生产力。利用合理时，就能促进社会的发展和进步，利用不当时，则会出现生态平衡遭受破坏、环境被污染等危及人类生存的问题。这样确定地理教学内容，就能很好地体现“教育要面向现代化，面向世界，面向未来”和“教育必须为社会主义建设服务”的精神，也符合现代地理学所着重研究和需要解决的问题的方向。

有关人地关系的教学内容，初中地理同高中地理的基本精神是一致的，但是，知识结构和要求有所不同。高中地理是按系统地理的形式，多从环境、资源、人口的结构、机制等方面提高学生的理论认识；初中地理则要求从区域地理角度，多用事实材料，使学生认识世界上不同国家和地区的居民，如何因地制宜，利用当地的自然条件发展生产和促进社会进步，及其所出现的环境、资源、人口等问题。归结到要使学生认识保护全球生态环境的重要意义。

3. 注意学生的年龄特点，调整广度、深度和难点。现行大纲和初中地理教材，从地理科学知识的完整性和系统性考虑较多，对初中一、二年级 12、13 岁学生的身心发展规律和接受能力考虑较少，因而教学内容的知识面较广，有些知识的难度较大或安排不当。例如，世界地理原来分为世界总论—各洲概况—洲内各地区（分 14 个地区）—各地区主要国家（必学的 28 个、选学的 11 个）四个层次。新大纲将“各洲概况”合并到“世界总论”中，并予以简化；世界区域地理部分，将全世界分为 13 个区，必学的主要国家减为 15 个（选学的 5 个）。要求在地图上记住的重要地名由现行《世界地理》课本中的 448 个精简为 288 个。这样，就减轻了学生识记地区、国家特点和地名的负担，而能有效地利用规定的课时，提高对地理规律性和人地关系的认识；加强能力培养和进行道德教育。

初中中国地理的区域地理部分，也由原来的 8 个区精简合并为 4 个区。要求识记的地名也由 357 个减少到 280 个。

又如，有些教学难点，现行大纲上安排比较集中，学生难以及时掌握，像“时区的划分”“区时的计算和应用”，原来安排在初一开始时的“地球自转”部分，难度较大。新大纲把这些内容安排到世界地理最后“人类共同生活在一个地球上”，联系学生已具有的世界主要国家和地区的空间分布概念，结合现代信息社会对“时区和时差”知识的需要来学习；“世界的主要气候类型”由集中学习改为分散到各地区学习。这样，难度就会小一些。

为了因材施教，适应不同水平和不同爱好学生的需要，新大纲在规定了必学的内容以外，还列出了选学内容。

4. 有利于启迪智能和参加实践活动。这是针对传统地理教学多偏重传授知识，忽视发展学生智力、培养学生能力，以及课堂教学多照本宣科、理论脱离实际而提出的。新大纲对各部分在教学时应达到能力培养和技能训练的目标，都提出了具体要求。

在联系实际方面，新大纲在基本训练要求方面曾有不少提示，如观察和识别学校附近地区的地形；联系当地实际，说明气候对生产、生活的影响；调查学校所在地区的主要运输方式，绘制本地区主要交通路线示意图；收集近期有关欧洲国家的重要新闻，注意国际事务的发展变化等。

（三）知识体系和结构的安排

新大纲的知识体系和结构采取由整体到部分、由系统到区域、由宏观到微观的组织结构，与小学社会课由近及远的个人—家庭—社会—中国—世界的体系相辅相成，以加强初中地理知识的系统性和科学性，并在打好地理基础知识的基础上，宏观地认识世界，然后比较深入地学习中国地理和乡土地理，有比较地认识地理国情和乡情（参见图 1 和图 2）。

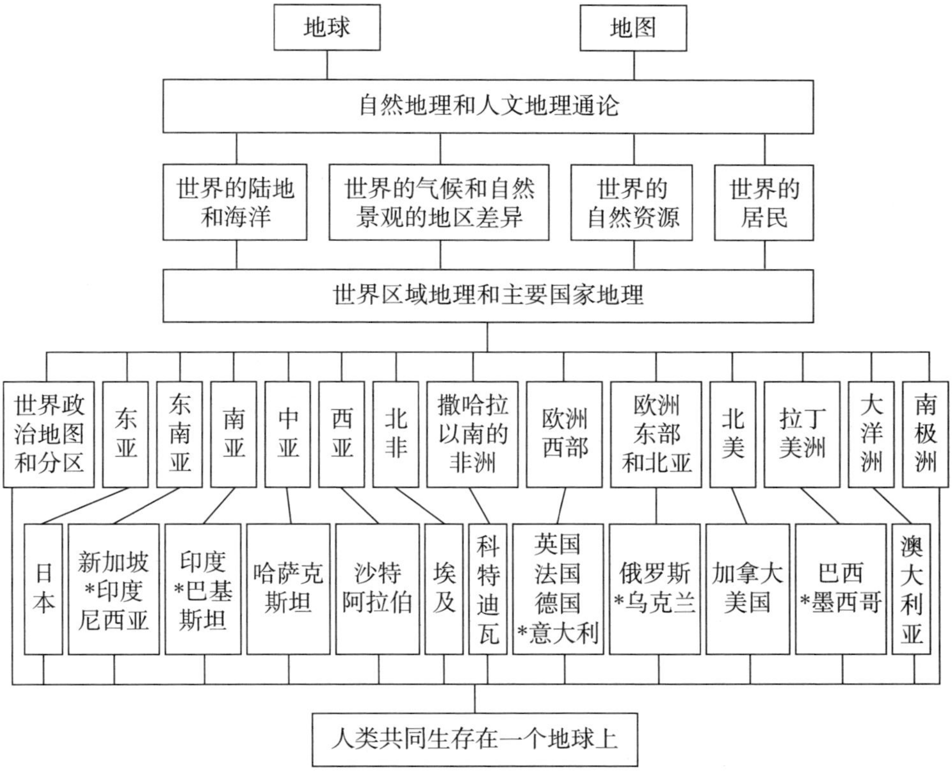

*选学内容。

图 1　新大纲初一地理的知识体系和结构

新大纲初中地理教学体系的安排，先学习地球和地图，然后学习世界地理（包括地理通论和世界区域地理），最后学习中国地理和乡土地理。在征求意见过程中，对这样的安排曾有人提出是否符合由近及远的

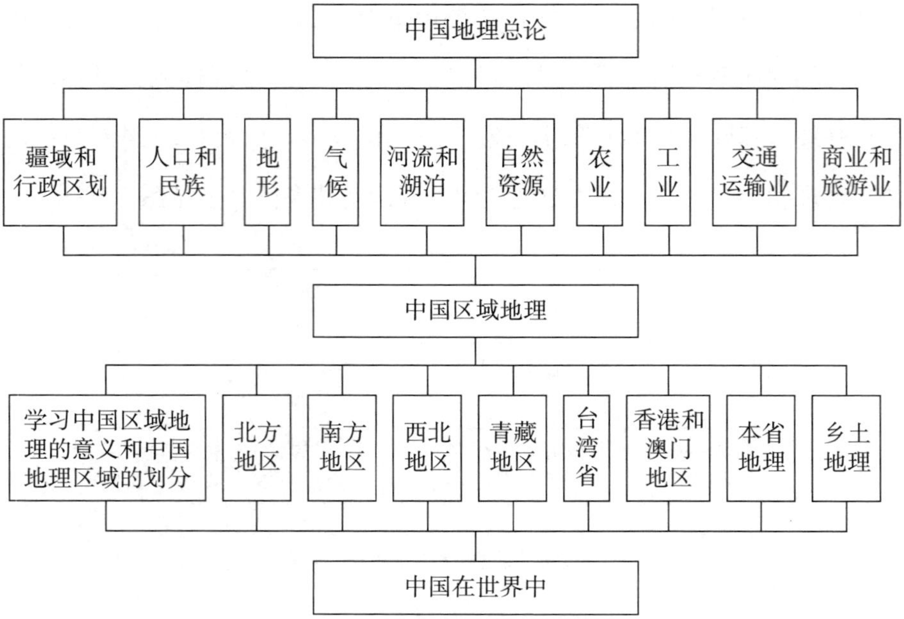

图 2　新大纲初二地理的知识体系和结构

教学原则。我认为，小学阶段学习地理，应该从认识周围的地理环境开始，由近及远，从感性到理性。我国和世界许多国家的小学地理教材，都是这样安排的。初中阶段则可在学生已有的感性知识基础上，提高对地理环境整体性和规律性的理性认识。我所见到的美国、日本、德国、苏联的初中地理教材，都是先学世界地理，后学本国地理，或是把本国地理作为世界区域地理的一部分来学习的。我国 20 世纪 50 年代初中地理的学习顺序是初一自然地理，初二世界地理，初三中国地理。现行初中地理教学大纲，规定先讲地球和地图，再讲中国地理、乡土地理，然后讲世界地理。这个顺序也并非遵循了由近及远的原则。如果由近及远，应该先学乡土地理，再学中国地理，最后学习地球。

学生先具有一定的地理通论和世界区域地理知识，在学习中国地理的某些问题时，就便于解释，以提高认识水平。例如，喜马拉雅山的隆起，就可运用板块运动的知识来说明；中国亚热带温暖湿润的优越气候条件与同纬度西亚、北非的沙漠环境大不相同，这需要用全球气压带、风带的分布和季风气候的特点来说明。了解中国地理国情和对外开放政策，也需要先有世界地理知识，方能进行比较和联系。我认为，先学世界地理，后学中国地理，可以把中国地理学习得更深入更好一些。

还有的同志认为先学世界地理有困难，世界地理的地名，学生比较生疏、难记。新大纲中世界地理的地名已大量精简，目前要求学生在地图上识记的只有 280 多个，其中 40 多个在小学地理中已经学过。初一地理每一课时要求学生识记的重要世界地理地名，平均每 1 课时只有 2—3 个，困难不大。也有的同志认为世界地理的国家和地名减少过多，会影响知识面的广度。经验证明，过去世界地理教材用“分洲列国志”的编写法，教学效果不好，也不符合时代要求。新大纲中未规定学习的国家和地名，学生有兴趣或需要学习时，教师可指导他们利用地图册和课本中的附录去自学。

新大纲既有统一要求，也有一定灵活性。大纲在编选教材应注意的问题中，曾指出：“本大纲所列的教学内容要点的顺序，编选教材时，编者可以自行组合和调整，以编写出具有不同体系、不同风格和特点的教材。但是，要使教师好教，学生好学和爱学。”因此，上述世界地理和中国地理的先后顺序，难点分散或难点集中、西亚和北非地区的综合或分开等问题，大纲的安排虽有倾向性意见，但是不强求一律，如果能把教材组织好，先学中国地理，后学世界地理，难点集中学习，而不分散，也是可以的。

（四）加强思想教育和国情教育

新大纲体现了加强思想教育，寓德育于智育和能力培养之中的精神。主要表现如下。

1. 落实地理国情教育的要求。新大纲将1991年国家教委颁发的《中小学加强中国近代史、现代史及国情教育的总体纲要》和《中小学地理学科国情教育纲要》的各项要求，如领土广大，山川壮丽；自然灾害频繁多发；资源比较丰富，但利用不尽合理；人口众多，人均资源少；中国是一个统一的多民族国家；社会主义建设成就巨大，但还是一个发展中国家；地区差异大等等内容，都纳入新大纲中。

2. 对思想教育内容的要求，有所充实、提高和适当调整。例如，在教学目的中除保留一贯要求进行的辩证唯物主义和爱国主义教育，培养学生初步树立正确的资源观、人口观、环境观以外，增加了对国情教育和基本国策教育的要求，培养学生实事求是的科学态度和不断追求新知的精神，培养学生具有一定审美能力和分辨是非的能力等。

新大纲提出要帮助学生"树立对生态环境的全球观念，以及应按和平共处五项原则处理国际关系的正确认识"。

（五）对教学要求的目标分层次具体化

为了便于教师在教学过程中明确对地理知识、能力、思想教育所要达到的目标，新大纲按课题、分层次、以表格式提出具体要求。

对地理知识和能力方面的要求，分为"识记""理解""应用"三个层次。

对识记部分，有的要求"知道"，有的要求"记住"，如重要地名、数据等。

对基本训练（包括技能训练、能力培养）的要求，分为“初步学会”和“学会”两个层次。

对思想教育的要求，指出应该贯穿本学科各学年教学的全过程，注意潜移默化、循环往复，逐步提高和不断加深认识，但是对于不同课题，侧重的方面应有所不同。例如，在地球运动部分，要求对学生进行无神论教育等。对思想教育的要求，大纲中用“懂得”“受到”“认识”“树立”“形成”等词来表述其要求。

（六）在学习试行新大纲时需要注意的问题

1. 新大纲与现行大纲在指导思想、教学原则、知识体系和结构等方面都有较大变化。学习和试行时，首先要领会改革精神，用义务教育法、国家的教育方针、近年来国家教委对教学改革的指示来对照衡量。

2. 要转变教学思想、改革教学方法，特别要从习惯于使用现行大纲、现行教材和传统教学方法的束缚中解脱出来，研究如何贯彻新大纲对提高民族素质，加强地理基础知识和思想教育，培养学生能力，激发学生学习地理的主动性等方面，发挥教师和教材编写者的主导作用。

3. 试行新大纲既要努力完成大纲规定的统一要求，也要注意因地、因校制宜，从实际出发，灵活掌握。在学习试行新大纲过程中发现的问题，可向当地教育行政部门或国家教委反映，供修订时研究参考。

对高中地理新大纲（试验修订本）自然地理部分“四个环境”知识结构的商榷*

2000年2月，教育部颁发的《全日制普通高级中学地理教学大纲（试验修订版）》（以下简称《新纲》），总体上是比较好的。继承了1990年4月颁发的《全日制中学地理教学大纲（修订本）》（以下简称《前纲》）高中地理部分，以人地关系为线索，按系统地理形式组织教学内容的优点，并有所发展和进步。主要是加强了人文地理基础知识，增设了选修地理课程，突出了可持续发展的观念。

经过几年的试验和深入研究，《新纲》以“四个环境（宇宙环境、大气环境、海洋环境、陆地环境）”代替《前纲》以地球圈层结构科学体系为依据，分为宇宙、大气、水、地壳、生物和土壤等自然系统为教学单元的改革措施，在教学目的、科学性、系统性和与《义务教育地理课程标准》的衔接等方面，都存在值得商榷的问题。

---

* 原载《中学地理教学参考》2002年第5期。

一、“四个环境”与《新纲》的教学目的不符

《新纲》教学目的第一条为：“使学生获得比较系统的自然地理和人文地理的基础知识……”

什么是自然地理基础知识？国内外地理科学家和地理教育学家在比较权威的论著中，认识基本一致，现摘录他们的见解如下。

1.《地理教育国际宪章》（国际地理联合会地理教育委员会1992年通过，译文刊载于《地理学报》第48卷第4期，1993年7月）中，在“地理对教育的贡献”部分，论及“知识和理解方面”，要求“认识地球上的主要自然系统（地形、土壤、水体、气候、植被），以便理解各生态系统内和彼此之间的相互作用”。在“专题学习”部分，指出：“系统性方向适用于自然和人文地理。”“自然系统包括：地貌系统、土壤系统、气候系统、水文系统、生物系统。”

2. 我国著名科学家钱学森院士等著的《论地理科学》一书（浙江教育出版社，1994年9月）中，华东师大张超教授撰文写道：“我国著名的系统科学家钱学森教授认为：从系统科学的观点来看，地球表层是一个系统，它包括了非生物、生物和人。三个部分之间相互联系、制约和相互作用。这个系统称为地理系统或地球表层系统。从空间范围看，包括岩石圈、水圈、大气圈等具有层次结构的特点……地理系统又是开放的，它与外界有物质和能量的交换。这一论述更全面更能反映地理系统的本质。地理系统的概念已为广大地理工作者所接受，目前已发展到对地理系统进行分类。”

3. 在《中国大百科全书·地理学》卷（中国大百科全书出版社，1990 年 9 月）中，“地球构造”条目的释文为：“地球是由大气圈、水圈、生物圈、地壳、地幔和地核等圈层构成的。在高空和地球内部的圈层是上下平行分布的，但在地球表面附近各圈层却互相渗透，甚至彼此重叠。通常把大气圈、水圈和生物圈称为地球的外部构造，而地壳、地幔和地核则为地球的内部构造。”

“地理系统”条目中关于“自然地理系统”的释文为：“自然地理系统是人类发生和发展的物质基础，是由地球表层中的大气、岩石、地貌、地表水、地下水、土壤、植被、动物群落在能量流、物质流、信息流作用下有机结合而形成具有一定结构、能完成一定功能的自然整体。它是一个开放系统，物质性、整体性、自组织和动态性是它的基本特征。”

4. 教育部 2001 年 7 月印发的《全日制义务教育初中地理课程标准（实验稿）》的“前言”中，说地理课程的性质：“它具有两个显著的特点：第一，综合性。地理环境由大气圈、水圈、岩石圈、生物圈及人类智慧圈所构成，是地球表层各种自然现象和人文现象有机组合而成的复杂系统。第二，地域性……”

5. 王建主编的《现代自然地理学》（高等教育出版社“面向 21 世纪课程教材”，2001 年 6 月），在“前言”中，介绍该书的体系是：“将自然地理学研究的对象定位在人类赖以生存的地球表层自然环境上，并且注意从系统学的角度，讨论和阐述地球的形状、大小运动以及地球四大圈层（岩石圈、水圈、大气圈、生物圈）与人类环境的关系，讨论和阐述地内系统和地外系统对地球表层环境的影响，讨论与阐述人类与环境的相互作用、相互影响。”

从以上这些论著中，可以看出，不论是自然地理教育或自然地理学研究，都是以地球表层自然地理系统为对象进行的。地球的圈层结构或是以构成自然系统的各要素为其基础，都没有以“四大环境”作为自然地理基础知识的论著。因此以“四大环境”作为自然地理的知识结构，与《新纲》教学目的中要求“使学生获得比较系统的自然地理知识”似乎不符，这是值得商榷的问题之一。

二、将国际宇航联合会所说的“人类第一、第二、第三、第四环境”的名称，用作《新纲》自然地理知识结构的框架，而又不忠实于“四大环境”原创建者的理念，是否适当？

关于“四个环境”名称的出处和原创建者的理念，在《新纲学习指导》（国家教委基教司编，人教社，1996 年 12 月）一书第 15 页“吸收要大胆创新”一节中说：“新大纲尽力摆脱传统教育观念的束缚，大胆吸取了不少现代文明成果和新知识，采用了以四大环境取代四大圈层的体系。”

宋健同志主编、江泽民同志题写书名的《现代科学技术基础知识》（科学出版社和中共中央党校出版社，1994 年版。以下简称《知识》）一书中说：“在 1981 年召开的国际宇航联合会第 32 届大会上，陆地、海洋、大气层和外层空间分别称为人类第一、第二、第三、第四环境……”

新大纲将“外层空间”定名为“宇宙环境”。

宇航会所称的第一、第二、第三、第四的序列，反映了人类活动范围，经历了陆地—海洋—大气层—外层空间逐步扩展的过程。

1995年，中小学教材地理学科审查委员会审议《新纲》(试验版)初稿时，我和其他审查委员当时都未看过《知识》这本书，但是知道该书作者都是现代前沿科技方面的专家（各章作者均未单独署名），因此以为“四大环境”可能是自然地理研究的新成果。为了支持教学大纲改革创新，所以未提异议，同意以“四大环境”作为自然地理的知识结构，进行试验。

以后，读了《知识》有关“四大环境”的全文，发现将其名称引用作为自然地理基础知识的构架，有“张冠李戴”“文不对题”的感觉。

《知识》一书中，作者对四大环境的阐述，重点在讲人类进入“第四环境（外层空间）”需要解决的问题，这是宇航学方面经过多年实践研究的新成果。《新纲学习指导》书中，将这部分核心内容，用删节号删去了，现补足于下，以便了解全文的含义：“人类进入第四环境，比进入第二、第三环境困难得多（作者对人类进入第一、第二、第三环境的困难未讲）。它必须闯过以下四道难关：1. 克服地球引力；2. 克服真空；3. 适应剧烈变化的温度环境；4. 暴露在有害辐射之中。”文中对这四重困难，均有详细论述，主要是从天体物理学角度总结多年来宇航员进入了特殊的第四环境后，需要适应、研究、认识和防护的问题。

《新纲》将“第四环境”定名为“宇宙环境”，教学内容要点为：1. 地球是宇宙中的一个天体；2. 日地关系；3. 地球的运动；4. 人类对宇宙空间的探索。前三个要点是“地球在宇宙中”的基础知识，第四个要点的要求为：“理解宇宙探测的意义。了解宇宙探测的现状和宇宙环境的保护。”这与宇航会专家所说的要解决人类进入第四环境需要闯过的四道难关的理念，不是一回事。《新纲学习指导》书中强调采用四大环境取代四大圈层的体系，是大胆吸取了不少现代文明成果和新知识。遗憾的是，《新纲》只引用了“四大环境”新颖的名称，而在教学内容要点中却未忠实于原作者所创建的现代文明成果和新知识的理念，这种对自然地理改革创新的手法，值得商榷。

《新纲》中的大气环境、海洋环境、陆地环境的教学内容要点是将地球圈层结构的基本知识拆散后纳入这三个环境之中，而不是以人为中心，讲人类进入这三个环境要闯过哪些难关。这与原作者创建这些环境名称的理念不符，因此用“环境”名称代替圈层结构的体系，体现不出改革创新的实质所在，可是却破坏了地球表层系统的整体性和系统性。例如，地球的水循环、板块构造和板块运动、地壳物质循环、生物分布等都是全球性作圈层状有机联系的整体。由于《新纲》将海洋环境、陆地环境分割成两块，上述这些地球表层整体性的自然地理知识就无法安排，不得已便都塞到“陆地环境”的构架中，而列出了一项“陆地与其他自然环境的关系”的教学内容要点。令人费解的是要点中的“地壳的物质循环”“水循环”等，怎么是陆地与其他自然环境的关系？

三、以环境系统代替圈层系统是《新纲》重大改革的理论能否成立？

2000 年《地理教育》第 3 期，刊载了一篇《试谈高中地理必修课程自然地理知识结构重建》的文章。该文认为以环境系统代替圈层系统是新大纲的重大改革之一。理由是用“环境”这两个字，可以突出人地关系这条主线，减少各圈层不必要的内容，突出地理性。

这里值得商榷的问题是：《新纲》是高中地理教学大纲，不是环境学教学大纲。地理学的自然地理部分有比较完整和得到地理学界公认的地球表层系统、圈层结构系统、自然系统等。为什么设计地理教学大纲，不以地理系统为依据，而去乞求于环境系统？并且“四大环境”也不是环境学的知识系统，而是宇航界的命名和特殊认识。

什么是环境知识系统？

我国1989年通过的《环境保护法》第2条规定：“本法所称环境，是指影响人类生存和发展的各种天然的和经过人工改造的自然因素的总体，包括大气、水、海洋、土地、矿藏、森林、草原、野生生物、自然遗迹、自然保护区、风景名胜区、城市和乡村等。”

在具有权威的《知识》一书第五章《人与自然的协调发展》第三节，讲“环境的概念和含义”时，曾说到构成环境的基本要素有光热、水、土、气、动植物，以及这些自然要素与人类长期共处所产生的各种依存关系。

由此可见，把“四大环境”说成是“环境系统”，在环境学方面并无根据。

以“人地关系为主线”，这是1986年制定的《前纲》，以及以此为依据所编的高中地理课本的主导思想，并不是《新纲》在自然地理部分用了“环境”两个字以后的新创造。

至于自然地理各教学单元知识内容的选取、增减，是根据高中地理教学目的、课时多少、学生接受能力和学习负担、教学实践、学科发展等因素而不断调整修订的。并不是因为使用了“环境”这两个字，才能对自然地理教学内容要点进行必要的删节和增补。例如，现行高中地理课本，在自然地理部分就曾删去“太阳风”“潮汐”等内容，将“气团”由必学课文改为附录作参考资料；在人文、经济地理部分，随着社会经济的发展，内容修订增补的次数就更多了。

《新纲》设计者改革创新的愿望是可以理解的。设计时考虑不周，存在这样或那样的问题不足为怪。我的认识，也不一定正确，所以撰写此文，提出商榷。现在《新纲》还处在试验阶段，应该从科学理论、教学实践等各方面，总结经验教训，肯定成绩，发现问题，认真研讨修改，使《新纲》成为正式版本时，在科学性、思想性、系统性、实践性、时代性等各方面，都能比较完善，起到正确指导地理教学、培养21世纪建设人才的作用。

树立“以地为生——人地协调，持续发展”的理念*

一、在起伏中前进的地理教育

地理是一门古老而又充满新意和具有开拓性的学科，是国家基础教育阶段必修的课程之一。它对提高国民的科学文化素质，培养学生的爱国主义精神和了解世界的形势，有着其他学科所不能代替的作用。但是，多年来地理教育并未得到应有的重视。每当重大教育改革，特别是要求减轻学生负担或考试负担时，地理往往首当其冲，遭受贬黜。例如，1958 年的教育革命，将中小学地理课时削减了一半以上，高中不设地理课，长达二十多年。1993 年，领导研究解决学生高考压力时，在考试科目中取消了地理、生物，使这两科的正常教学秩序遭到破坏。高等学校有些地理系，为了争取生源等原因，不得已将原名中的“地理”更名为“城市与资源”“资源与环境”“城市与环境”等。此外，最

* 原载《地理教育》2003 年第 2 期。

近义务教育课程改革实验，将原拟设置的综合课“社会”（含历史、地理、社会）的名称，改为“历史与社会”，而不是“史地社会”。为了突出历史，却埋没了地理。因而，地理学科的名称，在教育领域有被淡出或消失的隐忧。

出现这些现象的主要原因，是学习地理的意义和作用，往往不为非地理专业人士所了解，而把地理看成是“地名加物产”知识汇编的人还不少。

进入21世纪，我国地理教育出现了不少令人鼓舞的新气象。例如：教育部十分重视《全日制义务教育地理课程标准》和《全日制普通高级中学地理课程标准》的制定；高考科目由“3＋2”（语文、数学、外语＋物理、化学或政治、历史）改为“3＋x”（“x”中含有地理），使地理恢复了在高考中应有的地位；有些高等学校扩大规模、增加院系，建立了“地理科学学院”，提高了地理科学在高等学校中的地位。但是，如何使受教育者对地理教育的意义和作用普遍有较正确的认识，还需要努力不懈地做许多工作。

二、树立“以地为生——人地协调，持续发展”的理念，提高对地理教育意义的认识

近年来，我从学习历史的“以史为鉴——前事不忘，后事之师”的理念中得到启发。对学习地理的意义和作用，是否可用“以地为生——人地协调，持续发展”的理念来教育学生，帮助他们以及社会人士对地理学科形成正确的认识。

所谓“以地为生”，是指地球为人类之家，大地是人类生存发展的基地。没有地，也就没有人。地之不存，人将焉附？人类自从在地球上出现以来，就十分注重认识他们赖以生存的地球表面的状况，从而萌生出各种地理概念。随着人类社会生产力的发展，农业、工业、服务业的不断开拓进展，以及环境问题的出现和日趋严峻，人们就更需要认识人与地理环境的关系。地理学就是从人类谋求生存、发展生产、提高生活质量、保护生态环境等方面来研究人地关系的学科。因而我们可以用“以地为生”简明扼要地概括学习地理的意义。

对于“人地关系”，在不同时期人们的认识不同。我国古代有“天人合一”的哲学思想，但是在学校教育中未被引用。近代地理学有关“人地关系”的论述，是在清末废科举、办学堂、设立地理科目后开始的。例如，光绪二十九年十一月（1904年1月）公布的《奏定学堂章程》中，对地理科目有以下要求：“凡教地理者，在使知大地与人类之关系。”1923年，国民政府公布的《新学制初级中学地理课程纲要》目录的第一条：“研究地理与人生之关系；使学生对于自然方面，社会方面，经济方面，知道适应环境的方法。”根据这一纲要，1925年商务印书馆出版了新学制《人生地理教科书》（张其昀编）。编者在导言中说：“地理学之宗旨，在于研究地理与人生之关系；使吾人对于世界各地之风土人情，皆能解释其因果，说明其系统，且能根据已知推未知。”这种人地关系的因果论，主要受当时美国地理学家亨廷顿所著《人生地理学原理》一书的影响，地理环境决定论的思想比较明显。

新中国成立后，学习苏联，中华人民共和国教育部于1956年颁发的《中学地理教学大纲（草案）》，在初中一年级《自然地理》“人类和自然”的教学要点中，有以下要点：“人类从自然界里取得生活所必需的全部资料。人类对自然的改造。在资本主义国家里横暴地毁灭着资源。社会主义国家对天然资源的合理利用。”

以上“地理环境决定论”和“改造自然”（人定胜天）的观点，各有其合理部分，但是又各存有很大的片面性。在人地关系方面，无论是资本主义国家还是社会主义国家，如果违反自然规律，掠夺自然资源，破坏生态环境，都会受到大自然的报复和惩罚。

1980 年，国际地理联合会大会在东京举行时，提出了“人地关系协调论”的理论，要求人们在生活和生产活动的实践中，协调好人类活动与自然环境的关系，使社会进步与良好的生态环境能够伴生与共存。这一思想普遍为与会代表所接受。我国地理学界也一致认同。这是从 20 世纪 50 年代以来，在现代工业迅速发展，人口激增，生态环境遭受严重破坏，威胁人类生存的沉痛教训中所总结出的正确认识。

1986 年，教育部公布的《全日制中学地理教学大纲》中，首先说明“地理学是研究人类生存的地理环境，以及人类与地理环境关系的一门学科”。然后，在“教学内容的安排”方面提出，“初中以区域地理知识为基本内容，高中以系统地理知识为基本内容”“高中地理以人地关系为线索……使学生了解和认识地理环境的基本面貌和特征；人类应如何合理利用环境和保护环境，趋利避害，使地理环境向着更有利于人类生活和生产的方向发展”。在按照教学大纲编写的教科书和教学指导书中，要求“使学生正确理解地理环境的结构及其发展、变化的基本规律，了解人类与地理环境的相互作用，懂得协调人类发展与环境关系的意义与途径”。从这一时期开始，我国学校地理教育中的“人地关系”

论，与现代地理学研究的核心问题相吻合，使学生对“人地关系”有了辩证的、科学的观点。

1987年，世界环境与发展委员会公布了著名的《我们共同的未来》一书后，世界各国掀起“可持续发展”的浪潮，我国许多学科的教学大纲都增加了“可持续发展”的内容。2000年，教育部颁布的高中《地理教学大纲》（试验修订本）必修课“教学目标”中，在要求“认识人类与环境协调发展的重大意义及实施途径”的同时，还要求“增强环境意识和全球观念的教育，树立科学的人口观、环境观、资源观和可持续发展的观点”。

当前世界人口日益增长，资源日见短缺，环境恶化，如水土流失，沙化严重，臭氧层空洞扩大，海平面升高，气候异常等问题日益威胁到人类的生存。因此，学习地理，应该了解人类赖以生存的地理环境，树立协调人地关系的观点，走可持续发展的道路，已为世人所共识。

为了便于人们理解和识记学习地理的意义和作用，可将上述观点简明扼要地概括为“以地为生——人地协调，持续发展”的理念。其中“以地为生”为主体，与历史的“以史为鉴”同为颠扑不破之理。“人地协调，持续发展”是达到“以地为生”发展前景的美好道路。这是现代地理学对人地关系深入研究的科学结论。如果人们对学习地理有这样共同的认识，重视地理教育，将会对全面提高公民科学文化素质起到积极作用。

关于《义务教育地理课程标准（实验稿）》修订的意见*

教育部基础教育司领导同志：

你们好！

近闻《义务教育地理课程标准（实验稿）》（以下简称《课标》）在进行修订，现将我个人对《课标》实验稿中的几点意见，陈述如下，供修订时研究参考。

1.《课标》体例问题

现用《课标》代替20世纪50年代向苏联学习时改用《教学大纲》名称的决定，是可取的。

按照《辞海》等辞典对“标准”一词的解释，是“衡量事物的准则”。因此《课标》应是衡量义务教育阶段地理课程的准则。现在颁发的《课标》中，除了“标准”部分有明确要求，可作准则外，还有与标准并列的“活动建议”和篇幅较多的“实施建议”（含案例）。“建议”

* 选自陈尔寿著：《中国学校地理教育史略》，人民教育出版社2013年版。原文写于2003年。

的词义是“提出的主张”，属于参考意见，不是准则，可采纳也可不采纳，不能作为审查教材、评估教学、测试学生的标准。因此，将“建议”和“标准”合为一体写成一个文本，作为教育部制定的带有法规性质的文件，是否合乎逻辑，合乎规范，请考虑。

2. 可行性问题

《课标》的“活动建议”中，有些项目是学生应该掌握，并在课堂教学时间内能够完成的，应改为“标准”。例如：“用地球仪演示地球的自转和公转”“比较不同季节正午太阳下物体影子的长短”“在地图上查找地名并选择到达该地点的最佳路线”，等等。

“活动建议”和“实施建议”中有不少项目，是高等学校地理系科培养地理专业人才的标准，对初中年龄段的学生要求太高，并且没有活动时间的保证，根本无法实施。例如，“地理野外考察”“实地踏勘，并绘制校园、社区等小区域的平面草图”“调查当地的主要自然资源，列举合理或不合理开发利用方面的事例，并撰写简要报告”“参观本地特色农业生产基地、工矿企业或车站码头”，以及多项搜集资料进行分析的要求，等等。

这些建议，看上去把地理课程的实践能力、水平提得很高，但是不知道通过实验，有几个学校、几位教师能够实施这些建议的。《课标》是面对全体义务教育师生的，应该实事求是，从中国义务教育的实际出发，凡是能够做到的就写入《课标》，做不到的一些理想的高标准实践要求，就不要用“建议”去拔高《课标》，而将其删去。否则，教师就会对《课标》失去信心，望而生畏了。

3.《课标》前言中关于创设地理课程的论述

前言中有以下一段文字："对于地理学科来说，必须变革'学科中心''知识本位'下的地志式的地理课程，努力创设以区域地理和乡土地理作为学习载体的地理课程。"文中所说的"必须变革"，没有针对性和现实性。地志式的地理课程是新中国成立前地理课程的一般体例。新中国成立后，教育部所制定的几套中小学地理教学大纲，特别是1992年国家教委制定的《九年义务教育全日制初级中学地理教学大纲（试用）》（以下简称《大纲》）已不存在这个问题。这个大纲现在仍在使用，《课标》也继承了其中许多有益内容，如中国地理的"四大地理单元"等。我不理解《课标》前言中所说的"必须变革"的对象是谁，恐怕地理教师也找不到必须变革的对象。

《大纲》和《课标》所设计的地理课程，都是以"地球和地图"为基础，区域地理的"世界地理和中国地理"为主要内容，并要求重视"乡土地理"的框架。前言中所说"要努力创设"的地理课程，没有"地球和地图"的基础部分。区域地理也没有提"中国地理和世界地理"，乡土地理应是区域地理的范畴，前言中将其升格与区域地理并列，这里指《课标》的地理课程而言，还是要另外"努力创建"一个新体系的地理课程，令人费解。

4. 缺少地理课程在各年级、各教学单元的时间分配

《课标》中地理课程安排在7～9年级，没有注出每个年级有多少教学时间（课堂的和课外的）。各教学单元也未注明可利用的教学时间和活动时间。这就无法衡量标准要求分量的轻重、实践活动有无时间实施。如果只提要求或建议，没有时间保证，就成了大话和空话。

5. 关于“乡土地理”问题

《课标》重视“乡土地理”这一传统很好。但是应该规定“乡土地理”的教学和活动的年级与时间。

目前乡土地理的教学大纲和教材是各省、市、自治区或是县市的教育部门制定与编写的，多数以县市为范围。《课标》中的“乡土地理”，是指学校所在地区。这个地区在农村如果指乡、镇，城市指区，“乡土地理”教材要由学校自编，困难就大了。

“标准”一栏中首先要求“分析评价家乡地理位置的特点”，而不是要求学生首先知道家乡地理的情况，没有对家乡基本地理知识的了解，根据什么去分析、评价家乡地理位置的特点？《课标》的“内容标准”“以行为目标方式陈述”，不明确提出要掌握哪些基本知识，大概是怕被扣上“知识本位”的帽子。可是“基本理念”中说“地理课程要提供给学生与其生活和周围世界密切相关的地理知识，侧重基础性的地理知识和技能”。《课标》中什么是地理基础性知识，为什么要让教师自己去琢磨呢？

以上意见，如有不当之处，请批评指正。

陈尔寿

2003 年 11 月 27 日

对地理课程“学科中心”“知识本位”问题的商榷*

2001年7月，教育部制定的《全日制义务教育地理课程标准（实验稿）》的“前言”中说：“对于地理学科来说，必须变革‘学科中心’、‘知识本位’下的地志式的地理课程，努力创设一种以区域地理和乡土地理作为学习载体的地理课程。”这句话如果是针对一百多年前、清末的地理课本而言，尚可。因为那时的地理课本中的确有非地理要素而属于地方志的内容，如官制、军备、财政等。

上述缺陷，早在1922年，我国近代地理学奠基人竺可桢在其所著《地理教学法之商榷》一文中，已指出。他主张：“慎选教材，限制地理之范围，组织各种地理之要素，成为系统，以人类为前提，而使之贯成一气。”当时，胡焕庸、张其昀、王成组所编写的中学地理课本就删除了非地理要素的内容，引入了近代地理学的成果。新中国成立后所设置的地理课程，与“地志式”的内容就更不搭界了。

---

* 原载《地理教育》2008年第2期。

关于要求“创设一种以区域地理和乡土地理为载体的地理课程”，在1963年的初级中学地理教学大纲中就已建立，并沿用到2000年颁发的义务教育《初级中学地理教学大纲》中。今后，是如何使其与时俱进，更加完善和切合实际，无须新“创设”。

什么是地理学科中心？笔者认为“人地关系”是地理学科中心。中国近代学校地理课程早先引进了西方的“地理环境决定论”。新中国成立后，学习苏联，则改为“意识形态决定论”。这两种学说，各有其合理性和片面性。20世纪80年代以后，引进了现代国际地理学界公认的、科学的“人地关系协调论”和“可持续发展”的理念。现在，我国党和政府已将“人与自然的和谐”作为“落实科学发展观”和“构建和谐社会”战略思想的重要组成部分。因此，将“人地关系”作为地理学科中心，既符合地理课程设置的目的，也体现了当代我国社会主义建设的意识。

关于地理课程“知识本位”的批评，笔者查阅了百年来各个时期政府所颁发的地理标准（教学大纲），在其“教学目的”的部分，都是知识、能力、思想教育并重的。如爱国主义一直是地理课程思想教育的主旋律，培养学生具有判读和使用地图的能力，从未间断，如果把20世纪的地理课程看成是“知识本位”而去“革新”，就会出现轻视“基础知识”的偏向。笔者认为，如果没有厚实的基础知识，要求学生具有“实践能力”和“探究意识”，将成为“无源之水，无本之木”的空论和幻想。

附　录

在地理基础教育建设航程中风雨同舟的经历*

今年是中国地图出版社成立50周年的大喜之年。我满怀喜悦心情和祝贺热忱，谈谈我与该社在地理基础教育建设航程中风雨同舟的经历，以资纪念。

（一）

1953年年初，我和已故地理学家郭敬辉、褚绍唐一同被借调到中央人民政府教育部教学指导司，从事新中国成立后的第一次中小学《地理教学大纲（草案）》的制定工作。当时，我们有一个共同认识：根据地理学科的特点，在教学方面，除了课本的文字叙述、教师的语言讲解以外，还必须充分利用图像，特别是地图——这一地理事物的载体，使学生能够具体形象地从地图上获得地理事物的空间位置、空间分布、空间联系等知识；要求通过读图、用图的反复训练，将图像深刻印入脑海

* 选自陈尔寿著：《中国学校地理教育史略》，人民教育出版社2013年版。原载《中国地图出版社50年社庆纪念文集（1954—2004）》，中国地图出版社2004年版。

中，达到能够随时反馈应用的程度。这是地理教学必须完成的任务之一。

在《小学地理教学大纲（草案）》说明中，小学地理教学的任务，第一项中就有“使儿童获得关于定方向和运用地图的技能和熟练技巧”的要求。

小学五、六年级地理单独设科的知识结构：“第一部分　地球和地图”，其中有“学会看地球仪和地图”的要求；“第二部分　中国地理”“第三部分　世界地理”，都要求“儿童在学习地理知识过程中，必须保证学到大纲中所规定的地图知识”。要求教师“在教室里广泛利用各种教具：图片、地理挂图、幻灯片等”。在实习作业中，要求“运用地图上的比例尺计算距离，认识地图上的图例，练习在各种地图上找出教学大纲规定的地理事物，填绘暗射地图”等。

在《中学地理教学大纲（草案）》中，除了初、高中五个有地理课程的年级中，分别规定有对地图知识和技能训练的具体要求外，还在“地理教学中应注意的事项”中，特别指出：“利用各种不同内容的地图进行系统的教学工作，对提高地理教学的质量有极大的意义。每次上课都应该充分运用地图，在课堂教学的每一个环节中都应该运用它，布置家庭作业的时候也要注意让学生运用地图。在运用各种内容的挂图、地图集、地球仪以及课本里的地图和示意图进行教学的过程中，都可以丰富学生关于地图的知识；学生填绘暗射地图和完成一些绘制地图的作业，对于巩固地图的知识，能起重要作用。在评定学生的答案时，要考虑到他们所掌握的地图知识和运用地图的技能。”

这一中小学《地理教学大纲（草案）》虽然到 1956 年才向全国颁布，但是，在 1954 年已作为编写中小学地理课本和教学地图的内部指导文件。

1954年年初，教育部调整机构，教学指导司被撤销，该司的任务交由人民教育出版社承担，我被分配到北京人教社，任地理编辑室副主任。当时，按照国家规定，全国中小学课本统一由人教社编辑出版，教学地图统一由地图出版社编制出版。为了使地理课本与教学地图密切配合，共同完成中、小学《地理教学大纲（草案）》的任务，从地图出版社成立之日起，我便同该社有了密切交往，曾得到该社沈静芷、张思俊、曾世英等领导同志的亲切接待，他们均表示要与人教社密切合作，为地理课本提供所需的一切地图资料，并编制出版与课本配套的地图册、教学挂图等。我们也表示要将有关地理教学大纲的信息和地理课本的编写内容，及时提供给地图出版社参考。

从1955年开始，地图出版社配合人教社第一套中、小学地理课本，先后出版了面目一新、质优实用的初中一年级用的《中国地图册》，初中二年级用的《世界地图册》，高小五、六年级用的《中国地图册》，以及小学和中学用的教学挂图。地图册随课本发行，学生人手一册，受益的学生每年达2 000多万。

1955—1957年，是我与地图出版社早期交往较多，共同在地理基础教育建设的航程中同舟共济、值得欣慰的岁月。

（二）

1957年，我被划成“右派”。从1959年起，我被下放到内蒙古近20年。这段时期，我与地图出版社便中断了交往，全国中小学地理教育也呈现出从萎缩、混乱到几乎全部停顿的局面。“文革”期间，人教社的课本被停止使用。与地理课本配套的地图册自然也就无法出版。这是中国文化教育史上的一场浩劫。在基础教育方面，使一代人缺失了作为公民必须具有的地理和地图知识。

“四人帮”被粉碎以后，邓小平同志恢复了工作，他十分重视全国通用的中小学教材的编写工作。1978 年，我被召回人教社，参加全国通用的十年制初中地理教材的编写工作。1979 年，我的“右派”问题得到改正，并被人教社任命为地理编辑室主任。这样，我同地图出版社又继续同舟共济，有了更密切的交往。

20 世纪 80 年代和 90 年代，是我同地图出版社在工作上合作最多，也是得到该社帮助最多的时期。主要有以下几方面。

1. 共同完成教育部制定的《全日制中学地理教学大纲》(1982 年完成，1986 年颁布）的任务。这一大纲规定：初一为中国地理，初二为世界地理。高中重新设置了一个年级的地理课，其教学任务中要求“学会运用地理数据、地理事实材料、图表、地图去阐述问题和分析问题”。地图出版社按地理教学大纲要求，配合人教社初中《中国地理》和《世界地理》课本，修订和改进了原《中国地图册》和《世界地图册》。配合人教社高级中学《地理》课本新编了能够反映现代地理学和教学地图新成果的《高级中学地图册》。这一图册采用地图、照片、插画、模式图、统计图表与解说词相结合的表现形式，为了使抽象的概念具体化，采用了较多的彩色相片和卫星影像，针对性、地域性和直观性都较强。这一具有创造性、高质量的地图册，对提高高中地理教学效果，作出了重要贡献。为了便利教师教学，该社还出版了 20 幅高中地理专题挂图；

为了培养学生的读图能力，出版了《高中地理作业图册》。

2. 1988年，在九年义务教育中学地理教育改革中，我们又共同为实现《九年义务教育全日制初级中学地理教学大纲》（试用）的要求而密切合作。这一大纲在1992年颁布，实行“一纲多本”的改革试验。人教社负责编写“面向全国大多数地区、适合一般水平的学校使用的初中地理教材”。中国地图出版社既配合人教版地理课本编制出版教学地图册和作业填充图册，也为北师大、四川、广东、上海等版本的地理课本编制了各具特色的教学地图册和填充图册，保证了全国义务教育初中地理教学地图的供应，为实现《九年义务教育全日制初级中学地理教学大纲》（试用）对地图教学的要求，作出了贡献。

3. 1990年，人教社地理室受国家教委委托，按照江泽民同志“要对学生进行国情教育”的指示，制定了《中小学地理学科国情教育纲要》（试用），1991年8月颁布。为了帮助中小学教师对学生进行地理国情教育，人教社于1991年10月出版了《地理国情资料》，中国地图出版社也及时出版了《地理国情教育图册》。这是两社密切配合的又一成功事例。

4. 几十年来，中国地图出版社为人教社地理课本无私地提供了所需的多种多样的地图资料，特别是政治性强的中国与邻国的边界、中国的海疆、世界各国的国境等地图资料，而且都保证了资料的准确无误，因此使人教版的地理课本中的地图得以避免政治性错误的发生。在这方面，我和负责课本地图的马宗尧同志受益很深。在课文内容方面，遇到疑难问题时，我也经常向中国地图出版社的陈潮、刘明光同志请教，总能得到帮助。中国地图出版社为了改进工作和增进友谊，常举行座谈会、联谊会，我也荣幸应邀参加。我还经常得到该社赠送的新版精装的《中国地图集》《世界地图集》以及科学水平高的专业图集和生活、旅游图集等，这些资料既使我增长了知识，也为我工作、学习、生活提供了很好的工具。

现在因年龄关系，我已不再参加有关地理教学大纲、地理课本的工作，所以同中国地图出版社在业务上也就不再有交往了。但是，我与中国地图出版社几十年来风雨同舟的深厚友谊则长存永在！

九十征程写春秋*

今年是中华人民共和国 60 华诞。我 93 岁，已是耄耋之年，回首往事，兴奋不已。

在中学　参加“一二·九”运动

1934 年，我在上海开明中学读高中时结交了一些进步同学。课余参加校内外进步同学组织的读书会，学习艾思奇著的《大众哲学》，阅读邹韬奋编的《大众生活周刊》和苏联小说《钢铁是怎样炼成的》等书刊，初步认识到“只有共产党才能救中国”。

1935 年，日本帝国主义进一步将其侵略势力从中国东北扩展到华北。北平六千多学生于 12 月 9 日举行示威游行，提出“停止内战，一致对外”“打倒日本帝国主义”“反对华北自治运动”。上海学生积极响应。我们带领开明中学同学游行到交通大学，参加抗日爱国大会。途中

---

* 选自陈尔寿著：《中国学校地理教育史略》，人民教育出版社 2013 年版。原载教育部离退休干部局编《激情岁月——献给新中国 60 华诞》（内部发行的征文选集，2009 年 7 月），内容略有修订。

遇到民立中学的游行队伍，听说民立女中的进步同学被困在校内，我们的队伍便冲开该校校门，救出同学参加游行，并护送回校，还要求学校当局写保证书，不得处罚参加游行的学生。国民党政府害怕学生运动，在寒假期间，责令开明中学等学校当局，勒令带头参加“一二·九”运动的学生转学，以分散进步力量。我因学业成绩优秀，仅被给予“留校察看”处分。

抗战胜利后　加入中国共产党

1937年，我考取国立中央大学（现名南京大学）地理系。由于七七事变，我随校西迁至重庆沙坪坝入学。

大学毕业后，1942年曾到合川国立二中高中部教地理课，结合地理内容，对学生进行“抗日救国”的教育。1943年被召回中央大学地理系任助教。1944年，考入中央大学研究院地理学部兼做研究生，专心于教学和研究工作。

1945年8月，日本战败投降，我欣喜若狂，回上海看望分别八年的父母，并到上海临时大学任讲师。原以为抗战胜利后，中国可以医治创伤，进行建设，人民能安居乐业。但是，看到国民党大批接收大员到上海后，大搞所谓“五子登科”，掠夺票子、条子（金条）、房子、车子、女子；滥发纸币，造成通货膨胀，民不聊生；重用汉奸、流氓，迫害民主人士；发动内战，生灵涂炭。我在讲授“中国地理”时，痛陈时弊，强调和平、民主、团结建国的重要性，得到学生欢迎。

1946年，临时大学任务结束，我转到暨南大学、上海光华大学附中等校执教。在光华附中，通过学习毛泽东的《新民主主义论》，参加了党领导的“上海中小学教师协会”，投入“反饥饿，反内战，争民主”的政治斗争活动。1949 年 4 月，我加入中国共产党，走上为党的事业奋斗终生的道路。就在这一年 5 月，迎来了上海的解放；10 月，盼来了中华人民共和国的成立。全国人民欣喜若狂，载歌载舞欢庆胜利。

上海解放　接管格致中学

上海解放后，组织上安排我参加接管“上海市立格致中学”的工作。1949 年 10 月 1 日，时任上海市市长陈毅同志颁发委任状，任命我为新的“上海市格致中学”校长。格致中学是由我国近代化学的启蒙者徐寿等创建，从 1874 年至今已有 135 年历史。学校以“科学”和“爱国”为主旨。我任校长后，与师生打成一片，认真贯彻党的教育方针政策，团结和发挥教师专长，继续发扬格致中学“科学”“爱国”的优良传统。格致学生在建团、参军、参干、高考、文体活动等方面均在上海各中学名列前茅。当时我所教育过的学生，后来继续深造，不少成了国家栋梁，其中有杰出的院士、专家、教授、政治家、军事家、外交家等，还有革命烈士。我深感“得天下英才而教育之，一乐也”。

调北京　进人民教育出版社编写教材

1953 年，我被调到教育部教学指导司参加制定新中国第一套中小学地理教学大纲。次年，教学指导司撤销，任务交由人教社承担，我便转到人教社任地理编辑室副主任，负责主编小学《地理》课本。我在工作中努力创新，改变过去课本中罗列地名和物产等事实材料、枯燥单调、苦于记忆等缺点。在我国著名教育家、文学家、人教社社长兼总编辑叶圣陶亲自指导下，对新编课本文稿逐字逐句认真修改。内容生动活泼，重点突出，爱国主义思想激扬，文字清新，朗朗可读。这套教材深受学生和教师欢迎，开创了小学地理教育的新面貌。1956 年，我被评选为人教社获奖的编辑人员之一，并被推荐为参加全国第一届先进工作者代表大会的特邀代表。这是对我的莫大鼓励和鞭策。

1957 年春，实行“教育革命”，中小学地理课程时数由 16 课时削减为 7 课时，高中地理课程全部取消。我对此持有不同意见，认为中学基础教育的课程和课时大量削减，不利于提高学生素质，培养社会主义建设人才。高中地理课程取消，高中地理教师全要转业改行，高等师范学院地理系本科在校生无法分配工作，也不能再招生。中国地理学会常务理事会开会时，嘱我代表理事会上书教育部，陈述这一改革的危害。北京地理学会理事会推举我和北京大学教授林超、北京市教育局教研员刘惠民，一同到教育部向部领导陈述意见。

1957 年“反右运动”开始后，我的上述意见被认为具有“外行不能领导内行”的思想和言行，被划成“极右”。原定应去“北大荒”劳动改造，后因中小学地理教材大量削减，改编任务紧迫，便将我改为“留社察看”。

1959 年初，人教社领导决定派我同“支援边疆”的干部一起到内蒙古“支边”。我先后被分配到内蒙古自治区教育厅普通教育处和内蒙古教育出版社工作。两处的蒙古族领导和同事都对我很好，未将我作为

“异类”看待，而是同一般干部一样，安排我参加对学校的调查研究和编辑蒙、汉、外文对照的《自然科学名词词典》工作，并编了一册名为《内蒙古自治区乡土地理教材》的小册子。虽然基本上脱离地理业务，但能对边疆地区人民做点有益工作，而未受折磨，也就心安理得。

峰回路转　重返北京归队

1976年，“四人帮”被打倒，举国欢腾。邓小平同志复出后，亲自抓教育工作，实行改革开放政策。教育部决定引进发达国家的教材，从全国调入200名专家、教师和人教社下放的原编辑干部，编写被破坏了的中小学教材。我也于1978年被调回北京，在香山饭店教材编写组见到了教育部原副部长董纯才，他亲切地握着我的手说：“陈尔寿，你是个好同志。”这是对我当年意见陈述的肯定和安慰。

1979年，人教社恢复工作，我被任命为地理编辑室主任。新的十二年制学校课程计划中，高中地理课程得到恢复，由我负责主持制定高中地理新大纲。我注意吸取现代地理学的成果，改变新中国成立初期学习苏联，高中只讲经济地理，不讲自然地理、人文地理的缺点。在人地关系方面，改变过去片面宣扬“人定胜天”“唯意志论”的做法，也改变过去全盘否定“地理环境决定论”，而坚持唯物辩证法。我们制定高中地理教学大纲和编写教材时，以现代国际地理学界公认的“人地关系协调论”为主线，贯穿全书。后来又补充了“可持续发展”理论，将地球科学的基础知识与人文经济地理、环境保护的知识和理论，按系统地理体系编成课本，受到广大地理专家、教师、学生的欢迎，开创了高中地理教材历史性的新局面。

1987年离休后，我被返聘与吴履平共同担任九年义务教育《初中地理》教材（人教版）的主编。同样，以改革创新精神，删减陈旧烦琐的内容，贯彻我国教育要“面向世界、面向现代化、面向未来”和加强“国情教育”的方针，吸收现代地理学研究成果，重视培养地理基本技能（如地图、地球仪的使用），发展学生的思维和实践能力，加强乡土地理教育的要求等。这套教材，同样受到师生、专家的赞许。

上述新编初、高中两套教材，在1993年均获得中国出版工作者协会与中国地理学会联合举办的首届“中国优秀地理图书”评奖的一等奖（教材类）。

回顾新中国成立六十年来的经历，我只是为党、国家和人民做了一些分内的工作，说了些真话，虽然受过一段时期挫折，但无悔无怨。由于努力工作，有所贡献，不断受到奖励，享受政府特殊津贴，2004年中国地理学会评奖时，被评为获得“中国地理科学成就奖”的十人之一，这些都是对我的鼓励和鞭策。